北京印刷学院学科建设与研究生教育专项《财务会计理论与实务》精品课程建设

项目编号：21090119020

BEIJING YINSHUA XUEYUAN
CAIWU KUAIJI ANLI YANJIU SHUOSHI LUNWENJI

北京印刷学院
财务会计案例研究硕士论文集

华宇虹　张颖　主编

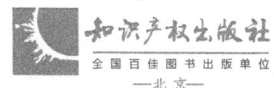

知识产权出版社

全国百佳图书出版单位

—北京—

图书在版编目（CIP）数据

北京印刷学院财务会计案例研究硕士论文集/华宇虹，张颖主编. —北京：知识产权出版社，2021.9

ISBN 978-7-5130-7737-8

Ⅰ.①北… Ⅱ.①华… ②张… Ⅲ.①财务会计—案例—文集 Ⅳ.①F234.4-53

中国版本图书馆 CIP 数据核字（2021）第 190804 号

内容提要

传统的教学理念、培养模式已难以满足经济发展对会计人才的能力和素质的需求，财务会计理论与实务课程教学坚持"理论讲授+案例分析+综合训练"的教学模式，鼓励学生进行问题导向性、研究性的学习，本书是学生研究性学习成果的汇集和总结。本书以多家上市公司为例，从资产减值及企业合并，新租赁准则及新收入准则，股权激励及优先股问题，信息披露、财务造假四个方面，研究了新经济环境下企业可能出现的会计问题，并给出了相应的建议。本书可以供会计学、财务管理、金融学及管理学专业本科生、硕士研究生，工商管理硕士（MBA）学员和各类在职人员参考使用。

责任编辑：张　珑　　　　　责任印制：孙婷婷

北京印刷学院财务会计案例研究硕士论文集
华宇虹　张　颖　主编

出版发行：	知识产权出版社有限责任公司	网　　址：	http://www.ipph.cn
电　　话：	010-82004826		http://www.laichushu.com
社　　址：	北京市海淀区气象路 50 号院	邮　　编：	100081
责编电话：	010-82000860 转 8574	责编邮箱：	laichushu@cnipr.com
发行电话：	010-82000860 转 8101	发行传真：	010-82000893
印　　刷：	北京中献拓方科技发展有限公司	经　　销：	各大网上书店、新华书店及相关专业书店
开　　本：	720mm×1000mm　1/16	印　　张：	15.25
版　　次：	2021 年 9 月第 1 版	印　　次：	2021 年 9 月第 1 次印刷
字　　数：	240 千字	定　　价：	78.00 元

ISBN 978-7-5130-7737-8

出版权专有　侵权必究
如有印装质量问题，本社负责调换。

目 录

资产减值及企业合并

金风科技资产减值会计行为的案例研究 ················· 杨　敏 | 003

商誉减值案例研究
　　——以银禧科技为例 ···························· 景　莉 | 017

海澜之家计提存货跌价准备分析 ············· 王者风　于晓明 | 031

慈文传媒并购赞成科技巨额商誉成因及后续计量 ········· 张　帆 | 042

影视行业并购中对赌协议的会计处理
　　——以阅文集团并购新丽传媒为例 ····· 王燕妮　毕晶晶　李雪瑶 | 058

企业反向收购上市中的会计核算问题
　　——以韵达快递为例 ················· 杨　赛　孙姝敏　王舒宁 | 072

新租赁准则及新收入准则

新租赁准则对制造业的影响
　　——以星期六公司为例 ·························· 曹宇杭 | 087

新租赁准则下零售业的会计核算
　　——以国美为例 ································ 伊姝月 | 101

新收入准则下电信行业收入的确认与计量
　　——以中国移动为例 ·················· 白晨晨 | 115
新收入准则下对完美世界收入确认问题研究 ········· 任星蕾　张钟方 | 132

股权激励及优先股问题

限制性股票激励计划的会计处理研究
　　——以力帆实业为例 ·················· 夏如意 | 147
股权激励会计处理问题研究
　　——以汤臣倍健为例 ·················· 张梓盈 | 164
小米公司可转换可赎回优先股会计计量问题研究 ············ 魏　欢 | 177

信息披露、财务造假

信息披露
　　——基于龙薇传媒收购万家文化的案例分析 ········ 王雪琪 | 191
圣莱达财务造假问题研究 ·················· 郭惟佳 | 204
大智慧公司财务舞弊引发的思考 ·············· 陈思楠 | 220

资产减值及企业合并

资产减值及企业合并

金风科技资产减值会计行为的案例研究

杨 敏[*]

【摘 要】 在借鉴和综合国内外研究成果的基础上，本文从资产减值的会计行为的角度出发对我国上市公司通过资产减值的会计行为来进行盈余管理、调节利润进行研究分析。本文以金风科技为研究对象，选取了其近五年的资产减值损失、营业收入、营业成本及净利润等数据深入研究，探讨资产减值的会计行为对公司盈余管理及净利润的影响。研究结果表明：金风科技存在通过资产减值的计提和转回来粉饰报表、调节利润的行为。

【关键词】 资产减值准备；盈余管理；净利润

一、引言

近年来很多上市公司会通过资产减值的会计行为进行盈余管理的调节，使得年度净利润达到自身预期的状态，美化利润表以实现公司利益最大化。对于上市公司来说，如果两年盈利状况不佳则会被带上"ST"的帽子，一些企业适当通过资产减值进行盈余管理，可以使公司摘掉"ST"的帽子或达到稳定的趋势。但凡事不能"用力过猛"，过度操控会使财务报表使用者无法客观科学地了解企业真实的财务状况经营成果，其报表的可靠性和严谨性也会大打折扣，不仅会损害投资者债权人的利益，更会抑制公司长远的发展。虽然会计准则对一些长期资产禁止转回方面有了规定，但对于短期资产的计提减值还是有进行盈余管理的可能性，公司还有可操纵利润表的空间。本文根

---

* 杨敏，女，会计硕士，研究方向：财务会计。

据上述情况，以金风科技为例对公司资产减值的计提和转回会计行为进行探讨研究，对公司是否利用资产减值进行盈余管理及资产减值的目的进行深入研究。

本文研究的意义在于：目前我国资产减值相关规定虽有了一定的完善，但外部监管和内部控制并没有全面的法规要求，公司可以继续用资产减值来进行利润操控，使投资者由于错误信息或信息不对称遭受损失，由此可见会计准则仍有进一步改善的空间。

同时以金风科技为例研究的意义在于从上市公司的财务信息出发，分析资产减值的会计处理行为是如何调节利润并进行盈余管理的，以及出于何种目的，同时探寻相关的预防措施，有助于市场大环境的稳定发展，对参与者也有良好的保障。本文针对金风科技提出的相关优化建议，有助于政府完善相关准则规定，助力我国市场健康发展。

二、文献综述

(一) 国外研究现状

国外学者很早就研究过资产减值会计处理行为的相关目的，其中很多学者认为上市企业的财务信息是通过盈余管理的手段得来的，因此许多国外学者研究了资产减值信息传达的财务信息规律。

1. 资产减值准备的影响研究

罗伊乔杜里（Roychowdhury）（2006）研究发现多数上市公司采取并购重组的方式帮助公司引进具有优势的资源，利用资产减值带动公司产业化的多元发展，伴随着引进的往往都是内幕交易等行为。[1]

杰西（Jesus）（2017）通过大量的样本数据对案例企业利用资产减值情况进行研究，发现在实施了新的会计准则之后计提资产减值的行为导致企业资产减值财务信息的真实性遭受怀疑。[2]

2. 资产减值对盈余管理的研究

皮法斯特（Peasnel）（2017）认为股权过于集中会出现控股股东操纵盈

---

[1] ROYCHOWDHURY S. Earnings Management through Real Activities Manipulation [J]. Journal of Accounting and Economics, 2006 (11): 335-370.

[2] JESUS S. G. Does Corporate Governance Influence EarningsManagement in Latin American Markets [J]. Joural of Business Ethics, 2017 (121): 419-440.

余的风险。❶

涅加塔（Ngata）（2013）研究认为 IPO 是促使公司使用激进的盈余管理的根本原因，调节后的盈余就可以迅速反映为股价上涨，能够更好地实现公司定价。❷

希利（Healy）和瓦伦（Wahlen）（1999）指出，当管理者在编制财务报告和构建经济交易时，运用判断改变财务报告从而误导一些利益相关者对公司根本经济利益的理解，或影响根据财务报告中会计数据形成契约的结果，就产生了盈余管理。❸

(二) 国内研究现状

我国比国外对资产减值问题的研究起步晚一些，但近年来也逐渐重视起来。本文在研究的过程中发现，国内学者对资产减值的会计行为有了更深层次的了解，相关会计准则不断地完善，我国市场正在积极地遏制公司利用资产减值行为进行利润调节的问题。

1. 资产减值准备的影响研究

田亭亭（2020）认为计提坏账准备的方法有：其一是单项金额重大并且对资产减值单独计提；其二是按照信用的风险计提；其三是金额不重大但资产减值也需要单独计提。很多上市公司可以通过资产减值准备的计提来调节公司的盈利水平。❹

翁建华（2020）以百家上市企业在2007—2010年的财务报告为研究基础分析发现，虽然部分企业还是会通过资产减值会计操纵来调节利润，但2006年新会计准则修订执行对资产减值相关会计处理的利润操纵确实起到了抑制的作用。❺

---

❶ PEASNEL K. V. Detecting Earnings Management using Cros - Sectional Apnormal Accruals Models [J]. Accounting & Business Research, 2017, 30 (4): 313-326.

❷ GEITNER N. K, Wiesner M. R. Mechanistic Insights from Discrete Molecular Dynamics Simulations of Pesicide-Nanoparticle Interactions [J]. Environmental Science & Technology, 2017, 51 (15): 8396-8404.

❸ HEALY P. M, WAHLEN J. M. A Review of the Earnings Management Literature and Its Implications for Standard Setting [J]. Accounting Horizons, 1999, 13 (4): 365-383.

❹ 田亭亭. YZ 公司利用资产减值进行盈余管理的案例研究 [D]. 长春：长春工业大学, 2020.

❺ 翁建华. 上市公司应用资产减值会计的行为与动机研究 [D]. 广州：广东外语外贸大学, 2020.

2. 资产减值对盈余管理的研究

胡丽沙（2020）运用大量公司的财务报表分析认为，上市公司高管层的操作越规范，公司利用盈余管理过度操纵的现象就会越少。❶

王小琦（2018）研究发现在2006年新的会计准则开始实施以后，很多上市公司利用资产减值的会计行为进行的盈余管理仍存可操纵的空间。❷

柯宇（2020）研究发现企业更偏好于利用"合理化"的手段调节盈余管理，使经营业绩更加美观、利润更加平滑。❸

（三）文献述评

通过国内外的研究状况可以看出，利用资产减值会计处理的动机包括利润平滑、管理层能力体现等。适当的盈余管理能够提高公司的运作效益，但过度操纵盈余管理不仅会使财务信息的真实性大打折扣，也不利于投资者做出合理的决策，更重要的是影响了企业长远的发展。本文以新疆金风科技股份有限公司（简称"金风科技"）为案例进行研究，探索金风科技是否存在利用资产减值进行过度盈余管理行为，并找出动机。盈余管理在公司运营中发挥着巨大的作用，而公司为了各自的需求过度盈余管理，影响了资本市场稳健状态。我国相关政府机构要加大监控力度和惩处力度，增强对企业的外部管控，促使市场良好发展；并针对资产减值进行利润操控的行为提出相对应的建议，完善公司治理体制，改善资本市场环境。

三、资产减值和盈余管理的理论与动机

（一）资产减值的概念及理论

1. 资产减值的概念

所谓资产减值是指当资产的账面价值高于可收回金额时，该资产发生减值的情形。

2. 资产减值准备的理论基础

第一是决策有用观。决策有用观指的是公司披露的会计信息要满足信息使用方做出决策的需要。由于市场在不断地发展完善，因此公司提供的会计

---

❶ 胡丽沙. ＊ST中葡利用非经常性损益进行盈余管理问题探讨［D］. 南昌：江西财经大学，2020.
❷ 王小琦. 我国ST企业财务舞弊动因与手段研究［D］. 昆明：云南财经大学，2018.
❸ 柯宇. 房地产上市公司利用资产减值准备的盈余管理研究［D］. 昆明：云南财经大学，2020.

信息应该更加全面。从历史信息到未来信息，从财务信息到非财务信息都需要以决策为目的，坚持决策有用观可以有效提高会计信息的质量。决策有用观还能预估未来资产能够给公司带来的损益情况，进而影响是否进行该投资的决定。

第二是会计信息质量理论。出于谨慎性原则的考虑，当出现某项对企业资产价值的回收有不利影响的事项时，会计师要及时将这些信息予以公开与披露；当出现某项对企业资产价值的回收有利的事项时，需要会计师推迟对这些事项的确认及披露。与此同时，还需要企业对内部各项资产进行定期检查，以提前计量其未来可能发生的损失。出于及时性原则的考虑，公司应当及时地向财务信息使用者提供公司真实有效的财务信息，以便他们掌握企业的财务状况、经营成果和现金流量。若是无法及时将企业信息告知财务报表使用者，即使数据再精确，对于他们而言也失去了意义，不及时的信息是无效的。出于相关性原则的考虑，财务人员所提供的财务数据要与决策相关联，决策者们能够通过财务信息对公司未来的运营进行预测。

第三是资本保全理论。资本保全理论主要涉及以下两种不同的观点。第一种是财务资本保全理论，该理论认为对于资本来说应保全的是货币金额，企业净资产是所有者从企业外部投入的资金或其他购买力等，故从企业角度而言，保全的重点在于其净资产。其保值形式为，期末较期初增加的净资产等于期间收入减去费用的差。第二种是实物资本保全理论，该理论认为资本可以看作实物生产能力。只有企业全部实物资产及全部生产能力的减损均获得对应补偿时，才能对接下来的收益进行确认。

（二）盈余管理的概念及动机

1. 盈余管理的概念

所谓盈余管理是指在遵循会计准则的基础上，公司通过某种手段有目的地介入财务信息的披露中，在对外报告的会计信息中进行有目的地控制和调整，以达到自身利益最大化。

对于盈余管理还需说明一点：它是把双刃剑，可以给企业带来正向或反向的影响。正向效果可以使企业在会计准则规范的前提下，得到更多的利益；反向效果可能会导致管理层出现操纵利润、财务造假的嫌疑，不仅对管理层个人的职业发展造成负面影响，更会让企业的长期利益受损，财务信息失真，财务信息使用者无法得到正确有效的企业信息。盈余管理能否带来正面效果关键是看管理层如何运用。

2. 盈余管理的动机

第一是契约动机。这是委托代理问题下产生的，原因是管理层和股东之间的目标不一致及信息的不对称，对于管理层而言，一旦业绩和盈余挂钩可能会对企业的资产计提更多的减值。这种做法能给管理层带来两方面的好处。一方面，如果企业当期的经营表现不佳，便可以通过转回以往年度已经计提过的资产减值来尽量多地提升企业的当期经营利润；另一方面，长期资产减值带来相关资产在未来期间折旧或摊销金额的降低，同样可以影响企业的盈利状况，给股东一种企业经营业绩不错的假象，无法反映真实的资产状况。

第二是防亏及扭亏动机。对于经营状况不佳的上市公司而言，如果连续两年出现亏损则会贴上"ST"的标签。企业为了防止此现象的发生，则会通过减少资产减值的计提来弥补企业实际亏损的利润，保住上市公司的空壳。同时，对于利润偏低的企业来说，可以通过转回之前计提的减值来弥补亏损，转亏为盈也是企业盈余管理的普遍动机。

第三是利润平滑动机。外界投资者能够获取的企业内部信息十分有限，有时只能通过企业年度利润表来判断其是否经营良好，做出投资决策。为了使投资者能投入资产，同时向外界传达企业经营状况稳定、具有可持久发展能力的信息，在实际营业收入较高的会计期间，可能会计提较多的资产减值准备以实现利润平滑的目的。相反而言，当企业的盈利出现较大幅度下降或严重亏损时，为了稳定投资者的信心及自身形象，管理者通常会将之前计提的减值转回至当期，从而改善当期企业的利润情况。

（三）会计准则对盈余管理的影响

计提资产减值准备是会计准则的一项内容，是为了规范企业行为、稳定市场而制定的规则。盈余管理是公司管理层的一种行为。公司管理层从自身的利益角度出发，会计准则从保护投资者、规范市场的角度出发。由于公司管理层会比会计准则制定者更加了解公司的真实状况，他们通过盈余管理可以获取更多的利益，会计准则是为了规范计提资产减值的行为。

1. 会计准则对盈余管理起到抑制作用

首先是扩大计提资产减值的范围。目前我国的会计准则中的资产减值囊括了非流动资产领域，如商誉。此外，对于基本的应收账款、存货等减值处理要按照以前的会计准则规定执行。扩大资产减值的范围提升了公司会计人员做账的标准化规范，也能在一定程度上防止企业在盈余管理方面的过度操控。

其次是长期资产减值计提不得转回。这种规定强化了企业的规范性，也避免了在固定资产等长期资产后续期间转回从而调节利润的现象发生。

最后是明确资产减值的确认时点和披露要求。在资产负债表日，对存在减值迹象的资产，企业需要实施减值测试以明确资产减值当期发生额。此做法可以加强企业在计提资产减值时的规范性，也让管理者慎重考虑。目前会计准则已经进一步规范企业要在财务报告中全面披露当期确认的各项资产减值损失的规模及出现重大资产减值损失的缘由，而且需要披露解释可回收金额的确定路径，进一步强化会计准则的规范性，对企业的过度盈余管理起到抑制效果。

2. 会计准则下企业对盈余管理仍有操控区间

一方面，减值迹象的判断缺乏明确标准。在我国目前的会计准则下对企业减值迹象的识别与判断主要基于企业内部和外部。归其根本，企业对资产识别与判断具有较强的主观性，没有明确具体的标准。因此，企业可以根据自身情况的需要在盈余管理上"动手脚"，从而达到自身利益最大化。

另一方面，计量基础存在不确定性。"公允价值减去处置费用后的金额"与"资产预计未来现金流量现值"中的较高者为资产的可收回金额。现行市场下，"公允价值""使用年限"等都存在不确定性，不能通过定量的方法准确得出，而只能根据市场上有限的信息和财务人员的经验判断公允价值和资产的使用年限。因此，存在很多主观臆断，在估计的过程中就可能存在粉饰财务报表的现象。

四、金风科技资产减值会计分析

(一) 金风科技基本情况简介

1. 金风科技概况

金风科技成立于 2001 年，所属行业为通用设备制造业。金风科技在 2004 年、2005 年、2007 年增资扩股到 45 000 万元，2007 年成功在深圳证券交易所上市成为行业内的佼佼者。

2. 金风科技经营状况

金风科技的主营业务包括风机及零部件销售、风电服务、风电场开发及其他。表1为该公司近两年的主营业务情况。

表1 金风科技2018—2019年主营业务情况

主营业务	2019年 金额/元	占营业收入比重/%	2018年 金额/元	占营业收入比重/%	同比增加/%
营业收入合计	38 244 553 924.01	100.00	28 730 607 320.49	100.00	33.11
风机及零部件销售	28 869 695 160.45	75.49	22 239 841 339.92	77.41	29.81
风电服务	3 577 646 558.04	9.35	1 652 464 020.65	5.75	116.50
风电场开发	4 267 113 106.80	11.16	3 915 378 721.14	13.63	8.98
其他	1 530 099 098.72	4.00	922 923 238.78	3.21	65.79

数据来源：金风科技2019年年度财务报告

由表1可以得出，金风科技的主要收入来源为风机及零部件销售，在2018年和2019年占比分别为77.41%和75.49%。2019年金风科技的风力发电机组在国内市场份额就高达28%，并且连续9年排名全国第一；同时占全球市场份额14%，全球排名稳居前三位。过硬的产品使它的基本收入有了保障。风电服务较2018年同比增长了116.50%，这是因为随着风电装机的稳步增长，风电服务也有了很高的提升空间。金风科技针对老旧机组推出改进方案，为客户提供智能统计分析、智能预警、故障诊断等服务，得到广大客户的认可。

2015—2019年金风科技利润见表2。

表2 金风科技2015—2019年利润 单位：元

年份	营业收入	营业成本	营业利润	净利润
2015	30 062 099 563.84	22 093 013 175.49	3 050 883 171.45	2 875 391 187.85
2016	26 395 829 300.45	18 671 414 111.48	3 291 078 251.45	3 105 731 940.47
2017	25 129 456 007.18	17 530 457 754.93	3 508 680 894.94	3 148 806 613.45
2018	28 730 607 320.49	21 271 229 406.02	3 718 423 651.65	3 282 597 943.56
2019	38 244 553 924.01	30 972 767 595.39	2 571 403 562.11	2 229 753 046.20

数据来源：金风科技年度财务报告

从表 2 可知，金风科技金 5 年间的营业收入和营业成本总体较为稳定，成本和收入之间差额基本在 70 亿~80 亿元。2015—2018 年净利润整体呈稳定的状态，到 2019 年净利润和营业利润都有所下降，甚至达到 5 年间的最低值。由于 2019 年与之前相比，销售费用和资产减值损失都有大幅度增加，导致最后的净利润下降，特别是当期资产减值损失的计提比 2018 年多 11 倍，直接致使利润下滑、净利润增长率为负数的情况出现。

（二）金风科技应用资产减值的分析

金风科技资产减值主要涉及坏账损失、存货跌价准备、固定资产减值损失等，根据 2019 年年度财务报告，经营效益不如以往主要涉及以下几个原因：首先，金风科技所处的风电产业的发展因为受国家相关政策的波动，对当年的营业收入有了一定程度的影响；其次，行业内前五大整机制造商于 2019 年总吊装容量达 21.7 吉瓦，覆盖了市场份额新增容量的 76%，同比提高 3 个百分点，这也说明风电产业越来越集中化，同行业竞争加剧，抢占市场资源等，导致 2019 年的净利润、毛利率不如以前。再次，虽然当年我国弃风限电的情况有了显著的改善，但并非全面覆盖，仍有一些地区处于限电区域范围内，因此无法拓展市场。最后，由于新型冠状病毒肺炎疫情越来越严重，加剧了对国外市场的冲击，在短期内或将对风电产业在生产排产、采购、零部件供应、运输、人员到岗等方面造成一定影响。

2015—2019 年金风科技的资产减值损失及净利润情况见表 3。

表 3　金风科技 2015—2019 年资产减值损失发生额及营业情况

资产减值	2015 年	2016 年	2017 年	2018 年	2019 年
坏账损失/元	180 748 343.81	202 385 224.58	257 933 513.77	—	—
存货跌价损失/元	-5 748 154.87	-6 565 305.70	-9 955 688.31	-17 982 465.96	26 214 326.85
固定资产减值损失/元	—	—	—	10 022 264.04	—
在建工程减值损失/元	26 584 900.00	—	11 186 306.02	7 400 288.49	3 873 330.21
商誉减值损失/元	—	—	—	11 998 000.00	8 478 833.50

续表

资产减值	2015年	2016年	2017年	2018年	2019年
资产减值/元	207 947 242.04	211 869 655.09	259 164 131.48	11 438 086.57	167 198 657.26
净利润/元	2 875 391 187.85	3 105 731 940.47	3 148 806 613.45	3 282 597 943.56	2 229 753 046.20
净利润增长率/%	55.74	5.39	1.72	5.30	−31.30
毛利率/%	26.51	29.26	30.24	25.96	19.01

数据来源：金风科技年度财务报告

由表3可以看出，金风科技在2015—2019年的各项资产减值损失金额都有比较大的波动。2015—2017年，资产减值分别计提了约2.08亿元、2.12亿元、2.59亿元，基本在同一数量级上，2018年转回约2.48亿元资产减值。值得关注的是，根据会计准则要求，存货应当按照成本与可变现净值孰低计量，而金风科技的存货跌价损失在2015—2018年均为负值。其原因在于这几年部分存货技术改造后可变现净值增加，导致存货跌价准备转回。年度财务报告中关于核心竞争力的部分提到金风科技的研发中心和有丰富行业经验的研发技术人员为公司做出了积极的贡献。但这也仅是年度财务报告中的"一面之词"，技术改造是否真的能使可变现净值增加可能存在主观判断的情况，因为对于存货来说，计提减值后可以转回，公司可能会通过此手段来调节利润，粉饰财务报表。此外，2019年的资产减值是2018年的约14.6倍，然而5年间的净利润几乎水平相当，趋于稳定。而净利润增长也是逐步下降，2019年净利润负增长且毛利率降到了19.01%。结合表3来看，2019年资产减值准备的计提使当年利润下降，且利润达到了这5年的最低。

2015—2017年金风科技计提了大量的减值损失后在2018年进行转回，2018年的净利润达到5年中最高的水平，但毛利率并未有所提升，由此也可以怀疑金风科技通过资产减值再转回的手段进行了盈余管理，让2018年的利润表相对美观。而到2019年计提大量资产减值后，净利润飞速下降，也能体现出资产减值对金风科技的净利润产生了一定的影响。由此产生一个可能性：金风科技可能有在2015—2017年计提过多的资产减值损失进行过度盈余管理的嫌疑，到2018年再通过大量的资产减值转回来弥补当年的亏损，存在粉饰财务报表的可能。

(三) 金风科技资产减值会计应用的动机分析

1. 管理层变更动机

对于上市公司来说,高层人员的变动多少都会影响公司的经营业绩。高层人员在离任前通过盈余手段将公司的盈利达到一个标准状态,防止出现亏损的现象;而对于新上任的高层人员则使用盈余管理体现自己的经营能力水平。图1为金风科技2016—2019年董事、监事和高级管理人员离职情况。

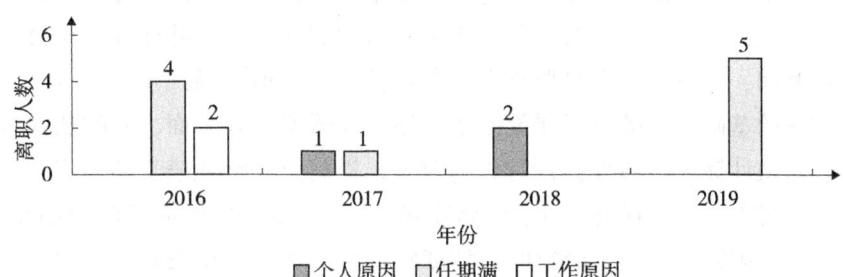

图 1　金风科技 2016—2019 年董事、监事、高级管理人员离职情况

数据来源:金风科技年度财务报告

由图1可知,2016—2019年金风科技的董事、监事和高级管理人员都有一定的变动。在本案例中,金风科技在2016年和2019年的变动较大,同时这两年也是发生资产损失较多的两年,夸大资产减值的情形为后期转回提高利润扭转局面打下基础。虽然高层人员变动是非常常见的事情,这些人员变动在年度财务报告中都有所披露,但除退休、任期满离任外的离职情况的具体原因并未告知。

2. 稳定净利润动机

净利润的稳定是向外部传达公司经营状况良好的渠道之一,是非常重要的经济指标。对于内部管理者而言,净利润的高低是进行经济决策的基础,而且也是评价企业经济效益盈利能力的一个重要参考依据;对于外部投资者而言,净利润是他们进行投资借贷决策的参考指标,是外部信息使用者预计未来收益的因素。为了使利润表更加美观,稳固投资者的信心,公司通常会通过资产减值调节利润表来达到盈余管理的目的。

净利润是向内外界传达企业经营的最终成果的数据。净利润多,表明企业经营效益好,反之则差,它是衡量企业经营效益的主要指标。本案例中,金风科技在2015—2017年的毛利率均超过了26.5%,可见前三年的营业水平是逐步上升的，但在 2018 年、2019 年毛利率明显下降，2019 年毛利率甚至低于 20%，说明这两年的营业情况不如往年，前期计提了大量资产减值后在 2018 年进行转回，虽然提升了净利润水平，然而无法对营业情况进行改善。

五、应用资产减值会计行为的对策建议

（一）加强市场监管及推动准则完善

加强市场监管体系。对上市公司进行监管是我国证券监督管理委员会的主要职责之一，但其所要求的各项指标都与利润挂钩，这种标准会让公司过度关注利润，导致为了满足要求而过度计提资产减值的情况出现。因此，在关注利润的基础上，将业绩评价体系转移到经营能力等方面，同时加强对大量资产减值计提、转回等会计行为的监管，提高企业财务信息的真实性，加大人力、物力，通过现场考察、询函等方式了解企业真实的资产减值情况。

推动准则完善。虽然最新的会计准则正在不断完善相关规定，如规定固定资产、无形资产计提后不得进行转回等，但关于对需要资产进行减值情形的判断，此过程中就存在很强的主观性。对于具体的资产什么时候计提、计提多少都是根据会计人员长期经验判断，主观性由此可以体现。虽然最新的会计准则规定了减值迹象的表现，但其中"远低于""大幅下跌"等词并没有做出明确的规定，提高了利用资产减值进行盈余管理的可能。

（二）建立内部治理机制

提升独立董事、监事的责任意识。金风科技 2019 年年度财务报告中显示，公司共有 5 名独立董事和 6 名监事，虽然人员结构上是相对合理的，但是近几年独立董事并没有针对金风科技资产减值的计提和转回提出过质疑。有理由怀疑独立董事到底是否发挥了自身的作用，董事是否能听取、接受独立董事的意见等问题。独立董事的作用能否发挥并非通过总人数占比体现，对于独立董事来说需要经常地加入公司的日常经营活动，在参与公司活动的同时提高自身的思想觉悟，将职责发挥到最大。

建立合理的报酬制度。很多上市公司通过调节资产减值进行盈余管理的目的在于维护自身的利益，体现自己的管理能力。以利润作为业绩评价指标就很容易导致过度操控的问题。对于公司来说，应该多方面、多维度衡量管理层的经营水平，而不能仅限于利润指标。再根据综合考察结果制订薪酬体系，让管理层更好地为企业服务，使企业更好地发展。或者建立股权激励制度,将高管人员个人利益与公司利益结合在一起,这样也可以尽量避免过度的盈余操控。

促进内部治理结构的优化。对于公司的董事、监事和高级管理人员,要做到权力划分,各司其职,相互制约。严格把控,不能有利益牵绊,避免越权等违章行为,并且要确保独立董事和监事的独立性和客观性。另外,合理安排股权结构,避免股权过于集中,这样才能尽可能减少舞弊的发生。此外,公司要保障中小股东的利益,给予他们知情权,防止信息严重不对称,让他们对管理者进行监督,完善治理结构。

(三) 提高外部监督独立性和审计水平

新浪财经中金风科技年度财务报告显示,金风科技自 2010 年以来合作的会计师事务所是安永华明会计师事务所,二者建立了长期合作的关系。本文认为如果公司长期和同一家会计师事务所进行合作很容易提高舞弊的可能。众所周知,会计师事务所是由上市公司直接选定的,在选择的过程中,会计师事务所的独立性缺乏保障。

在现代资本化市场中,审计违规的现象曝光逐渐频繁,虽然中国证券监督管理委员会对违规行为做出了惩罚,但舞弊情况仍然存在。所以,本文认为,加强对注册会计师和事务所的监管也很有必要,要完善相关法律法规,对审计人员的独立性提出严格明确的要求,加强处罚监管力度,从严处罚,提升外部监管独立性和事务所的审计水平,确保被审计单位财务信息的真实性。

(四) 推动我国证券市场的法制化进程

一个健全的证券市场的首要前提是拥有一套严格的法律制度,目前我国相关法律法规已在逐步完善,但仍有继续修正的空间。只有拥有了严格的法律法规的制度控制,才能使证券市场正常运作,健康发展。同时,还需要相关监管部门严格职守职责,加强责任意识;加大对市场的监控力度和惩处力度,才能使各项证券监管措施落到实处。要对上市公司资产减值的会计行为相关披露细查、严查,保证计提及转回资产减值的真实性、准确性,对违规操纵的责任人严厉处罚,保障市场健康运行。通过数据模型分析,及时发现异常数据并处理查找问题,并且加强对资产减值信息的问询,采用定期与不定期的方式了解企业的真实财务状况,使每一个人都按照会计准则和法律的规定执行。

六、结论与展望

（一）结论

在查阅了国内外有关公司资产减值方面会计处理行为的文献及著作后，本文在此基础上深入分析了利用资产减值会计行为进行盈余管理从而影响企业净利润的相关问题，以金风科技为案例进行研究，对其2015—2019年年度财务报告中的相关财务报表数据进行了全方面的了解、分析，经分析后发现金风科技存在利用资产减值调节利润的动机和行为，后续分析了其应用资产减值的动机并提出相关建议。

经过一系列的案例研究，得出以下几点结论：首先，我国目前的相关资产减值准则在应用过程中仍给企业留下不少主观判断的空间，会计准则有进一步修改的空间，遏制公司通过计提大量资产减值、转回大量资产减值满足自身利益的行为。其次，公司管理层为了体现自身的管理能力、满足业绩考核，会利用资产减值进行资产盈余管理。最后，公司利用资产减值可以使每年的净利润达到稳定的状态，以蒙蔽投资者，使之误以为公司经营状况良好。

（二）展望

随着市场从成长走向成熟的不断发展，在各行各业都存在强烈的竞争关系，这是不可避免的。在激烈竞争的大背景下，很多公司尤其是上市公司会将利用资产减值进行利润调节作为盈余管理的手段之一，因此对资产减值会计行为的研究是十分有必要的。在研究的过程中，笔者逐渐意识到我国现行的市场需要加强对资产减值准备计提及转回的严格把控，做到从源头上切断过度盈余管理的行为动机，希望有关政府部门能够加大管理力度，完善会计准则规范，为市场提供更加健康稳定的环境。

商誉减值案例研究

——以银禧科技为例

景 莉*

【摘 要】 2014年以来，随着国内政策的推进，资本市场的收购现象日益活跃，企业的购买价格也随着流通市场的发展同步上升。在这种情况下，企业购入价远高于可识别账面资产的公平价值，引发了大量相关收购案件的大额商誉现象，同时增加了上市企业未来业绩的发展风险，影响了可持续发展。因此，许多收购企业都致力于将这类活动对公司业绩产生的负面影响降到最低。据调查，目前大多数上市企业商誉扣除较少，商誉减值风险随时可能爆发。本文首先进行相关文献及理论的整理，同时对商誉减值的现状进行阐述分析。其次对银禧科技收购兴科电子商誉减值案例进行研究，并列举了收购时间线，从会计核算的角度进行了分析，同时归纳相关原因，最终发现银禧科技案例的商誉减值存在严重的问题，原因主要概括为企业标的资产估值偏高、盈利预测过高及合并对价支付方式不合理。最后，针对商誉减值问题提出了针对性的政策建议。

【关键词】 商誉减值；收购；银禧科技

一、绪论

（一）研究背景

如今世界经济全球化发展迅猛，全球企业数量增加，其事业范围也在逐步扩大，逐渐从本地扩大到全球。从世界500强企业的发展路径判断，大多数企业通过企业收购实现了在全球范围内的销售，仅仅靠自己的力量扩大，

---

* 景莉，女，会计硕士，研究方向：资本市场与公司治理。

在短期内很难取得快速的发展，收购是公司发展的主要途径之一，为了实现自身的开发战略，越来越多的企业正朝着收购的发展道路前进。

近年来，国内企业的收购活跃，收购市场的交易总额不断增加。随着资金的不断增加，很多企业希望通过收购实现规模的扩大。除了收购之外，还产生了商誉。收购后，越来越多的上市公司表示减值准备金妨碍了目前的业绩，商誉减损的风险正在慢慢积累。通过收购和重组产生的大商誉，增加了上市企业未来业绩的不确定性。目前收购已然成为资本市场的热门话题，越来越多的企业想要通过收购来增强自身实力，并且大量的企业通过收购来实现企业的转型。在收购过程中，由于各种原因，将会有更高的商誉购买量，商誉可能成为收购完成后影响收购公司业绩的一个因素，这就必须回顾一下在收购初期确认的商誉金额及后续计量是否合理，本文选用了广东银禧科技股份有限公司（简称"银禧科技"）对商誉减值的会计核算进行案例研究。

（二）研究意义

本文通过对银禧科技的会计核算进行分析，并同时分析影响收购商誉的因素，希望激励企业在收购中保持谨慎。目前收购商誉的现象普遍存在，许多企业并购时发生的巨额商誉并没有给公司经营带来正向作用，反而由于大量现金支出、承诺业绩无法实现等原因，导致企业经营捉襟见肘，最终不得不大幅计提减值。这不是个案，它已经演变成了一个普遍问题，其中有些高商誉的形成是因为估值不合理，对市场盲目乐观，但有些是故意为之，企图浑水摸鱼转移企业资产，收购高商誉问题现在已经演变成一个必须引起重视的问题。而本文通过对银禧科技的商誉减值案例减值进行研究，希望可以为企业收购提供有益的参考，减少该类问题的发生。

二、相关文献综述及理论基础

（一）理论基础

1. 收购

收购是指公司通过产权交易获得其他公司一定程度的控制权，从而达到一定经济目的一种经济行为。收购属于公司资本管理形式中的一种，它具有一定的经济意义及法律意义。收购的经济性是指企业控制权的变更。根据《中华人民共和国证券法》的规定，当投资者持有上市公司已发行股份30%的时候可以进行收购，其实质是收购被收购公司的股份，经济行业低迷时期，可从另一家公司的二级市场收购低价股票。

2. 商誉减值

商誉不像固定资产和无形资产，它无法根据一定的期限采取摊销处理这一方法，会计准则规定，商誉最少应该每一个年度结束，进行一次减值测试，同时在发生特别事项的时候也应进行减值测试；规定把减值测试的部分设定为资产或者与能产生协同效应的资产结合到一起的组合；并且把公司之间并购带来的商誉按照收益原则配比到相关的资产组或能产生协同效应的资产组合上，再接着测试其未来能收到多少回报。将未来能够收到的金额与资产负债表上列示的价值数额做对比，如果未来能够收到的金额低于资产负债表上列示的数额，表明企业的并购商誉出现了价值下跌的情况，相应地要做出提取合并商誉减值准备的会计处理。

通过对比未来能够收到的金额与资产负债表上列示的价值的差值确认对应的商誉减值损失金额，减值损失的数额需要采用一定步骤展开会计核算：先要将减值的数额抵销扣除分担给资产组合中的合并商誉的数额；然后依据划分的有受益相关性的一组资产扣除商誉之后剩余资产在资产组中占据的价值比例，抵销扣除该资产组中剩余部分资产应提取的减值数额。上述账务处理的过程，实际是将减值的数额在商誉和资产中进行分摊，相应地要计提资产减值准备，并对应计提相应资产的减值损失。

（二）文献综述

国外的学者对商誉减值的研究比我国起步要更早一些。利克（Leake）（1914）首次提出"超额利润"一词，他把商誉定义为预期未来超额利润的贴现现值。❶ 亨德里克森（Hendriksen）（1965）是从会计的角度对商誉的性质进行了总结，并且发明了"三要素理论"，这三个理论分别为"总计价账户论""超额盈利论"和"好感价值论"。❷ 马尔科姆（Malcolm）（1973）则提出了"协同效应"理论，他认为企业作为一个行为开放、目标明确的经济活动系统，其内部成分通过共同作用使整个企业发挥更大的作用。因此，商誉产生于企业各组成部分间的协同作用。❸

---

❶ LEAKE P. D. Goodwill: Its nature and How to Value It [J]. The Accountant, 1914: 81-90.
❷ HENDRIKSEN E. S. Accounting Theory [M]. Richard Irwin Inc., 1982.
❸ MALCOLM C. M. Goodwill—An Aggregation Issue [J]. The Accounting Review, 1973, April: 280-291.

徐文丽等（2008）认为商誉在本质上是企业优势的体现。❶ 李奇警等（2013）认为商誉的特点中最重要的是盈利能力过剩，商誉的存在是为了给企业带来预期的超额回报。❷ 乔玉梅（2018）提出了差额计量观，认为商誉的价值在于其各个组成部分的价值，逐步形成了"剩余价值观"。❸ 楚雨凡（2019）认为在减值测试过程中，资产组的划分、可收回金额的估计是影响商誉减值准备计提与否、计提多少的重要因素。❹

就目前学者对商誉的研究来看，重点在商誉的本质及理论研究，并将其运用于企业乃至整个行业中，得出普遍化的规律及结论，针对性不够强，因此本文着重透过银禧科技的商誉减值案例来对商誉减值的会计核算进行进一步的具体探讨。

三、商誉现状分析

（一）现阶段对商誉的会计处理规定

美国财务会计准则委员会在 2001 年发布了《财务会计准则公告第 141 号——企业合并》，2004 年国际会计准则理事会发布了《国际财务报告准则第 3 号——企业合并》，根据规定只能通过购买来进行企业合并，而不是通过股权合并来进行。

我国现行的企业合并会计准则基本符合国际会计准则的规定，但是我国的宏观经济环境和国外制度环境存在较大差异，所以仍保留其自身的特点。目前我国会计准则规定企业合并可通过两种基本类型：同一企业控制下的企业合并，应当采用权益法；非同一企业控制下的企业合并，采用购买法。

目前国内外会计准则不承认企业合并产生的商誉；在企业合并的情况下，商誉购买的正余额被划分为"商誉"资产，将负余额直接计入当期损益中；与此同时以定期减值测试，取代商誉的摊销，并定期降低商誉价值，从而计算和确认减值损失。

（二）我国企业收购潮后的商誉现状

企业在收购中，为了获得更高的估值，卖方往往会做出高绩效的承诺。

---

❶ 徐文丽，张敏. 商誉会计研究与探讨 [J]. 财会通讯，2008，5：32-350.
❷ 李奇警，张孝友. 自创商誉的确认与计量问题探讨 [J]. 商业会计，2013（11）：9-11.
❸ 乔玉梅，董宏. 探析企业商誉后续计量的会计问题 [J]. 纳税，2018，12（28）：72-74.
❹ 楚雨凡. 传媒企业合并商誉计量研究 [D]. 北京：北京印刷学院，2019.

因此，高估值和高绩效承诺已成为 A 股并购市场的主要特征。在市场价值管理方面，许多上市公司的管理者和投资者都喜欢通过短期高绩效收购对股价进行刺激，但是他们却往往忘记了收购会产生巨额的商誉，对公司未来的经营业绩产生极为不好的影响。连续 5 年的亏损将会直接导致公司退市，这是我国目前资本市场的博弈规则，巨大的商誉减值会有大概率导致主营业务盈利的企业长期处于一个亏损状态。此次收购的溢价倍数反映了公司未来面临的风险。我国的并购市场可以说一直呈现发展良好的态势，不过近几年有下降的趋势，详情见图 1。

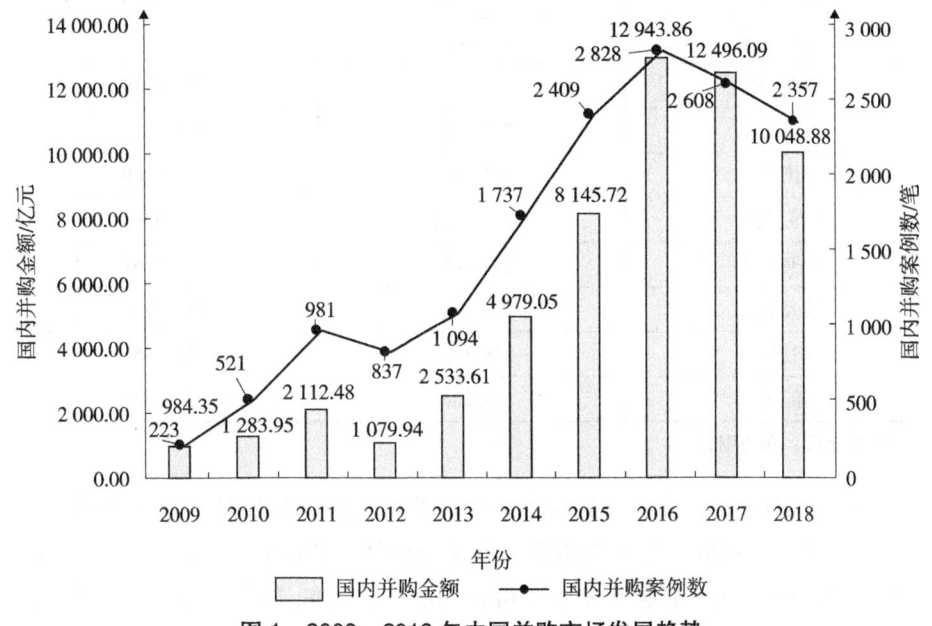

图 1　2009—2018 年中国并购市场发展趋势

数据来源：私募通

从图 1 可以看出，我国并购的整体发展趋势是上升的。仅在 2012 年，并购交易的总金额及总数量均有所下降，这有可能是金融危机带来的影响。但在 2013 年，这两项指标迅速超过了 2011 年。从 2016 年开始，国内并购金额及数量开始逐年下降，但仍处于一个很高的水平。不可避免的是，许多并购可能带来巨大的商誉。

如表 1 所示，我国商誉金额前十的企业，商誉总金额较大，其中排名第一的是中国石油，在 2018 年达到约 423 亿元，较 2017 年增长超过 3 亿元，除此之外，其他 9 个企业的商誉总额在 2018 年较前一年也都未减少，产生大额商誉并非都是好事，若是承诺业绩无法达标，那么会导致公司业绩受损。近年来，市场上的公司并购频繁，资金数额巨大。资产扩张主要是由于商誉急剧增加，资产减值风险问题日益突出。这些高风险公司也大多集中在创业板行业。未来如果并购效果不理想，协同效应不显著，将大大增加在商誉减值后期业绩损失的风险。

表1　2017—2018年全国前十商誉金额上市公司　　　　　　　单位：亿元

公司名称	商誉金额（2018年）	商誉金额（2017年）
中国石油	422.7300	419.3400
美的集团	291.0039	289.0379
潍柴动力	230.3739	225.8319
海尔智家	211.5555	198.4332
中国平安	205.2000	205.0700
广汇汽车	187.8740	178.4501
海航科技	153.4883	149.6751
紫光股份	139.9159	139.9159
纳思达	128.1880	122.7866
华能国际	124.2268	121.5642

数据来源：东方财富

商誉金额的微小变动也会对净利润变动产生极大的影响，商誉减值可能给企业带来巨大风险，净利润被吞没促使企业经营业绩日益下滑。也就是说，一些上市公司通过正常业务无法获得预期利润，可能选择通过收购来增加账面利润。合并产生的商誉，虽然至少在每年年底估计，但摊销不在持有期内进行时，将会十分依赖专业人员专业知识的判断，这样被高估的商誉可能被延迟处理。高估商誉可以提高上市公司的盈利能力。首先，当利润不满足时，延迟减值处理可以在一定程度上保证上市公司的利润；其次，当利润较好时，商誉减值可以通过利润目标处理；最后，当亏损较为严重的时候，商誉中的大部分甚至全部发生减值，产生巨大的利润。然而，虽然昂贵的收购所产生的高额商誉增加了账面利润，但商誉减值的风险也随之增加。一旦合并企业的经营业绩不符合商誉减值标准，将导致净利润大幅下降。

四、案例分析

（一）公司简介

并购方为银禧科技，银禧科技于 1997 年在广东省东莞市虎门镇成立。业务包括产品开发、生产、销售，主要生产 PA、PS、PBT、PP、PVC、山丘等。它有着众多的系列产品，包括耐腐蚀和环保耐用材料等，主要应用于家用电器、IT 电子等领域。

被并购方为兴科电子科技有限公司（简称"兴科电子"）。兴科电子隶属于兴科集团，主要进行手机按键的生产。虽然兴科电子位于东莞虎门，但它的总部在新加坡。兴科电子这一电子企业自成立以来就进入了东莞市的百强企业行列，公司坚持创新，拥有一流的水平和技术。

（二）收购过程

1. 时间进程

银禧科技收购兴科电子过程见表 2。

表 2 银禧科技收购兴科电子过程

时间	事件
2014 年 8 月	银禧科技增资后持有兴科电子 33.8% 股份
2016 年 6 月	银禧科技拟收购兴科电子剩余股份
2017 年 1 月	银禧科技发布公告变更登记事项完成

兴科电子于 2014 年 6 月 4 日成立，仅仅两个月后，银禧科技便有意收购。银禧科技在 2014 年 8 月 18 日收购兴科电子 33.80% 的股份。

银禧科技在 2016 年 6 月 17 日决定再次收购兴科电子的剩余股份，支付方式分别为现金方式及发行股份方式，其中现金 36 993 万元，其余的用发行股份支付。

2017 年 1 月 11 日，胡恩赐等人将 66.20% 的兴科电子股份转让给银禧科技，在东莞市工商行政管理局完成工商变更登记并得到营业执照。至此，银禧科技对兴科电子的收购完成。

2017 年 1 月 12 日，银禧科技发布公告变更登记事项完成。

2. 价格确认依据

此次并购的价格主要参考的是之前银信资产评估有限公司的资产评估报告。而兴科电子是本次的评估目标，评估基准日在 2016 年 3 月底，在评估报告限定条件下，兴科电子的账面净资产价值达到 3.53 亿元，通过收益法评估公司股东的所有权益价值，数值为 17.06 亿元，增值金额 13.53 亿元，增值率高达 383.29%。

3. 股权结构变化

胡恩赐等人向银禧科技转让了兴科电子的股权，依次为 32.80%、10.92%、10.00%、12.48%，具体变化见表 3。

表 3　收购导致兴科电子股权结构情况变化

项目	股东	出资金额/万元	占比/%	出资形式
并购前	胡恩赐	5 904	32.80	货币
	陈智勇	1 966	10.92	货币
	高炳义	1 800	10.00	货币
	许黎明	2 246	12.48	货币
	银禧科技	6 084	33.80	货币
并购后	银禧科技	114 584	100.00	货币

资料来源：2018 年银禧科技年度财务报告

3. 并购商誉形成与减值

2017 年 1 月，银禧科技获得标的股权，在并购当天兴科电子可计量的净资产的公允价值为 3.53 亿元，合并成本金额为 10.85 亿元。并购后，兴科电子的业绩"暴雷"，净利润远远未达到业绩承诺。银禧科技宣布 2018 年兴科电子相关商誉确认出现减值损失，确认计提的商誉减值金额高达 5.14 亿元，这直接导致银禧科技当季股票跌停，公司经营状况大幅滑坡，各财务指标皆呈现不良态势。

（三）会计核算商誉减值分析

1. 初始确认分析

《企业会计准则第 20 号——企业合并》在商誉确认及计量方面作了新的规定。在非同一企业控制下的企业合并中，合并成本大于被购买方可辨认净资产公允价值的部分，确认为商誉；合并成本小于被购买方可辨认净资产公

允价值的部分,直接计入合并当期损益。初始确认后,不再进行摊销,而是于每一个会计期末进行减值测试。公式如下:

商誉=合并成本-购买日被合并方可辨认净资产公允价值的份额

且根据2013年银禧科技年度财务报告中的"合并报表主要项目注释"第八条,本期非同一控制下合并兴科电子,合并日兴科电子可辨认净资产公允价值为33 980万元,与其合并日的净资产账面价值相等,合并成本是219 271万元,持有股权合计为100%。商誉=219 271-33 980×100%=185 291(万元)。由于第一次收购时,兴科电子资本从63 352万元增长到71 182万元,超出部分计入"资本公积——资本溢价",即7 830万元;第二次并购募集资金53 400万元,新增股份4 886万元,发行价为28.69元/股,合计140 199万元,计入"资本公积——资本溢价"135 313(140 199-4 886)万元。因此,此次并购"资本公积——资本溢价"合计为196 543(135 313+7 830+53 400)万元。账务处理如下:

借:资产类		339 800 000
商誉		1 852 910 000
贷:股本		227 280 000
资本公积——资本溢价		1 965 430 000

2. 后续计量分析

(1) 2013年年度商誉减值情况。

由于评估前兴科电子商誉的账面价值为185 291万元,2013年年末的账面净资产为28 556万元,这其中不存在少数股东权益部分,所以调整后兴科电子股东权益账面价值为213 847万元。银禧科技2013年年度财务报告中披露的关于并购兴科电子的减值测试过程的相关信息中,资产评估公司对子公司兴科电子2013年12月31日的股东权益进行了评估,评估结果为285 386万元,而调整后兴科电子股东权益账面价值小于评估值,该商誉在2013年年末已分配至相关资产组,经减值测试已经发生减值。

(2) 2014年年度商誉减值情况。

2014年银禧科技在进行减值测试后未对商誉计提减值准备,但在前期差错更正中"期初重述事项"有对兴科电子的合并商誉价值进行调整。银禧科技聘请专业团队对在收购兴科电子一年后的情况进行了分析,发布了公允价值分摊报告,在该报告中重新确定商誉,可辨认净资产的公允价值以该报告的认定作为依据。其中,期初的无形资产增加124 777万元,递延所得税负债增加 18 716 万元，商誉减少 106 235 万元，未分配利润减少 174 万元。最终在 2014 年财务报告中第五项第四条所列示，合并日 2013 年 7 月 31 日兴科电子的可辨认资产公允价值为 140 216 万元，可辨认净资产公允价值是 33 980 万元，合并对价是 219 271 万元，故调整后的合并商誉价值应为 79 055 万元。调整后的商誉情况见表 4。

表 4　兴科电子调整后商誉情况　　　　　　　　　　　　　　　单位：万元

合并账面净资产	可辨认资产公允价值	合并对价	商誉
33 980	140 216	219 271	79 055

资料来源：2014 年银禧科技年度财务报告

（3）2015 年年度商誉减值情况。

2015 年对银禧科技来说是受到商誉减值重挫的一年。兴科电子的净利润为 9 480 万元，扣除非经常性损益后当期归属于母公司股东的，比承诺的金额低了 17 896 万元。业绩承诺远没有兑现。根据银禧科技 2015 年财务报告显示：本年度公司对兴科电子的商誉计提减值，金额为 10 916 万元。

在承诺未完成的情况下，银禧科技再一次对兴科电子的资产进行了评估。由于资产组组合是企业设定合理的资产组合，一般而言具有盈利能力，故采用收益法。北京中同华资产评估有限公司的评估结果显示：以 2015 年 12 月 31 日为结点，相关资产组可收回金额为 155 000 万元。兴科电子商誉减值 10 916 万元账务处理如下：

　　借：资产减值损失　　　　　　　　　　　　　109 160 000
　　　贷：商誉减值准备　　　　　　　　　　　　109 160 000

（4）2016 年年度商誉减值情况。

2016 年兴科电子没有完成业绩承诺，并且比承诺金额的 28 745 万元还低了 19 017 万元，计提商誉减值 2 399 万元。银禧科技聘请专业评估公司对兴科电子进行了评估。以 5 年期预算的减值测试，采用现金流量预测法进行评估。根据 2016 年财务报告确定兴科电子商誉减值为 2 399 万元，账务处理如下：

　　借：资产减值损失　　　　　　　　　　　　　23 990 000
　　　贷：商誉减值准备　　　　　　　　　　　　23 990 000

（5）2017 年年度商誉减值情况。

2017 年银禧科技对兴科电子的收购完全完成。银禧科技于 2017 年收购兴科电子 66.20% 股份，形成商誉 48 980 万元。银禧科技将该商誉分配至兴科电子经营性资产组。根据 2017 年银禧科技年度财务报告所示，2017 年年底银禧科技商誉账面价值为 4.89 亿元，每年银禧科技都会对商誉进行减值测试，确定了兴科电子的商誉减值为 48 980 万元，财务处理如下：

借：资产减值损失　　　　　　　　　　　489 800 000
　　贷：商誉减值准备　　　　　　　　　489 800 000

（6）2018 年年度商誉减值情况。

2018 年兴科电子在扣除非经常性损益的基础上，归母净利润为 -46 962 万元，较其业绩承诺的金额 29 000 万元少了 75 962 万元，业绩承诺未完成。根据 2018 年银禧科技年度财务报告所示，2018 年年底商誉账面原值为 4.90 亿元，此时计提的商誉减值准备为 4.90 亿元，财务处理如下：

借：资产减值损失　　　　　　　　　　　490 000 000
　　贷：商誉减值准备　　　　　　　　　490 000 000

（四）商誉减值成因分析

1. 标的资产估值偏高

银信资产评估有限公司在 2016 年 3 月 31 日这一评估基准日评估兴科电子 66.2% 的全部股东权益价值，采用的方法是收益法及资产基础法，见表 5。

表 5　兴科电子资产评估结果

评估方法	净资产评估值/亿元	净资产账面价值/亿元	增值额/亿元	增值率/%
收益法	17.06	3.53	13.53	383.29
资产基础法	3.61	3.53	0.08	2.27
差额	13.45	—	—	—

数据来源：兴科电子评估报告

由表 5 可知，兴科电子的净资产账面价值在收益法及资产基础法下均为 3.53 亿元，收益法下的评估值是 17.06 亿元。而资产基础法下的评估值为 3.61 亿元，增值率仅仅是 2.27%。估值额相差 13 亿多元，综合考虑收益法更能体现兴科电子给股东带来的价值。由于选择收益法导致合并溢价较高，银禧科技与银信资产评估有限公司为此做出更改。

2. 盈利预测过于乐观

一方面，在成立初期时的兴科电子，业绩发展十分优秀。最初的 2014 年、2015 年、2016 年，兴科电子分别实现净利润 998 万元、5 076 万元、30 597 万元，增长率非常高，经营状况良好。具体情况见表 6。

表 6 兴科电子 2014—2016 年净利润

项目	2014 年	2015 年	2016 年
净利润/万元	998	5 076	30 597
增长率/%	—	408	502

数据来源：兴科电子 2015—2017 年财务报告

兴科电子金属材质外观件的主要客户为一线手机品牌，所以迅速增长的同时，具有完成整个制造流程的实力，与国内大型手机制造商稳定合作。因此，银禧科技预测兴科电子的盈利空间非常大。

另一方面，兴科电子预计转型电子烟等行业。基于对电子烟业务未来发展的认可，银禧科技认为兴科电子将是新的利润增长点。由此产生了较为乐观的盈利预期。

然而，银禧科技却没有合理关注行业前景和业务比重。兴科电子的行业前景目前趋于饱和。根据中国智能手机行业市场的数据报告显示（图 2），2014—2020 年，中国智能手机出货量虽无下降并缓慢增长，但是增长率较不稳定，有下降的趋势，到了 2020 年增长率已经低至 1.96%，比 2017 年的增长率 2.12% 还要低，而最高的年份在 2016 年，为 9.30%，可能是由于这个时期智能手机盛行，人们对智能手机的需求量极高，但之后人们的需求量慢慢趋于稳定，以至于之后虽然出货量在增长，但是增长率却是降低的。

兴科电子客户集中度较高，大客户的运行也不可能一帆风顺，而且大客户的一些波动会引起兴科电子很大程度的变化。电子烟业务作为兴科电子的新兴业务，其占比相对较低；电子烟收益率很高，但是整体来看带来的贡献还是微小的，故而目前转型对利润增长点带来的改变还有待考证。

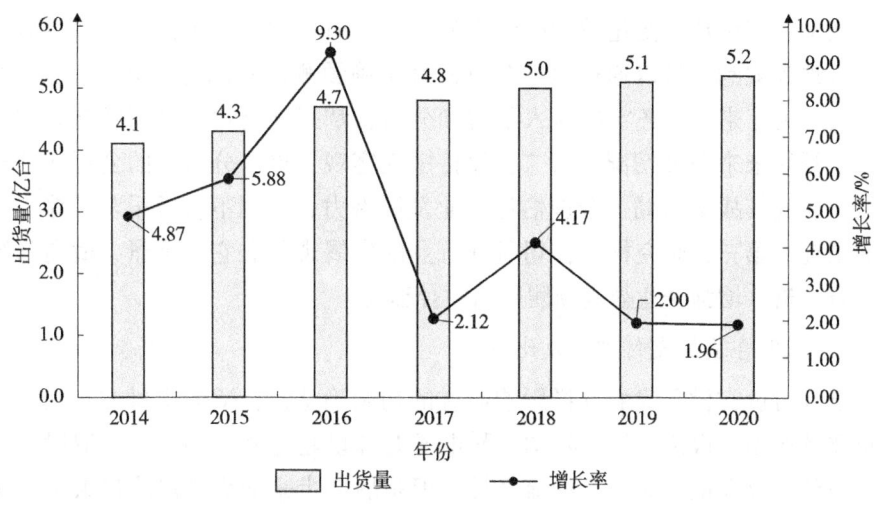

图2 中国智能手机出货情况

数据来源：私募通

3. 合并对价支付方式不合理

股份实际交割时，银禧科技的股价下跌，反映其股价偏高。然而，在交易签订时，兴科电子原股东接受了价格，并未提出异议，这说明合并对价是高于兴科电子的真实价值的，存在不合理的状况。由此可见，并购成本会因发行股票的方式而增加，而这在一定程度上是受人为影响的。银禧科技以大比例采用股票支付从而导致商誉减值的一系列问题。

(五) 政策建议

1. 合理确定标的资产估值

标的资产估值受合并成本的影响，而商誉初始确认的依据是合并成本的确定。作为合并成本的确认开端，要尽可能做到合理。但是并没有采取修正和更改，会加大后期商誉减值的风险可能性。可以通过以下方式合理制定资产估值：第一，评估机构要详细披露对标的资产估值重大影响因素；第二，在一定范围内限定账面价值与标的资产评估值的差额；第三，出台相应的制度，严厉打击评估机构的各种不当行为，追究其责任。

2. 正确预测标的公司盈利能力

承诺期内标的公司经营业绩实现使得正确预测标的公司的盈利能力尤为重要，因为被收购的兴科电子虽然成立初期业绩喜人，但后期随着大客户的状况变动、市场环境变化效益已经不如当初。但是收购时银禧科技并没有科学合理地预测到。可以通过以下几方面来正确预测盈利能力：第一，通过对标的公司近年来的财务状况深入了解和分析，掌握该公司的经营状况并用科学方法预测未来财务情况；第二，保持中立客观，重点分析标的公司的业务结构，研究其战略布局，合理估计企业发展潜力，做到不盲目乐观，综合各方面情况；第三，研究标的公司所处行业的发展现状和它的前景，横向与纵向综合分析，增强企业盈利预测数据的合理性。

3. 采用合适的支付方式及比重

合并对价支付方式的选择影响商誉的初始确认，合适的支付方式起着至关重要的作用。银禧科技在收购兴科电子时却以超过六成的比重采取股份支付，虽然可以保证企业资金的流动性，但是后期带来的商誉风险过大也为企业带来打击。支付方式可以选择以下方式，如现金支付、债务支付、资产支付等。采用股份支付方式与其他支付方式相结合，将股份支付方式占比控制在一定范围内。

五、总结与展望

本文以银禧科技并购兴科电子为例，介绍其并购过程，了解其并购方式，分析并购中存在的问题，探讨溢价并购下商誉减值的原因，得出以下结论。

银禧科技商誉减值的成因分别有以下几点：第一，对标的资产估值过高；第二，盈利预测过于乐观；第三，合并对价支付方式不合理等。根据商誉减值成因，给出对于商誉减值问题的建议。

资本市场飞速发展而且风云变幻，商誉减值问题严重，对此，要对评估机构加强监管、优化信息披露制度、防范企业间勾结，上市公司也要重视其商誉及标的价值评估，在此基础上采取科学控制手段。收购时要坚持谨慎性原则，控制合并成本，客观预测标的公司效益，选择合适的支付方式，最大限度降低商誉减值所带来的巨大风险。通过本文的研究希望为市场上采取溢价并购的企业在如何防范与解决商誉减值问题方面提供一定的借鉴。

海澜之家计提存货跌价准备分析

王者风* 于晓明**

【摘　要】 近年来，我国市场经济发展迅速，企业为了提高在市场经济中的地位，在经营管理和人才发展方面给予了足够重视。而存货作为企业的一项资产，对企业的利润起着很明显的影响作用，因此企业对存货的管理迫在眉睫。特别是服装行业，由于行业本身的特点，存货管理成为不得不重视的工作。在服装业上市公司中，海澜之家虽然销售领先于同行业，但是存货占比同样也是领先于同行业。因此，本文通过对海澜之家的财务报表的分析，找到其在计提存货跌价准备比例中存在的问题，通过对存货跌价准备问题的分析，找到其在存货管理中存在的问题，再适当结合企业现状，找到解决途径，同时提出建议，并且为其他企业提供参考价值，提升企业在市场竞争中的地位。❶

【关键词】 海澜之家；存货跌价准备；存货管理

一、绪论

（一）研究的重要性

存货跌价准备在企业发展中起着很重要的作用，企业的利润直接受到存

---

* 王者风，女，会计硕士，研究方向：资本市场与公司治理。
** 于晓明，女，会计硕士，研究方向：资本运营与财务管理实务。
❶ 张婧心. 服装类上市公司存货管理分析——以海澜之家为例［J］. 商情，2019（41）：171-172，150.

货跌价准备是否计提准确的影响。通过对海澜之家集团股份有限公司（简称"海澜之家"）年度财务报告的解读，发现其对存货跌价准备的计提存在问题，在年度财务报告中可以发现其对存货跌价准备的计提分为了附可退货条款和附不可退货条款两种情况，同时对附可退货条款不计提存货跌价准备，使得海澜之家的存货跌价准备较同行业有明显差异，并且存货较同行业明显偏高，所以研究海澜之家的存货跌价准备很有必要。计提存货跌价准备时，应该遵守客观性、稳健性、实质重于形式三个重要原则，同时要加强与公司所处行业的领域和特点、业务和会计准则相结合，融会贯通，通过专业判断，尽力提高财务报表的准确度和可靠性。❶

（二）研究背景——上市公司现状

存货跌价准备损失的准确计量对上市公司财务报表规范起着举足轻重的作用，然而在我国的上市公司存货跌价准备计提过程中，存在很多问题。上市公司不但在计提减值时操纵盈余，也在减值转回时操纵盈余。由于我国会计制度的不完备，加上存货跌价准备的确定存在很多主观估计的因素，人为操纵盈余管理的迹象较为明显，所以仍需要对存货跌价准备的计提进行深入研究，分析其存在的问题并给出对策。企业存在可以根据自身利益来选择会计方法进而操纵会计利润的弊端，体现了会计准则的不合理性。鉴于此种情况，应该在计提存货跌价准备中，完善判断标准和内外部监督制度，使会计信息更加真实，从而确保资产的真实性。

（三）存货跌价准备计提过程中存在的问题及应对措施

1. 问题

计提存货跌价准备是为了保证会计信息客观真实和可靠，但从我国存货跌价准备目前计提的现状看，还存在很多问题，如许多企业为了业绩"好看"等原因，对于计提存货跌价准备有抗拒心理，没能按规定计提。一些企业滥用稳健性原则来计提秘密准备以此来调控利润，使得存货跌价准备计提在某种程度上成为企业操纵利润的工具。

2. 现状

实务中暴露出来的问题，一方面，表明企业对存货跌价准备处理的认识

---

❶ 丁哲. 计提存货跌价准备的几点思考 [J]. 财经界，2019 (35): 126-127.

在执行会计制度时存在很大偏差；另一方面，也表明我国的减值会计体系还没有完善和健全，导致操作的随意性很大。

3. 措施

科学合理地计提存货跌价准备，应建立严格的存货管理制度和完善的存货管理体系，使企业更加注重对于存货的管理，主要体现在合理控制与科学管理上。资产计价和收益确认对于企业非常重要，存货是企业流动资产中主要的组成部分，存货的计价会直接影响企业资产的正确计价及收益的确认。❶

二、存货减值研究综述及相关知识点

(一) 存货减值准备计提方法具有不合理性

何元春（2018）提出虽然会计准则对于存货减值准备有相关的规定，但是理论上并不够精确、完整，在实际操作过程中，存货减值准备的计提需要精准地计算与科学地专业评断，加上企业的原材料品种繁多，产品规格与要求又比较复杂，使存货减值准备的计算难度提高不少。❷

(二) 存货减值准备及盈余管理

徐飞、刘建勇（2016）提出上市公司存在利用坏账准备的计提和转回进行盈余管理的新倾向；上市公司并不偏好利用同属流动资产的存货减值进行盈余管理；运用长期资产减值进行盈余管理的行为仍然存在于上市公司中。❸

(三) 新《企业会计准则第 14 号——收入》下的预计退货收入

孙国红（2019）表示在新《企业会计准则第 14 号——收入》下，可退货条件下的预计收入能够更加准确、完整地反映公司资产和负债，能够更加及时、准确、动态地反映公司财务状况及经营成果。❹

综上所述，本文主要从会计准则的灵活性、不完善性和盈余管理目的等角度来论证资产减值的不合理性，研究重点集中在两个方面：一是从资产减

---

❶ 朱丽. 上市公司计提存货跌价准备存在的问题及对策 [J]. 知识经济，2014，6：160.
❷ 何元春. 浅析存货减值准备的计提 [J]. 财经界，2018 (2)：100.
❸ 徐飞，刘建勇. 上市公司资产减值类型与盈余管理的相关性研究 [J]. 中国注册会计师，2016 (7)：69-74.
❹ 孙国红. 新收入准则对附销售退回条款销售会计处理改进及建议 [J]. 中国注册会计师，2019 (12)：82-84.

值政策出发，研究资产计提的不合理性；二是从盈余管理的目的出发，研究企业经营者为了达到一定的盈余管理的目标对资产如何识别。单项资产减值准备计提合理性的研究很少，所以对存货跌价计提合理性的研究具有重要的现实意义和理论价值。以实证方法检验上市公司存货资产减值的实质性影响因素，明确指出企业计提存货跌价准备的经济动机。

三、存货减值相关现行准则及对行业的影响

（一）有关于预计退货的存货跌价准备

1. 企业会计准则

财政部发布的《企业会计准则讲解》对于预计退货有详细讲解并举例说明其会计处理，指出当商品销售有退回条件时，企业可以对退货可能性进行合理估计，在发出商品时全额确认收入成本，并根据合理估计的退货金额，冲减预计退货的收入和成本，差额计入预计负债。❶也就是为防止虚增财务报告中的利润，将预计退回的毛利从财务报告的利润表中剔除。这样的处理，冲减了成本，但却没有增加资产负债表上的存货，且不讨论是否应该增加存货的账面数，单就利润表来说，仅仅将预计期后退货的毛利润剔除显然是不够的。试想，如果这部分货品退回来，不仅是毛利润的减少，还有存货的增加，未来这些退回的货品是否能再次售卖及售卖价格必将受到较大影响，进而影响企业利润，因此在考虑预计期后事项的时候，不能只考虑毛利润的影响，也需要考虑存货的影响。❷对于预计退货所涉及的存货也需要考虑减值影响。针对预计退货这个或有事项，对应的收入和成本在财务报告中冲减，就说明符合负债的确认条件，相应的存货跌价准备也应该在本财务报告中体现。

《企业会计准则第 14 号——收入》中没有明确规定关于预计退货是否需要计提存货跌价准备，这就为一些公司的利润操纵留下了巨大的空间，海澜之家同样也面临这种情况。❸对这一情况，海澜之家在年度财务报告中给出的解释是由于存货金额大，且预计售价的确定过程涉及管理层的判断和估计库

---

❶ 骆国城. 企业存货损失的确认计量及税务处理规制 [J]. 财会月刊, 2014 (13)：30-34.

❷ 汪猛, 徐经长. 货币政策、盈余管理与资产减值 [J]. 中央财经大学学报, 2015 (11)：53-61, 74.

❸ 任中华, 李晓璐, 唐建. 上市公司计提存货跌价准备合理性研究——以房地产开发和经营业为例 [J]. 财会通讯, 2015 (27)：19-23.

存商品和委托代销商品,对于附可退货条款的可退货商品,由于公司可以按照成本原价退还给供应商,因此并不计提存货跌价准备。在目前的会计处理方式下,即便需要冲减预计期后退货相应的毛利润,也可以减少资产负债表上的存货,自然就可以少计提存货跌价准备,相应地就提高了利润。服饰行业是典型的季节性非常强的行业,而且服装一旦过季,利润就会很快下滑。这几年,服饰行业上市公司的存货普遍高居不下,面临巨额的存货跌价准备的计提。在面临业绩压力的情况下,有一些上市公司采取提前压货给加盟商的策略,经会计师事务所审计时,虽然需要根据退货政策及历史经验合理预估退货的金额,冲减收入和成本,但是却可以在一定程度上减少计提存货跌价准备,使得公司的利润表相对好看,成为跨期盈余管理的一种手段。❶

2. 新收入准则

在《企业会计准则第14号——收入》中有明确规定:退货可能性如果能被企业合理估算出来,收入确认条件时点被满足,应按被估计的退货率及金额,冲回预计退货部分的成本及收入,差额确认为预计负债。具体会计处理为借记"主营业务收入",贷记"主营业务成本""预计负债";企业不能合理估计退货可能性的,表明收入的金额无法可靠计量,现行《企业会计准则第14号——收入》下收入确认条件不被满足,将所收到货款作为"预收款项",并当退货期满时确认收入。

3. 退货损失

海澜之家将存放在总部仓库的商品划分为"库存商品",将"库存商品"发送到门店后,再划分为"委托代销商品"。❷ "库存商品"和"委托代销商品"的内容主要为服装,当账面价值高于可变现净值,存货跌价准备按照其差额计提。存货规模较大的原因是仓库的存货及门店未实现销售的货品相应存货管理成本较高。存货中附可退货条款的货品,根据采购合同相关条款的约定,出现滞销情形可以退给供应商,这部分存货海澜之家不承担跌价风险。2018年,海澜之家"库存商品"和"委托代销商品"期末余额中,附不可退货条款存货和附可退货条款存货余额分别为 4 323 600 946.37 元和 4 923 075 564.79 元,附不可退货条款存货计提存货跌价准备余额为 438 252 749.60 元,附可退货条款存货不计提存货跌价准备。两项账面价值占

---

❶ 王亚君, 王莉华. ST企业盈余管理浅析 [J]. 财会研究, 2014 (11): 76-78.
❷ 周华, 戴德明. 资产减值会计的合理性辨析 [J]. 经济管理, 2016, 38 (3): 100-112.

期末存货账面价值的比例分别为 41.01% 和 51.97%，两项账面价值合计占总资产的比例为 29.77%。海澜之家的门店所有权归加盟者所有，海澜之家只有经营权，没有所有权。加盟商承担加盟店经营费用，海澜之家负责品牌维护和加盟店具体管理；高品质产品由供应商负责，海澜之家保障品牌美誉度并做好商品的供应链管理和销售管理；产品畅销则海澜之家、加盟商和供应商均能获利，产品滞销则三方均有损失。❶

(二) 影响

近年来，服装业存货跌价准备和存货跌价损失增速持续放缓。海澜之家与供应商的"上游赊销货品制"确实可以降低其存货风险，因为库存中很大比例是滞销款，海澜之家把这部分转移给了供应商。海澜之家旗下子公司海一家也参与到尾货的处理，共同承担滞销风险。主品牌"海澜之家"一直坚持不打折，却通过子品牌海一家进行再处理，成功树立了独特的品牌形象的同时，保持了经济上的最优处理。加上海澜之家独特的经营模式，目前没有对整个行业产生影响。❷

四、海澜之家存货减值案例研究

(一) 海澜之家商业模式概述

1. SPA❸ 柔性供应链

具有显著季节性特点的服装行业，给企业经营带来了很多风险和不稳定性。一般服装有大概两个月的销售期，在销售进入低谷期时，商品价格下降，这种价格波动是威胁服装利润率的元凶。因此，SPA 柔性供应链在服装行业很受欢迎，商品设计、生产、物流、销售等产业环节都是全程参与，其目的是提升对库存的反应能力，降低畅销品缺货和库存积压的问题。

2. "上游赊销货品制+下游财务加盟制"的托管式加盟模式

但是海澜之家不仅库存周转时间长，库存量也很大。2015—2018 年，其

---

❶ 魏春燕，陈磊. 家族企业 CEO 更换过程中的利他主义行为——基于资产减值的研究 [J]. 管理世界，2015（3）：137-150.

❷ 刘丽颖，史晨宇，黄涵. 上市公司存货跌价准备影响因素研究——基于沪市 A 股制造业的经验证据 [J]. 中国市场，2018，(25)：10-15.

❸ SPA（Specialty Retailer of Private Label Apparel）是一种企业全程参与商品设计、生产、物流、销售等产业环节的一体化商业模式。

按年期末存货余额分别为 95.80 亿元、86.32 亿元、84.93 亿元、94.74 亿元；存货占营业收入比重分别为 60.5%、50.7%、46.6%、49.6%。虽然存货规模庞大，但海澜之家采取托管式加盟模式。"上游赊销货品制"即海澜之家以赊账的方式从供应商处拿货，当商品销售完成后再给供应商付款，并且附有可退货条款的商品，没有销售出去的存货可以按照成本原价退还给供应商。对于不可退货的商品，海澜之家才承担相应存货跌价风险。"下游财务加盟制"即下游加盟商作为财务投资者角色，只承担开店和人员工资费用，不负责门店管理，其商品投放、门店管理、经营方式等所有工作全部由海澜之家进行标准化管理，海澜之家连门店选址都是自己确定。海澜之家还可以根据数字化系统掌握各门店的销售情况，灵活调配商品，避免存货问题。海澜之家和加盟商按比例分成销售收入。这种模式巧妙地解决了海澜之家扩张的资金来源问题，把库存风险与财务风险分摊在了上游供应商和下游加盟商的身上。这就使海澜之家资产负债表中的预收款项与应付账款两项数字庞大。根据 2017 年、2018 年财务数据显示，海澜之家的预收款项分别为 16.61 亿元与 13.21 亿元，这部分资金是海澜之家并未向下游加盟商提供产品而提前获取的资金。虽然海澜之家通过这种模式巧妙地将风险转嫁给上游供应商和下游加盟商，并且随着海澜之家的高速增长，一定程度上消化了这种风险，但根据 2017—2018 年的财务报表数据显示，海澜之家的销售收入分别为 182.00 亿元与 190.90 亿元，净利润分别为 33.29 亿元与 34.55 亿元（见表1），2018 年增长率仅约 3.78%，业绩出现大幅放缓。同期其旗下所有品牌门店总数从 5792 家增长至 6673 家，增长 15.2%，可见单店平均盈利能力在不断下降。随着海澜之家进入成长"瓶颈期"，这种转嫁给上游供应商和下游加盟商的风险将有可能爆发。一旦上游供应商和下游加盟商遇到风险，海澜之家也将无法避免，一方面，上游供应商会拒绝海澜之家的赊销模式；另一方面，下游加盟商也将降低预付货款的积极性。

表 1　海澜之家 2015—2018 年存货管理绩效

指标	2015 年	2016 年	2017 年	2018 年
存货/亿元	95.80	86.32	84.93	94.74
其中：委托代销商品/亿元	49.51	46.77	42.13	51.36
库存商品/亿元	42.56	35.23	37.75	36.72
产成品/亿元	1.72	2.11	2.92	3.08

续表

指标	2015 年	2016 年	2017 年	2018 年
存货跌价准备/亿元	1.29	1.87	1.23	3.59
存货周转天数/天	298.24	316.08	277.44	286.35
营业收入/亿元	158.00	170.00	182.00	190.90
净利润/亿元	29.50	31.20	33.29	34.55

数据来源：公司年度财务报告

（二）海澜之家存货管理概述

1. "轻资产"经营模式

连锁经营模式是海澜之家的主要经营模式，旗下几乎所有品牌均采用连锁经营模式。海澜之家采用"平台+品牌"的连锁经营模式：公司层面为各品牌统一提供仓储管理、品牌宣传管理、数据信息化系统管理、财务结算管理等综合管理服务，建立品牌运营平台。各零售品牌独立运作，并根据各自发展定位与策略分别实施商品规划设计、采购销售、门店拓展及品牌营销等品牌经营。采购合作模式包括不可退货模式和可退货模式。可退货模式下，海澜之家与供应商签订附滞销商品可退货条款的采购合同，产品实现销售后，逐月与供应商进行货款结算，适销季结束后仍未实现销售的产品，可退还给供应商，供应商承担滞销风险。不可退货模式下，供应商和海澜之家签订不可退货的采购合同，并进行货款结算，仍未实现销售的产品在适销季结束后不能退还给供应商，海澜之家承担产品的滞销风险。主品牌"海澜之家"的采购模式是"可退货为主，不可退货为辅"，其他品牌目前因规模较小均主要采用不可退货的采购合作模式。但是，"轻资产"经营模式虽然可以把库存商品退还给上游供应商，但一旦供应商进入海澜之家这个供应链体系就必须签订一个协议：经过两个销售季，大概一年半以后，还未销售出去的产品，海澜之家可以将吊牌剪掉后，将库存商品退还给供应商。这样赊销代购模式虽然可以给海澜之家的存货带来一定的保障，但是随着海澜之家销售网络的不断扩张，存货的累积也在不断地上升，即使每一年半可以退一次滞销品，但存货管理不到位，存货问题依然可以在这一年半中干扰一个企业的营运，增加资金的占用情况，阻碍企业的健康发展。

2. 有效规避门店经营不利风险

海澜之家的季节款型服装投放市场的2年内都属于销售期间，且不进行打折促销活动，所以 2 年内库龄的自营产品不计提存货跌价准备，库龄 2~3 年的自营产品按照成本价的 30% 作为可变现净值的确定依据，库龄 3 年以上的自营产品 100% 计提存货跌价准备。海澜之家的子品牌中，爱居兔是休闲女装，产品时尚性对存货价值影响较大，对库龄 1 年以内的不计提存货跌价准备，1~2 年的按照成本价的 75% 作为确定可变现净值的依据，2 年以上的全部计提存货跌价准备；海一家的商品来自海澜之家和供应商的退货，以更低的价格推向市场，相当于变相打折，一年以内的不计提存货跌价准备，超过一年的全额计提存货跌价准备。

（三）海澜之家存货减值现状与问题

存货跌价准备的判断在很大程度上依赖于财务人员的职业判断，企业财务人员会想方设法地为达到自己的目的想出各种合理的借口，让公司有机会利用存货跌价准备进行盈余管理。2018 年年末海澜之家存货 947 363.67 万元，较上年年末 849 268.73 万元，增加 98 094.94 万元，上升 11.55%，这是因为增加了 OVV、海澜优选生活馆、AEX 等品牌备货。在年度财务报告中可以看出海澜之家的存货周转天数为 286.00 天，相比较于整个服装行业来说，这一存货周转天数很高（见表 2）。

表 2　2018 年服装行业几大品牌存货周转天数比较　　　　单位：天

项目	海澜之家	太平鸟	报喜鸟	拉夏贝尔
2018 年存货周转天数	286.00	183.65	236.11	248.90

数据来源：公司年度财务报告

而且通过比对退货金额的历史数据发现，2009 年海澜之家退货金额为 7 800 万元，退货金额占当期存货期初余额比例为 10%；2017 年海澜之家退货金额高达 30 亿元，退货金额占当期存货期初余额比例高达 35%。2017 年收入是 2009 年的约 13 倍，但是 2017 年退货金额是 2009 年的 38 倍。2017 年财务报告期前，五大供应商采购额合计 17 亿元，占年度采购总额的 16%，同时历年公告数据显示其供应商数量 200 家以上。这或说明其供应商比较分散，且分散的供应商抗风险能力或较弱。❶

---

❶　谢吉运. 存货跌价准备会计处理问题探讨 [J]. 中国集体经济，2017 (8)：79-80.

五、总结与建议

海澜之家在终端渠道和供应链管理环节上做了功课,2014年就建成了全国最先进的数字化管理系统,对所有销售信息进行全方位管理,从而避免库存问题。致力于"柔性供应链的打造",目的直指存货和周转天数的下降。海澜之家的品牌代言人选择更加年轻化的明星林更新,品牌渐渐从基本款向潮流靠近。海澜之家还开启与腾讯、美团的跨界合作,赞助综艺节目《奇葩说第五季》《奔跑吧,兄弟》《下一站传奇》,消费群体的年龄阶段也有所扩大。同时,海澜之家也与多个IP(知识产权)深入合作,推出"胖西游系列""环太平洋系列""刺激战场系列""变形金刚系列"等主题性产品,拓宽品牌在年轻人群中的影响力,吸引更多、更广的消费群体。海澜之家的"品牌年轻化"确实取得优异表现,甚至一度受到市场热捧。为了避免库存问题,海澜之家不断做线下店扩张,并发力"扩展购物中心渠道"。海澜之家在三四线城市的很多商家面临关门的危机时刻,逆势扩张。为了提高商品周转率,海澜之家积极发展电商业务,推进线上线下全渠道融合,线上销售额占比逐年提升(见表3)。虽然线上营业收入在连续增长,但这五年线上营业收入增速却在持续下滑,从2015年的118.5%高增速,滑落至9.5%。

表3 海澜之家2014—2018年电商业务线上销售额

年份	线上销售额/亿元	线上营收占总营收比重/%
2014	2.7	2.24
2015	5.9	3.80
2016	8.5	5.17
2017	10.5	5.91
2018	11.5	6.14

数据来源:公司年度财务报告

从品牌业务构成来看,海澜之家80%的主要营业收入来源于主品牌"海澜之家"。海澜之家的品牌定位是"高性价比、快时尚"品牌,为了解决品牌"老化"的问题,2014年海澜之家开始产品创新之路。"彩牛系列""马达加斯加系列""中国风系列"等战略单品的开发,体现海澜之家产品更趋于时尚化、年轻化。快时尚品牌周转速度和周转率的致命指标,对海澜之家的供应链提出了更高的挑战。主品牌"海澜之家"作为营业收入主力军(见表4),

从目前来看,并没有因扩张导致单店营业收能力的降低,盈利能力较为稳定,但增长缓慢。

表4 主品牌"海澜之家"扩张情况

年份	一季度门店数/个	营业收入/亿元	全年新增门店数/个	第一季度单店营业收入/万元
2017	4 305	43.74	266	101.6
2018	4 523	47.89	594	110.3
2019	4 523	49.93	—	110.4

数据来源:公司年度财务报告

在快时尚的这条赛道上,海澜之家旗下子公司海澜投资收购英氏婴童用品有限公司44%的股权,正式涉足婴幼儿消费市场。除此之外,海澜之家对标MUJI的线下一站式家居门店"海澜优选"悄然开张,推出更平价的商品。首先要优化库存管理模式释放存货。由于海澜之家使用的是委托代销模式而不是一次买断的方式来进行门店商品销售,使得存放在门店的所有商品都成了海澜之家的存货,于是在合并财务报表上"存货"项目下的账面数额非常大。为了解决这一问题,首先,对经营不善业绩不佳的门店实行关店、停业整顿,减少公司门店的营运成本,使得消化存货的能力增强;其次,加强市场预测的准确性,通过把握消费者的需求变化,来生产更适销对路的商品,减少商品因款式不流行而造成的库存积压;最后,采取加强研发、控制下单比例、提高供应链反应速度等措施,进一步控制和改善库存结构,降低产品滞销风险,同时按规定对不可退货产品计提充分的存货跌价准备,减少进一步减值的风险。❶

---

❶ 邓浩晰,付招晰,蔡雪.试析资产减值对盈余管理的影响——以某工业股份有限公司为例[J].经济师,2016(1):128-130.

慈文传媒并购赞成科技巨额商誉成因及后续计量

张 帆[*]

【摘 要】 2014—2017年是传媒产业合并交易井喷式发展的阶段，覆盖如影视、游戏、广告等多个领域。然而受政策等因素影响行业竞争加剧，商誉减值成为掩盖企业业绩不佳的利器，尤其是传媒企业本身轻资产特性凸出，商誉减值的风险更加明显。本文以整个传媒产业发展现状为研究背景，结合行业特性，选取慈文传媒并购赞成科技为案例对其并购过程及并购动机进行梳理，从政策红利、轻资产特性、估值、业绩承诺条款角度对其商誉成因进行分析，从系统摊销法和减值法的优缺点入手探究商誉后续计量的方法，最后总结并提出建议。

【关键词】 商誉成因；商誉后续计量；传媒行业；并购

一、研究背景及意义

（一）研究背景

1. 行业发展现状

《中国传媒产业发展报告（2020）》中提到，2019年中国传媒产业总产值达到22 625.4亿元，相比2018年上升约7.95%。在构成产业的不同领域中，广播电视广告和报刊行业收入有所减少，而互联网广告和网络游戏等收入则保持增长趋势。根据图1可以得出，虽然我国整体经济增速趋于放缓，

---

[*] 张帆，女，会计硕士，研究方向：财务管理。

但传媒产业总值处于逐年上升的态势,从 2012 年的 9 433.4 亿元提升至 2019 年的 22 625.4 亿元。

图 1 2012—2019 年中国传媒产业总值与年增长率

数据来源:《中国传媒产业发展报告》

但是从图 1 中的传媒产业增长率可以明显看出,行业整体增速在 2016 年开始呈现缓步下降的趋势,而这与 2016 年明星天价片酬事件联系紧密。此事件曝光后相关监管部门非常重视,通过出台一系列严格监管政策加强了对行业的管控。例如,在 2016 年,第十二届全国人民代表大会常务委员会为更好地规范电影市场的秩序,通过了《中华人民共和国电影产业促进法》。在 2018 年 6 月,针对影视行业曝光存在的天价片酬、偷税、漏税签订"阴阳合同"等乱象,为合理控制片酬、推进依法合规纳税、促使影视行业健康发展,中央宣传部、国家税务总局等多个监督管理部门联合印发通知。监管部门面对传媒行业高速发展下乱象丛生的现状不断出台针对性的政策,行业相关自律性文件也纷纷发布,这些都影响了传媒产业增长。

同时,现代网络技术的变革也对传媒产业有所冲击,适应市场的变化将是其未来一段时间都需要重点面对的问题。传媒产业体系庞大,信息服务处于子系统中的主导地位。而现代网络技术催生了新生的传媒经营形式,如短视频、网络剧、直播等新兴媒体挤占了传统传媒产业的市场份额,新兴网络媒体已后来者居上。国家信息中心发布的《2019 中国网络媒体社会价值白皮书》的统计数据中,2019 年中国传媒产业规模突破 2 万亿元,新兴的网络媒体占据行业 80% 的份额（见图 2）。

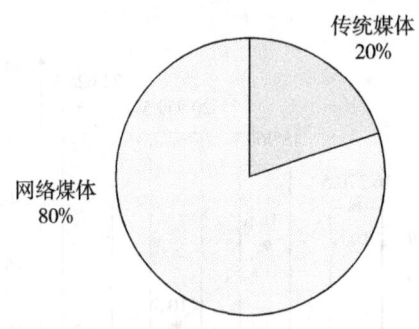

图 2　2019 年中国传媒产业结构分析情况

资料来源：前瞻产业研究院整理

现有 5G 网络技术的高速发展给传媒产业带来更多不确定性，加剧市场竞争格局的变化。在全新的移动互联网时代只有精品内容才能吸引观众的注意，赚取相应的流量。因此，传媒企业需要以不变应万变，在内容制作上紧跟时代需求进行变革升级，打造高质量的作品，增强核心竞争力。优胜劣汰，适者生存，激烈的市场竞争促使企业必须结合消费者需求及时做出战略调整。

2. 行业特性

①资产组成角度。传媒产业的资产组成特点可以概括为轻有形资产，重无形资产，即轻资产性，有形资产在总资产中的份额较少。传媒产业与传统产业有很大的不同，前者侧重轻量的运营，后者则主要依赖有形资产进行生产运作。轻资产运营的商业模式是轻资产形态、着重进行研发创新并且寻求高投资回报。因而，传媒产业更看重如人才资源、创意、品牌效应及渠道等无形资产的配比，产业中的影视文化公司核心资源是签约艺人、影视作品版权等。

但从会计计量的可行性来看，这类轻型资产难以辨认，属于表外资产的一种。而并购方选择此类企业就是看重了这部分存于表外的资源，愿意支付高额的对价。因此，这类轻资产属性的企业，在评估交易市场上通常表现为虚高溢价。

②盈利模式角度。文化类的商品一般资本回报周期较长，而且盈利受到企业内外部环境的影响比较大，因此传媒企业经营的风险比较大。[1] 作为一种较为特殊的商品，其需求受到如消费者偏好等主观因素及可支配收入等客观因素的影响都较大，产品需要精准贴合消费者的喜好。从上述分析可以看出，产品市场受到多重因素影响、多变且难以把控，投资回报率可能出现较大波

---

[1] 赵畅. 我国文化传媒上市公司财务问题调研分析 [J]. 辽宁经济，2019（4）：94-96.

动且回收期较长。

(二) 研究意义

在传媒产业上市公司商誉减值频发的背景下，本文选取慈文传媒股份有限公司（简称"慈文传媒"）并购北京赞成科技股份有限公司（简称"赞成科技"）这一具有代表性的案例进行分析。慈文传媒在巨额9.89亿元商誉形成后的2016—2017年均未发现任何商誉减值的迹象，但在2018年将商誉一次计提减值，导致其当年出现大额亏损，净利润为-10.94亿元。通过对此案例进行分析，能进一步探析类似的传媒产业上市公司在并购时形成高额商誉的原因，如政策红利、估值过于乐观等。同时，商誉后续计量采用系统摊销法还是减值法是一直以来争论不休的问题，本文用此案例数据直观清晰地展示不同方法下的优缺点，并提出对于商誉后续计量方法的想法与建议，以期能提供一个新的思考角度。

二、案例概述

(一) 并购双方及过程简介

1. 并购方——慈文传媒

慈文传媒成立于1998年，注册资本为4.75亿元，在上市前是一家经营PU合成革产品的研制开发等业务的企业。2015年，借壳禾欣实业集团股份有限公司在深交所上市，股票代码为002343，经营的业务主要是影视剧投资、制作、发行。原实际控制人为马中骏，而后公司第一大股东变为华章天地传媒投资控股集团有限公司（见图3）。第一大股东变更后，江西省人民政府为慈文传媒实际控制人，公司产权性质由民营变为国有控股企业。

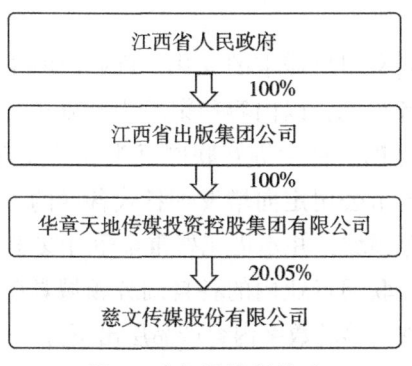

图3 产权及控制关系

2. 被并购方——赞成科技

赞成科技是移动互联网企业，2005年于北京注册正式成立，现有注册资本1 000万元，主要专注移动休闲游戏的研发和推广，已形成成熟的研发体系，能够根据移动休闲游戏产品特性，如更新快，及时做出研发更新和调整。创立了专业针对移动互联网游戏运营的平台"给力游"，出品了《糖果星球》与《疯狂拼图》等100多款移动休闲游戏产品。

3. 并购过程

2015年，慈文传媒完成了对赞成科技的并购，截至2015年7月31日，目标股权估值为110 078.63万元；最后的协商转让价格为110 000万元，具体过程见表1。

表1 并购进程

时间	并购进程
2014年7月24日	慈文传媒为准备重大事项申请临时停牌
2015年10月22日	赞成科技与慈文传媒达成一致，同意股权转让
2015年10月23日	双方签署《股权转让协议》

资料来源：巨潮资讯网

（二）并购动机分析

1. 应对行业和用户需求的变化

随着智能终端的不断发展，各类娱乐应用的渗透率普遍提升，消费者对于内容不再只满足于单一的产品形态，数字内容提供者精细化、精准化运营的时代逐步到来。

为了应对移动互联网用户需求的变化，行业内的主要平台纷纷打破原有相对独立、分散的业务单元，以内容和渠道为基础进行重构，打造综合娱乐生态圈。腾讯、阿里巴巴、百度等互联网巨头凭借其现有的流量规模优势，通过兼并重组、参与上市公司定向增发等各式各样的方法跨界进军影视、阅读、游戏研发及运营等领域，并不惜花费重金争夺文学和动漫IP，组建游戏团队。同时，在移动互联网行业内的各自细分领域具备内容创作、模式创新的创意类公司纷纷涌现，移动数字内容产品层出不穷。

慈文传媒经过十多年的沉浮，面对市场环境和消费者需求的变化，积极调整，推出的诸多网络平台和电视台联动大剧市场反响较好，如《花千骨》《暗黑者》《执念师》。其认为自身在网络视频领域的发展和实力处于行业领先地位，已具有连续创作影视、游戏互动的综合娱乐产品和打造兼具内容和流量运营能力的新型娱乐传媒集团的基础。

2. 标的资产核心竞争力凸出带来信心

慈文传媒将赞成科技作为并购目标不无道理。赞成科技从公司建立之初就凭借凸出的内容创新开发及渠道推广能力，成为中国联通游戏内容创作领域合作伙伴之一。同时，在推广营销方面，采取合作分成和流量采购的模式，渐进拥有了针对移动互联网数字内容产品的渠道推广经验，并实现了与包括多盟、亿玛、迅雷等在内的 100 多家国内主流渠道的合作。流量运营领域也有所作为，为游戏、阅读、生活服务等细分领域的合作伙伴提供移动数字内容产品的渠道推广服务。赞成科技依托其产品研发及渠道推广优势，在移动游戏领域内占据了一席之地。这些已有的成就给慈文传媒带来并购赞成科技的信心。

三、巨额商誉形成原因

（一）巨额商誉的形成

赞成科技的资产评估价值为 110 078.63 万元，双方达成协商之后，支付价格确认为 11 亿元整。根据慈文传媒 2015 年年度财务报表，被并购方合并日的可辨认净资产的公允价值为 11 019.73 万元，合并成本与其二者之间的差额为 98 980.27 万元，形成商誉。此次并购之前慈文传媒账面上只有投资东阳紫风影视制作有限公司形成的 55.28 万元商誉，并购后慈文传媒财务报表中的商誉数额剧增。

（二）巨额商誉形成原因探析

1. 政策倾斜带来行业红利

近年来，民众对于文化产品的潜在消费欲望明显上升，促进了传媒产业结构的转型升级。并且，国家针对发展形势也相应推出了多项扶持政策，见表 2。

表 2　国家出台的部分支持传媒企业发展的政策性文件及目的

政策分类	有关部门出台的针对性文件及目的
战略支持	①《关于推动信息消费扩大内需的若干意见》政策出台表示要着力推动移动媒体及广告出版等传媒企业的发展，带动网络游戏及动漫等数字文化内容的创作和消费。 ②《中共中央关于全面深化改革若干重大问题的决定》表明支持传媒企业开展跨地区、跨行业甚至跨资本的合并交易，提升其专业化及集约化能力
财政支持	①《中央补助地方文化体育与传媒事业发展专项资金管理暂行办法》明确对传媒企业合并及文化产品出口等符合条件的项目进行补助。 ②《国家"十三五"时期文化发展改革规划纲要》明确表示，需要改进资金投入机制，进行多渠道筹措资金以支持传媒企业持续发展
税收优惠	《关于继续实施支持文化企业发展若干税收政策的通知》表明给予多项税收优惠。如果企业能够持续取得高新技术企业的资质认定，今后年度则可享受 15% 的所得税等多项税收优惠政策
产权保护	《深入实施国家知识产权战略行动计划（2014—2020 年）》明确指出知识产权愈发重要，并将其作为战略性的资源及提升国际竞争力的核心优势[1]

资料来源：巨潮资讯网

国家政策扶持给了传媒企业进一步发展的巨大信心。慈文传媒同意给出高达 11 亿元的合并对价，也是认可传媒企业赞成科技可享受到这一快速且向好发展的"行业红利"，存在没有在财务报表中体现的核心价值，将来能持续保持稳定并增长的发展态势，实现高收益，充分补偿已形成的高商誉。与此同时，"行业红利"促使资本市场对传媒企业的投资热情高涨，呈现明显的卖方市场现象，这直接影响合并时双方的议价能力及交易价格的达成。特别是类似赞成科技这一移动游戏领域的传媒企业，是多家期望融合"互联网+"模式企业的争夺目标，赞成科技由此会拥有话语权优势，这也是形成高额商誉的主要原因之一。

2. 轻资产特性导致并购商誉较高

传媒企业较传统观念上的企业有着与众不同的资产构成，其核心资产通常是人才资源、创意优势及研发技术等无形资源，非流动资产占比相对较低。

---

[1] 王一珍. 文化传媒企业商誉形成及后续计量研究 [D]. 南昌：华东交通大学，2020.

而由于这些核心资源无实物形态,因此无法被准确计量,致使其核心能力在财务报表中反映的并不完整,这使得传媒企业的真实价值难以估计,见表3和表4。

表3 部分被并购企业固定资产情况及并购方形成的商誉

项目	动网先锋	神奇时代	智明星通	赞成科技
固定资产/万元	826.01	760.42	710.24	361.73
资产合计/万元	9 506.56	12 074.41	26 932.40	17 269.14
固定资产占比/%	8.69	6.30	2.64	2.09
并购方形成的商誉/万元	71 966.14	112 403.75	243 757.30	98 980.27

数据来源:巨潮资讯网

表4 部分被并购重资产企的固定资产情况及并购方形成的商誉

项目	太行和益	太行水泥	华丰中天	百胜动力
固定资产/万元)	30 867.73	95 771.42	33 995.67❶	9 268.08
资产合计/万元	63 932.23	191 030.64	34 662.42	27 600.55
固定资产占比/%	48.29	50.13	98.08	33.58
并购方形成的商誉/万元	1 142.89	2 688.48	32 660.49	23 192.75

数据来源:巨潮资讯网

通过表3和表4可以看出,传统重资产的企业固定资产占总资产的比重非常大,有大量的厂房与生产线,与传媒企业有明显资产构成的区别,二者的并购商誉也差距较大。与传媒企业并购时动辄上亿元、上十亿元相比,重资产的企业并购商誉则相对较少,有的甚至只是在千万元附近徘徊。形成这种现象的原因正是轻资产型企业的核心资产并未反映在财务报表账面上,无法直接充分体现核心盈利能力,因此企业进行会计确认时存在诸多不确定性。❷ 在合并时,被并购方作为拥有上述核心资源的传媒企业,为体现其良好的发展前景与优质的利润空间,并购企业付出的合并对价普遍远超被并购方的可辨认净资产的公允价值,产生高额商誉。

---

❶ 由于该公司大量的重资产体现在在建工程中,此数值取固定资产及在建工程的合计数。
❷ 薛少玮. 文化传媒企业并购溢价研究 [D]. 上海:上海国家会计学院,2018.

赞成科技也符合这一特征，其竞争优势主要来自企业独特并持续创新的内容创作能力，主要包括人才团队与创意资源等潜在的无形资源，这也是慈文传媒看中的地方。

3. 评估并购标的时估值过于乐观

通常来说，并购时进行价值评估方法有三种，分别是市场法、资产基础法和收益法。由于传媒企业资产构成的特殊性，其账面资产价值无法准确反映企业的真实估值，资产基础法往往不适用于评估传媒企业的并购资产价值。❶ 而市场基础法对客观条件要求较高，因此收益法成为常用的方法。但收益法需要将企业未来的现金流量折算到当下，折现过程中存在多种不确定因素，如折现率的选择，加之传媒企业存在较大的经营不确定性及不稳定性，未来每期收入会受到诸如政策变化、市场波动、消费者偏好的影响，现金流的预测难度大，易受评估师主观影响等，产生高额估值溢价。

观察表 6 中的数据预测值，与表 5 进行对比可以发现，前期的营业收入及利润等数值倾向基于以往赞成科技的财务报表数据进行的预测，但后期该公司发展的状况及收入规模则会掺杂更多的主观因素。例如，游戏领域的良好发展态势使慈文传媒看好赞成科技未来的发展前景，促进了自由现金流的乐观预期。从财务报表数据可以印证该乐观态度，2019 年的营业收入预测值较 2016 年增长 48.74%，自由现金流量预测值则增长 80.87%，可以想象，在 3 年内能实现该种业绩需要多方因素的加持，实现概率较小。

表 5　赞成科技并购时近两年及一期的主要利润表数据　　　　单位：万元

项目	2015 年 1~7 月	2014 年	2013 年
营业收入	18 805.52	16 090.13	11 109.51
营业利润	5 209.13	3 736.77	3 339.48
利润总额	5 213.03	3 740.61	3 720.28
净利润	4 464.65	3 186.36	3 191.58
归属于母公司所有者的净利润	4 464.65	3 186.36	3 191.58

数据来源：重大资产购买报告书

---

❶ 徐迎港. 传媒行业并购商誉泡沫成因研究 [D]. 合肥：安徽财经大学，2020.

表6 收益法下对赞成科技未来年度企业自由现金流量预测　　单位：万元

项目	2015年8~12月	2016年	2017年	2018年	2019年	2020年	2021年至永续
营业收入	17 254.73	49 922.97	59 144.05	67 361.73	74 253.52	78 063.50	78 063.50
营业利润	4 091.68	12 794.02	15 120.28	17 273.00	18 987.09	19 842.19	19 866.89
净利润	3 534.34	10 989.15	12 995.30	14 845.94	16 322.88	17 072.04	17 093.04
企业自有现金流量	2 662.61	8 223.60	11 025.00	13 101.07	14 874.29	16 205.50	170 998.60

数据来源：重大资产购买报告书

在评估时，赞成科技全部股东权益账面价值为5 131.64万元，如果使用资产基础法进行评估，则为10 153.22万元，增值率为97.8%，如果采用收益法评估，则为110 078.6万元，评估的增值率达到2 045.10%。两种方法评估差异额为99 925.41万元，差异率为984.17%，从分析可以看出，收益法的估值较资产基础法要高出许多。

分析表7所示的部分传媒企业并购溢价情况可以发现，高溢价评估是一种普遍的现象，部分企业评估溢价超出评估基准日净资产账面价值20倍以上，溢价率最高甚至达到2 771.88%，而且四家企业都选择采用收益法作为最后的估值方法。但是，通过表8即2013—2017年沪深文化传媒行业上市公司曾披露的95项重大重组完成事项（不含借壳上市）可看出，慈文传媒此次并购标的评估增值金额及评估增值率整体来看均处在较高水平。

表7 部分传媒文化企业并购溢价情况

并购方	被并购方	评估方法	基准日净资产账面价值/万元	评估价值/万元	评估溢价率/%
慈文传媒	赞成科技	收益法	5 131.64	110 078.63	2 045.10
掌趣科技	动网先锋	收益法	5 115.68	83 772.02	1 537.55
天舟文化	神奇时代	收益法	5 697.70	125 413.31	2 101.12
中文传媒	智明星通	收益法	9 262.24	266 000.00	2 771.88

数据来源：巨潮资讯网

表8 2013—2017年沪深文化传媒行业并购标的评估增值情况

评估增值金额/亿元	标的个数	评估增值率/%	标的个数
≤0	6	≤0	6
(0, 4]	12	(0, 200]	15
(4, 7]	12	(200, 600]	13
(7, 10]	17	(600, 1 200]	16
(10, 13]	15	(1 200, 1 800]	16
(13, 20]	13	(1 800, 2 500]	13
(20, 35]	19	(2 500, 5 000]	14
>35	1	>5 000	2

数据来源：大公国际整理

4. 业绩承诺条款的支撑

估值时对被并购方的未来现金流的预测会有偏差，未来收益可能受多重因素影响，产生较大波动。更何况赞成科技属于传媒领域的游戏公司，其未来创新能力的持续变现具有极高的不确定及不稳定性，预测难度较大。所以，慈文传媒选择采用业绩承诺条款作为一道屏障来抵御赞成科技营业收入的不确定风险。

赞成科技承诺2015—2017年实现的经审计的合并财务报表中，扣除非经常性损益前、后归属于母公司的净利润孰低值（以下简称承诺净利润数），分别不低于8 000万元、11 000万元及13 000万元，如果没有达成业绩承诺，则以现金方式向慈文传媒进行补偿，然而看似不错的业绩补偿条款反而可能成为支撑当初高估值的一个基础。

业绩承诺实际完成度见表9，2017年未能实现当年的业绩承诺，从三年累计业绩实现率来看勉强完成业绩承诺。但实际上，赞成科技利润背后也有"水分"。其在新疆注册成立了新疆赞诚网络科技有限公司，可以享受免征所得税的相关政策优惠，如果没有该项政策，按照15%的税率来还原其利润，赞成科技只在2015年刚好完成了业绩承诺，赞成科技2016年和2017年实现的扣除非经常损益后归属母公司的净利润与承诺利润之间分别少了178.34万元和2 863.9万元。

表9 赞成科技2015—2017年业绩承诺实际完成情况

年份	指标	业绩承诺数额/万元	实现数/万元	当期差异额/万元	当期业绩承诺实现率/%	累计差异额/万元	累计业绩承诺实现率/%
2015	合并财务报表中归属于母公司的净利润	8 000.00	8 630.49	627.07	107.84	627.07	107.84
	扣除非经常损益后归属于母公司的净利润		8 627.07				
2016	合并财务报表中归属于母公司的净利润	11 000.00	12 738.55	1 731.37	115.74	2 358.44	121.41
	扣除非经常损益后归属于母公司的净利润		12 731.37				
2017	合并财务报表归中属于母公司的净利润	13 000.00	12 018.22	-1 075.18	91.73	1 283.26	104.01
	扣除非经常损益后归属于母公司的净利润		11 924.82				

数据来源：赞成科技2017年年度业绩承诺完成情况的专项审计报告

业绩承诺条款的签订，无疑是给慈文传媒的一剂"强心针"，并且补偿机制在一定程度上，将合并后经营整合失败的风险进行了转嫁，因此慈文传媒愿意为此支付高额对价，进而形成高额商誉，但是根据业绩表面实现其实背后存在利润操纵情况，承诺条款的签订其实也是商誉大额减值背后的"催化剂"。

四、商誉的后续计量

（一）巨额商誉现状

2016年与2017年，商誉未计提减值准备。2018年，慈文传媒公告声明与本期需计提商誉减值损失86 607.27万元，将直接减少慈文传媒2018年度归属于母公司所有者的净利润86 607.27万元。理由是赞成科技受到行业政策变动的影响，新游戏无法获取版号按时上线，只能依赖现有的游戏产品获取收入。其次流量推广运营等业务发展也不乐观，因此2018年度营业收入与净利润同比明显下滑。从表10的净利润来看，计提减值当期对利润影响较大，亏损数额巨大。

表 10　赞成科技 2015—2019 年当期净利润及商誉减值计提情况　单位：万元

项目	2015 年	2016 年	2017 年	2018 年	2019 年
当期新增加的商誉减值	0	0	0	86 607.27	0
净利润	20 224.07	30 413.65	41 168.32	-106 813.24	15 679.39

数据来源：赞成科技 2015—2019 年年度财务报告

（二）不同后续计量方法下的商誉

1. 系统摊销法

商誉采用系统摊销法时，类似于无形资产的摊销方式，一般通过直线法展开后续摊销。❶ 2007 年前会计准则将商誉划分为无形资产的范畴，在不超过 10 年的摊销期限内进行摊销，之后采用减值测试法，与国际会计准则趋同。

此案例的巨额商誉如果采用系统摊销法每一期的摊销额将会非常高，所以按照最高 10 年作为摊销年限来进行摊销，每年的固定摊销金额约为 9 898.03 万元，计入当期管理费用。仅对慈文传媒并购赞成科技形成的商誉采取摊销法进行后续调整，不改变其他子公司的商誉会计处理，也不将递延所得税资产负债项目考虑在内。

每年的固定摊销数额计入管理费用需要调整财务报表中其管理费用与资产项目的数额，然后调整合并利润表。2016—2018 年受固定摊销金额影响，每年产生管理费用 9 898.03 万元。此外，由于系统摊销法下将商誉进行摊销并不进行减值，并且 2016 年、2017 年与 2019 年慈文传媒财务报表中并未对此商誉进行减值，因此这两年的资产减值损失数值在该方法下保持不变，但是在 2018 年年度财务报表中慈文传媒对该商誉进行资产减值的 86 607.27 万元需要调减。

2. 减值测试法

我国现行会计准则规定商誉采用减值测试法，对于不能独立产生现金流量的资产，如商誉应当按其所归属的资产组为基础进行减值测试，计算确认减值

---

❶ 常飘逸. 商誉后续计量研究 [D]. 北京：北京交通大学，2018.

损失。[1] 举个例子，假设现金产出单位的账面价值是 1.7 亿元，分摊至该单位的商誉账面价值为 0.3 亿元。进行商誉减值测试时，如现金产出单位之可回收金额为 1.2 亿元，则需要对现金产出单位进行 0.5 亿元减值（1.2 亿元-1.7 亿元）。其中，商誉减值后账面价值从 0.3 亿元减至 0 元，而未分摊的减值损失将按比例分摊至该现金产出单位的其他资产。若受摊商誉的现金产出单位中的资产（如非确定使用年限或尚未可供使用的无形资产）与该现金产出单位同时进行减值测试，该资产应先于现金产出单位进行减值测试。

慈文传媒 2018 年进行减值测试时，与商誉相关资产组的账面价值为 106 240.99 万元，商誉资产组的可收回金额为 19 633.72 万元，资产组需计提减值 86 607.27 万元（106 240.99 万元-19 633.72 万元）。

(三) 不同方法对比分析

1. 财务报表部分项目对比

通过表 11 可知，实行减值测试法时，如果没有发生减值，账面上的商誉数额最高、管理费用最低且净利润数额同样较高。发生大额减值时，资产减值损失数额则远高于系统摊销法下的摊销金额。在管理费用项目的差距上，由于减值测试法无须进行摊销，而系统摊销法固定摊销，所以前者要低于后者。在资产减值损失方面，系统摊销法下的资产减值损失规模最小，而减值测试法最大。从净利润来看，系统摊销法较为稳定，减值测试法下减值当期净利润的亏损程度最高，会出现较大波动。

表 11　2016—2019 年不同后续计量方法下部分财务报表项目　　单位：万元

报表项目	2016 年		2017 年		2018 年		2019 年	
	减值测试法	系统摊销法	减值测试法	系统摊销法	减值测试法	系统摊销法	减值测试法	系统摊销法
商誉	99 380.11	89 482.08	99 380.11	79 584.05	12 772.84	69 682.02	12 772.84	59 783.99
管理费用	5 739.79	15 637.82	6 776.00	16 674.03	7 424.77	17 322.80	7 025.03	16 923.06
资产减值损失	8 447.20	8 447.20	11 677.83	11 677.83	85 396.30	-1 210.97	-81.93	-81.93

---

[1] 夏洪岩, 何展伟, 袁柳青. 关于国内外会计准则对商誉减值测试规定异同的探讨 [J]. 中国资产评估, 2020 (10): 12-17.

续表

报表项目	2016年		2017年		2018年		2019年	
	减值测试法	系统摊销法	减值测试法	系统摊销法	减值测试法	系统摊销法	减值测试法	系统摊销法
净利润	37 808.12	27 910.09	41 168.32	31 270.29	-110 026.64	-33317.38	15 679.39	5 781.36

数据来源：赞成科技 2016—2019 年年度财务报告计算得出

2. 系统摊销法的优缺点

系统摊销法操作相对来说比较简单，将商誉的价值平均分摊到每个会计年度，很大程度上可以规避企业主观逃避商誉减值的行为，使反映的企业经营业绩的财务报表数据尽可能真实。每期对商誉固定进行摊销，也能削弱发生大额商誉减值时对企业利润的冲击。

但这种情况下，巨额商誉对企业每一年的业绩都会有所影响，从慈文传媒的数据能看出，经营状况稍差时，很有可能因为商誉的摊销发生亏损，使得净利润为负值。同时，在一定程度上，会降低企业对并购活动的积极性，不利于行业之间资源整合及规模经济效益的利用。另外，利润表信息质量并未提供保证，由于每家公司情况差异很大，不同行业之间差异也很大，采取定期摊销后这部分摊销费用无法反映现实状态中商誉消耗进度，利润表的利润数字相关性即对决策的有用性会降低。

3. 减值测试法的优缺点

减值测试法的优点是执行时如果企业能实事求是地每期都对商誉进行减值测试，并按照规定进行计提，那么该方法可以灵活地体现资产或资产组合的实际价值和质量好坏。如果企业整体状况较好，没有发现与商誉有关的资产或资产组合的减值迹象，商誉有可能给公司带来积极的外部反馈。我国会计准则将十年摊销法改为减值测试法，目前美国及使用国际会计准则的一些主流国家也使用减值测试法，这也正是国际趋同性的表现，同时也更方便跨国并购案的实施，加速了资本市场的流动性。❶另外，由于传媒企业所在行业的特性，如获取收入的方式、核心资产特殊性，采用减值测试法或许能更好地发挥商誉的作用。

---

❶ 郑晓莉. 文化传媒企业商誉减值问题研究——以华谊兄弟为例 [J]. 现代商贸工业, 2019, 40 (32): 65-68.

减值测试法的缺点是如果减值测试后一次性计提大额商誉,会使企业利润大幅缩水,投资者的情绪较大,使股价受到影响,公司形象和价值都受到打击。另外,减值测试法在实际操作时,会受到很多主观人为因素的影响,在是否要计提及计提数额、时间等问题方面,企业有很大的掌控权,有时可能成为管理层盈余管理和操纵利润的工具。

五、结论及建议

通过以行业环境特性为背景对案例进行分析可以看出,巨额商誉的成因主要有政策倾斜带来"行业红利"、轻资产的特性、估值过于乐观、业绩承诺条款的支持。企业在并购时,应考虑政策长期性,合理选择估值方法,不要对被并购企业的承诺业绩完成太过乐观,谨慎使用业绩承诺,使用业绩承诺时,合理设计业绩承诺的期限,适当延长业绩承诺的时间,规避管理者的短视行为。

在商誉的后续计量方法上,以公允价值为计量基础的减值虽然在我国现阶段经济发展中存在不足,但也并非不可取。对采取"减值测试+充分披露"的后续计量模式可能更为合适,一方面,减值法更切合商誉的定义及其实质;另一方面,有关部门如果重视加强企业商誉减值测试具体内容充分披露的强制性规定,对会计准则中关于商誉减值的部分进行系统地研究和规范,则可以一定程度上规避减值法的缺点。例如,可以扩大商誉减值测试的范围,规范减值测试时的流程和会计处理,加强对减值事项的审计,完善与减值事项相关的评估机制,要求及时准确地披露信息,并将这些要求以会计准则的形式形成规范,从而更好地指导企业。

影视行业并购中对赌协议的会计处理
——以阅文集团并购新丽传媒为例

王燕妮* 毕晶晶** 李雪瑶***

【摘 要】 随着我国文化产业的高速发展,影视行业出现了大量的对赌现象。但是在这些签订对赌协议的企业中出现了较多失败的案例,其原因主要是影视行业以无形资产为主导的行业特点,以及被投资企业存在较大的估值风险。企业并购中签订对赌协议的作用:一是规避企业合并中带来的风险,从而保护投资者的利益;二是激励被投资企业,从而提高其经济效益。但是,会计上对于对赌协议的初始确认及计量没有明确的规定,所以部分企业会趁机对业绩补偿的初始确认及后续的计量进行调整从而增加商誉,误导投资者。本文旨在分析对赌协议期间是否对业绩补偿进行初始确认及后续的业绩补偿该做怎样的调整,从而提出一些对投资者有利的相关会计处理的建议。

【关键词】 对赌协议;商誉;会计计量

---

* 王燕妮,女,会计硕士,研究方向:出版传媒与财务管理。
** 毕晶晶,女,会计硕士,研究方向:财务管理。
*** 李雪瑶,女,会计硕士,研究方向:财务管理。

一、影视行业对赌协议现状分析

(一) 对赌协议现状

近年国内影视行业出现了一波明星签订对赌协议的热潮,许多明星 IP 成立公司与华谊兄弟传媒股份有限公司、上海尚世影业有限公司等行业龙头公司签订相关协议,基本模式为行业龙头公司在艺人成立的小公司注资成为大股东。作为回报,艺人需要完成约定的利润目标。对赌协议实则是期权的一种变相形式。

虽然对赌协议在影视行业的运用越来越多,但不排除是资本的盲目跟风行为。影视行业的好坏比其他行业更容易暴露在大众和投资人的视野里,其和"羊群效应"类似。尤其是在 2014 年和 2015 年的时候,影视行业发展迅速,第一个表现是很多爆款影视剧,投资成本较低,利润较高,如《夏洛特烦恼》以 5 000 万元的成本带来了高达 14 亿元的高收入,创造出了高回报。第二个表现就是投资圈对影视剧的前景看好。很多有实力的公司都想涉足影视这一表面光鲜且能够带来高回报的行业。

从 2018 年开始,影视行业的资本流入放缓,甚至出现了资本短缺情况,与前两年影视行业大火的情景相比大相径庭。投资者与影视行业的角色也发生了互换的情况,由原来的投资者找公司变成了现在的公司找投资者。由于影视行业的投资减少,资本进入的门槛随之普遍提高,此时的对赌协议基于其优势条款,被投资者看好,很多影视公司为了解决燃眉之急,不得不签订看起来很难完成的对赌协议,也叫作业绩补偿。

(二) 研究思路与目的

基于当前影视行业签订对赌协议的现状,本文将以新丽传媒集团有限公司(简称"新丽传媒")与阅文集团的业绩对赌协议为例,在第二部分对对赌协议进行了整体概述,并在第四部分分析了新丽传媒与阅文集团的并购过程,第三部分和第五部分为核心部分,主要通过研究并购时签订对赌协议对初始投资进行初始确认的两种情况下的会计处理,是否应对业绩补偿款进行初始确认计量,从而发现其中的问题,得出更能够保护投资者利益的一种会计处理方式。

二、对赌协议的概述

(一) 对赌协议的内涵

对赌协议实质上是媒体通俗的称呼,它又被称为业绩补偿协议,是一种调整标的公司价值的金融工具。由于投资者与被投资者在并购过程中存在信息不对称的情况,导致投资企业对被投资企业估值的合理性存在不确定性,于是并购双方就会在发起企业并购时签订对赌协议。这样看来,对赌协议也是一种风险规避机制,是双方主动控制未来不确定性的一种约定。对赌协议的内容主要是根据对赌协议里约定的条件完成的情况对交易双方的权利和义务的分配。如果被投资方达到要求,则投资方就要履行相应义务;如果被投资方没有达到要求,则投资方就可以行使其相应的权利。目前我国的对赌协议主要应用于并购重组和私募股权融资等领域。

由于不同的文献中对对赌协议的界定不同,经过上述分析,本文认为对赌协议的概念界定应以陶歆楠的概念表述最为准确:在私募或并购交易中的一种附带条款,该条款赋予交易双方在约定条件出现时调高或者调低标的资产估值的权利。❶

(二) 对赌协议的分类

随着对赌协议在我国的广泛应用,每一个对赌案例的具体情况都不同,但还是有迹可循的,可以按照不同情况和标准来进行分类。

1. 根据交易背景分类

根据对赌协议的交易背景,可以将对赌协议分为私募股权投资中应用的对赌协议和企业并购中应用的对赌协议。

(1) 私募股权投资中应用的对赌协议。

在私募股权投资中应用的对赌协议中,对赌双方通常是专业股权投资机构及目标企业大股东等,投资方主要是为了寻找到合适的财务机会,想要通过并购时适时退出的方式获得足够的收益,或者是为了签订对赌协议获得被并购方支付的巨额补偿款。

(2) 企业并购中应用的对赌协议。

企业并购中应用的对赌协议主要是需要通过签订对赌协议来降低企业并

---

❶ 陶歆楠. 对赌协议的初始确认和计量问题研究 [D]. 北京:中国财政科学研究院, 2019.

购的风险，是双方对未来不确定性的一种主动的约定和控制。在企业并购中的被并购方往往都是身处财务困境，或者是存在融资问题的企业。为了获取这部分投资往往愿意签署较为激进的对赌协议。也有可能被并购方是新兴领域、高科技、创业类的企业，需要获得大量的投资来实现跨越式的发展。

2. 根据单双向分类

对赌协议按照单双向分类，分为双向对赌协议和单向对赌协议。

（1）双向对赌协议。

对赌协议最初的形式就是双向对赌协议，也就是以约定的条件是否出现来确定并购方与被并购方的权利义务，双向对赌的主要目的是激励管理层充分地发挥他们的主观能动性。

（2）单向对赌协议。

单向对赌协议是在我国的具体实践中逐渐得到广泛应用的，单向对赌是为了解决双方对估值的分歧，最典型的是约定被并购方在一定期间内达到约定的业绩目标，如果达到了就由并购方让渡一定数量的股权给被并购方。

3. 根据对赌的标的分类

根据我国对对赌协议的应用，就对赌的标的来分类，可以把对赌协议分为以货币结算的对赌协议、以股权结算的对赌协议、以企业行为标的的对赌协议及复合标的的对赌协议，我国应用最多的是以货币结算和股份结算的对赌协议。

（1）以货币结算的对赌协议。

以货币结算的对赌协议是以现金为对赌标的，通常是当约定的条件出现时，并购方就要对被并购方追加投资，如果被并购方未达成约定的条件，那么就会由被并购方向并购方返还部分投资额。

（2）以股份结算的对赌协议。

以股份结算的对赌协议以股权为对赌标的，其实在具体的结算安排上是包括很多种类的，但主要包括股权回购和股权价格调整两种方式。

（3）以企业行为为标的的对赌协议。

此类协议一般是以管理层去留、增设投资方董事会席位等行为来做标的的，当约定的条件未达成时，管理层不再担任相应职务或者在董事会中增设投资方席位等来激发管理层和企业达成对赌协议的积极性和主动性。

（4）复合标的的对赌协议。

复合标的的对赌协议主要是指在一份对赌协议中，同时有多项对赌标的，

如同时有现金支付及管理层去留作为对赌标的情况等。❶

（三）签订对赌协议的目的

签订对赌协议两方所规划的预期是不同的，各有目的。在影视行业中，签订对赌协议对公司来说是有很大好处的，企业签订对赌协议能够获得大量的资金，从而解决自身资金短缺的情况，进而可以进行快速扩张。企业在保持自身股权的情况下，只要达到协议规定的对赌条件，就能进一步实现自身的利益。对于影视行业来讲，其资金需求量大，资金不易从其他渠道获取，而签订对赌协议可快速满足其需求。对并购方来说，签订对赌协议可以控制企业的未来业绩、降低风险从而维护自身的利益。而且受媒体传播和舆论效应的影响，投资者看好炙手可热的艺人或者有优良制作团队的影视公司，认可其公司价值，看好其企业前景。

三、对赌协议的会计处理

（一）对赌协议的初始确认和计量

会计准则没有对对赌协议的会计确认做出相关的规定，但对赌协议的初始确认还是十分重要的，由于对赌协议的分类有很多种，所以学术界对对赌协议的初始确认有不同的看法。对赌协议可以理解为并购方从被并购方公司购买的一项期权，这项期权是具有一定的经济效益的，但是如何有效地实现经济效益，创造出巨大的经济价值是十分重要的。对赌协议如果理解为一项金融工具，是符合金融工具的会计准则的，之后的初始确认及后续计量都可以在金融工具的基础上来计量。其实，对赌协议的签订是具有一定的风险的，在签订之前需要根据企业的实际情况来评估风险，然后考虑风险能否尽可能地规避，这样的话就可以创造出更大的经济效益。因此，并购合同就是并购投资方的一项股权投资，对赌协议的会计确认环节是有效减少风险，增大经济效益的有效途径，是一种融合金融和经济的有效工具。❷

---

❶ 许佳妮. 阅文集团并购新丽传媒的财务风险与防范研究 [D]. 上海：东华大学，2019.
❷ 金梦影. 对赌协议的初始确认和计量问题研究 [J]. 经济师，2020（9）：77-78.

(二) 对赌协议的后续计量

1. 或有对价的调整

或有对价的计算是否标准会影响企业合并成本,也就是长期股权投资的初始投资成本,从而影响商誉,或有对价的后续调整见表1。

表1 或有对价的后续调整

情况	后续调整
购买日后12个月内出现对购买日已经存在的情况的或新的进一步证据需要调整或有对价	予以确认并对原计入合并商誉的金额进行调整
其他情况下发生的或有对价变化或调整	①或有对价为权益性质的:不进行会计处理; ②或有对价对应的资产或负债性质:如果属于会计准则规定的金融工具,应当按照以公允价值计量且其变动计入当期损益进行会计处理,不得指定为公允价值计量且其变动计入其他综合收益的金融资产
如果或有对价的两个条件中有一个不满足	将对应的或有对价的调整金额计入公允价值变动损益

资料来源:网络

2. 收到补偿款的会计处理

是否需要给对方业绩补偿取决于业绩承诺完成的情况。如果完成了业绩承诺,则不需要给任何的业绩补偿;但是若没有完成承诺,被并购方是要给并购方一定的业绩补偿的。

业绩补偿的形式主要有两种,现金补偿和股权回购。

(1) 现金补偿协议。

会计准则没有对这部分的会计量做出明确的规定,所以现在很多的企业在做会计处理时是有分歧的。同时,学术界对这部分的会计处理也有不同的观点。主要有权益交易观、损益交易观、看跌期权观和估值调整观这四种,由于观点不同,所以在具体的账务处理上也是不一样的。

①权益交易观。

持权益交易观观点的学者认为,权益性的交易就是支付现金补偿。为什么要支付现金补偿呢?这是因为在实际的并购过程中,资产的价值被高估了。

这笔现金可以理解为在并购中给并购方多支付对价的补偿，且这项补偿是以权益性的方式给的。所以在实际的账务处理中，应该按照权益性交易的原则，将这笔现金补偿计入"资本公积——其他资本公积"科目。但是有学者认为，这种会计处理是不太准确的。因为被并购方完成不了对赌协议，不只是因为其价值被高估，也有可能是外部的不可抗力导致的，如市场、环境，还有文娱行业的舆论风向都会影响对赌承诺完成的情况，不符合权益交易的标准，但是若将这部分现金计入所有者权益的话，又不能反映交易的实质。

②损益交易观。

持损益交易观的学者认为，这项现金补偿属于一种利得并且这项利得不是经常性的，可以说是偶然的。业绩补偿协议的业绩承诺实际上可以看作或有对价，并购方在对赌协议签订时，应该根据被并购方的实际情况来判断被并购方的经营情况，从而对对方是否能完成业绩承诺有一个大概的了解，并且确认为"预计负债"。在后续计量的时候，将实际的结果和预计负债这两者之间的差异计入各期间的损益。但是现金补偿不是经常性的损益，也就是说并购方应该将这部分现金补偿计入"营业外收入"科目。这样的话，把现金补偿看作利得并计入"营业外收入"能更好地反映这项经济业务的实质。

(2) 股权回购。

在企业并购的实际业务中，并购方可能会向被并购方定向发行股票。双方在对赌协议中约定，如果被并购方完不成对赌承诺，并购方有权回购部分股权，一般情况下会以 1 元的对价取得原有的股权，然后将这部分股权计入"库存股"后注销掉。但是有时候，股权回购也可以看作对现金补偿不足的一种补偿。

四、新丽传媒与阅文集团对赌协议过程

(一) 双方企业概况

1. 新丽传媒概况

新丽传媒作为国内有影响力的电视剧和电影制作公司，在 2007 年正式建立，2011 年完成股份制改造，成功打造了《白鹿原》《我的前半生》等优秀电视剧作品，制作并发行了多部优秀电影。

2012—2017 年，新丽传媒一共申报了三次上市请求，但均以失败告终。此时，正值对赌协议签订的高峰期，无奈之下，新丽传媒以 155 亿元的价格"卖身"

给腾讯公司下属的阅文集团。双方签订了对赌协议，内容为新丽传媒 2018 年、2019 年、2020 年净利润分别不低于 5 亿元、7 亿元和 9 亿元。如果业绩不达标，阅文集团支付给新丽传媒的收购对价会相应扣减。从公告上看，完成对赌中的业绩承诺很难，再加上对价的扣减，对新丽传媒自身的盈利会产生巨大的压力。

2. 阅文集团的概况

阅文集团是原腾讯文学与原盛大文学合并而成，成立于 2015 年 3 月，旗下主要有 QQ 阅读、红袖添香、潇湘书院等知名文学网站。2016 年时，市场份额达到 43.2%，处于行业第一的位置。2017 年 11 月，阅文集团在香港交易及结算有限公司（即港交所）上市，最大股东是腾讯公司。

2018 年以后，像米读等平台"免费+阅读"阅读模式的出现，吸引了很多不愿意付费但是愿意接受广告的用户，阅文集团也推出了免费的阅读模式，开放一些原本要付费的书目去对抗竞争品的冲击，这使得用户上升，但付费用户却从 1070 万下降到 970 万，除了阅读类的产品，同时抢夺用户时间的还有不断增长的短视频类 App。面对在线阅读业务能力乏力的情况，阅文集团加大对 IP 的生态建设，拓展变现渠道。新丽传媒作为影视传媒行业的佼佼者，有多部优秀的影视作品，可以方便阅文集团拓展 IP 生态，由此双方签订了对赌协议。

3. 新丽传媒与阅文集团对赌协议过程

2018 年 8 月，阅文集团并购新丽传媒，其并购价款约为 155 亿元，并购方式有现金和股权两种。其中，阅文集团以股份作为结算方式向腾讯公司支付 5.9 亿元，向新丽传媒管理层支付 10.1 亿元，此时的现金和股权的结算方式各为一半。双方的协议约定，新丽传媒原有的管理团队将继续负责电视剧、网络剧和电影制作业务，并且对原创内容进行挑选。同时，新丽传媒将接触阅文集团的内容库、作家平台和编辑队伍等资源。阅文集团收购新丽传媒之时，后者的股东仅剩下腾讯公司（44.08%）、曹华益（33.96%）、曲雅倩（15.26%）及其他管理层（6.70%）。除腾讯公司外，后三者的收购对价为 102.10 亿元，其中 50% 即约 51 亿元为现金支付，主要支付条款及购买过程见表 2 和图 1。

表2 阅文集团收购新丽传媒的支付条款

卖方	每股价值/元	总价值/亿元	结算方式
腾讯	72.73	52.90	100%等价股份
管理层	110.66	102.10	50%现金+50%等价股份
合计	—	155	—

数据来源：巨潮资讯网、东方财富网

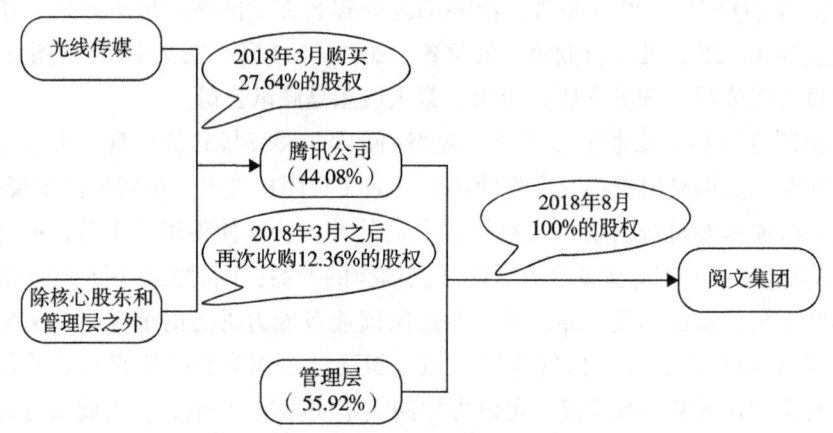

图1 阅文集团收购新丽传媒过程

（1）对赌协议的第一年。

2018年影视行业遭遇税务核查等多重危机，导致包括浙江华策影视股份有限公司等在内的上市电视剧公司业绩大幅下滑，慈文传媒股份有限公司、浙江唐德影视股份有限公司更是陷入巨亏的泥潭。根据财报，新丽传媒2018年净利润为3.24亿元（见表3），比承诺的（5亿元）少了1.76亿元，业绩承诺的完成率不足65%。按照协议，收购新丽传媒155亿元的总价中，52.9亿元是支付给腾讯公司的（以股份形式）。剩下102.1亿元给曹华益等管理层卖方，股份、现金各占50%，并且采取分期付款的方式，其中2018年支付20.42亿元（现金15%+股份5%）。由于新丽传媒2018年净利润不达标，阅文集团向曹华益等管理层支付的收购对价，从20.42亿元大幅减少至11.88亿元，相当于曹华益等人损失了8.54亿元。

表 3　业绩承诺实际完成情况

项目	2018 年	2019 年	2020 年
业绩承诺/亿元	5	7	9
实际完成/亿元	3.24	5.49	4.07
实际完成比率/%	64.8	78.4	45.2

数据来源：巨潮资讯网、东方财富网

（2）对赌协议的第二年。

2019 年上半年，新丽传媒净利润未达到 1 亿元。从 2019 年下半年开始，当《陈情令》开播以后，新丽传媒的利润显著增长，拥有多部大热作品的新丽传媒，在 2019 年实现营业收入 32.36 亿元，为阅文集团贡献净利润 5.49 亿元，仅完成了业绩承诺的 78.4%。客观地说，新丽传媒的营业收入和净利润要好于绝大多数上市影视公司，但是与自身比，或者说与业绩对赌比，新丽传媒 5.49 亿元的净利润远不达标，所以第二年新丽传媒对赌协议仍以失败告终。

（3）对赌协议的第三年。

2020 年是新丽与阅文集团对赌协议的第三年，受疫情的影响，整个行业形势呈低迷状态，上半年很长一段时间，影视剧全部停拍。新丽集团如果没有大的转型和发展，完成 9 亿元的对赌基本上已经是不可能的事情。2020 年的 8 月 11 日阅文集团发布了 2020 年中期报告，受新丽传媒商誉减值冲击，阅文集团上半年出现了罕见的净亏损。新丽传媒 2020 上半年收入及经营业绩未达预期，受此影响，叠加其录得商誉及商标权减值拨备人民币 44.1 亿元，阅文集团净亏 33.1 亿元，在上半年亏损的情况下，2020 年 8 月下旬，阅文集团与曹华益等新丽传媒原股东重新签订了一份为期 5 年（2020—2024 年）的对赌协议，协议将净利润的要求降到了最低 2 亿、3 亿、3 亿、3 亿和 3 亿，最高 4 亿、5 亿、5 亿、5 亿和 5 亿。截至 2020 年年底，在更改对赌协议条款的情况下，新丽传媒靠《赘婿》等剧的热播，以 4.07 亿元的净利润完成对赌协议。

五、阅文集团的会计处理

（一）对赌协议相关数据分析

阅文集团以不超过 155 亿元的价格收购新丽传媒。首先支付了 52.9 亿元给腾讯公司，收购腾讯公司手中的新丽传媒的 27.64%的股权，剩下的 102.1 亿元是以 50%现金及 50%股份来进行结算。阅文集团从并购完成到 2020 年每年支付部分投资给新丽传媒，分别是 40%、20%、20%与 20%，见表 4。

表 4 阅文集团支付分期金额百分比明细和时间[1]   单位:%

百分比	并购完成	2018 年	2019 年	2020 年	总计
应付卖方管理层现金百分比	15	15	10	10	50
应付卖方管理层股份百分比	25	5	10	10	50

数据来源：东方财富网

根据每年支付给管理层现金及股份的比例，我们对阅文集团实际支付给新丽传媒的金额进行了以下分析，见表 5。

表 5 阅文集团分期支付金额明细   单位：亿元

项目	并购完成	2018 年	2019 年	2020 年
应付卖方管理层现金金额	15.32	15.315	10.21	10.21
应付卖方管理层股份金额	25.53	5.105	10.21	10.21
总计	40.84	20.42	20.42	20.42
扣减金额	0.00	8.54	7.88	0.00
实际给付金额	40.84	11.88	12.54	20.42

数据来源：巨潮资讯网、东方财富网

根据表 4 在新丽传媒完成对赌协议的前提下，阅文集团要支付给管理层的现金及股份的百分比，我们计算出，如果新丽传媒完成业绩承诺，阅文集团将要给新丽传媒的金额。但是由于新丽传媒于 2018 年只实现净利润 3.24 亿元，距离业绩承诺 5 亿元，只完成了 64.8%，于是阅文集团根据扣减公式，扣减金额 8.54 亿元，只给新丽传媒 11.88 亿元。根据支付百分比计算后，阅文集团给新丽传媒的金额分别包括现金金额 8.91 亿元与股份金额 2.97 亿元。

然而，新丽传媒在 2019 年时，仍未完成业绩，相对于承诺的 7 亿元只完成了 78.4%，也就是 5.49 亿元。同样阅文集团经过扣减 7.88 亿元，只给付新丽传媒 12.54 亿元，包括现金金额 6.27 亿元及股份金额 6.27 亿元。

---

[1] 王喜悦. 对赌协议的应用风险及其防范研究 [D]. 泉州：华侨大学，2020.

(二) 会计处理

在对阅文集团对赌协议期间的数据进行会计分析后，我们发现是否对2018—2020年支付的对价进行初始确认和计量是会影响到商誉的。[1] 其中比较模糊的一点是这部分业绩补偿款项实际上最开始的时候是没有给对方的，等到真正发生的时候再给，这部分款项我们认为可以看作或有对价。

关于或有对价是否应在初始确认时作为负债确认，主要有两种观点，分别是在购买日进行初始确认与不进行初始确认。不进行初始确认的观点认为，一旦承诺期到了需要确认补偿，还需要调整之前的一系列会计处理，于是出于谨慎性考虑，不对或有对价进行初始确认；而购买日进行初始确认的观点认为，业绩补偿协议本身是针对购买的交易价格是否公允的一种风险管理的工具，应当按照我国《企业会计准则第22号——金融工具确认和计量》进行会计处理，而或有对价是由于对被购买方未来盈利能力的不确定性而产生的，应该作为合并对价的一个组成部分进行初始确认。

由于公司对这部分账务的具体会计处理我们不得而知且会计准则对业绩补偿协议的补偿款项的相关会计处理也没有具体的规定，所以我们只能分情况来分析。

1. 对业绩补偿款不进行初始确认

账务处理（单位：亿元）：

借：长期股权投资　　　　　　　　　　　　40.840
　贷：银行存款　　　　　　　　　　　　　15.315
　　　股本　　　　　　　　　　　　　　　25.525
　　　资本公积——股本溢价

（说明：我们只能知道支付的股份对价是25.525亿元，但是具体是多少股不得而知）

在这种情况下，我们对业绩补偿款不做初始确认，后续每年的业绩补偿等到实际发生时再做账务处理，因为这部分对价还没有真正支付给对方。

---

[1] 宝露日. 文化传媒企业并购中对赌协议运用及风险研究——基于尚世影业与华谊兄弟案例对比 [J]. 营销界, 2019 (25): 33-35.

2. 对业绩补偿款进行初始确认

账务处理（单位：亿元）：

初始确认和计量：

借：长期股权投资	102.100
贷：银行存款	15.315
股本	25.525
资本公积——股本溢价	
交易性金融负债（或有对价）	61.260

后续计量：

借：股本
  贷：资本公积

（说明：由于具体的股数不得而知，所以股本的具体金额无法确定）

这部分业绩补偿的后续计量就相当于阅文集团购入自己的股份，也就是业绩补偿协议的一种形式——回购股权。

3. 结论

从上面的账务处理中，我们发现是否对业绩补偿款进行初始确认影响长期股权投资的初始投资成本，也就是企业的合并成本。合并成本的不同影响商誉的计量。对业绩补偿款进行初始确认的合并成本是远高于不进行初始确认的情况的，也就是说，第二种情况的账务处理会大大增加商誉，从而增加合并方财务报表上的无形资产，无形中增加了利润，从而吸引投资者。但是，由于商誉是在企业合并中产生的，每年都要进行减值测试，具有很大的不确定性。如果商誉突然"跳水"，那么企业的股价就会有很大的波动，这样可能会侵害投资者的利益。所以，财务报表使用者在投资时，应该避免那些商誉较高的公司。

六、避免对赌风险的解决措施

（一）完善业绩补偿协议的相关法律及公司制度

我国还没有出台系统、规范的会计准则为上市公司在实务中触及的业绩补偿的会计处理问题提供指引，大多数公司对业绩补偿会计处理的过程都较为主观。所以在这类问题上，公司的管理层及财务人员应该规范其会计的处理过程，重视补偿协议对财务报表可能存在的重大影响，提前做好会计处理

的风险规避问题。❶

(二) 合理估值，防止商誉过高

阅文集团并购新丽传媒时，签订了对赌协议，列明业绩补偿条款，就发行股份及支付现金购买新丽传媒100%股权的协议，但一方面，其支付的价格要远高于其账面价值；另一方面，在进行会计的初始计量时，不同的成本计量方法会对被并购方的商誉产生影响，容易高估值。公司为防范收购形成商誉的巨额减值，一方面，要对被收购方合理估值，谨防高业绩承诺高估值，防范商誉虚高，从商誉形成的源头降低减值风险；另一方面，在业绩承诺期间，要注重对被收购方的监督管理，对管理层形成合理约束，将被收购方的核心业务逐渐掌握在自己手中，实现对被收购方的实质控制，使其能健康稳定地发展，降低商誉减值的可能性。❷

---

❶ 谢丽艳. 并购交易中业绩补偿条款的会计问题研究 [D]. 上海：上海国家会计学院，2018.
❷ 曹燕. 业绩承诺对防范商誉减值有效性分析 [J]. 合作经济与科技，2020 (22)：128-129.

企业反向收购上市中的会计核算问题
——以韵达快递为例

杨 赛* 孙姝敏** 王舒宁***

【摘 要】 近年来，由于互联网和电子商务发展迅速，我国快递行业的竞争越来越激烈，由于模式相仿，多采用价格战的方式来争夺市场份额，面对严峻的行业形势，众多快递企业想要通过上市来获取进一步发展的资金，2016年，多家快递公司均通过借壳上市的方式成功迈入资本市场。借壳上市是除了IPO以外的一种有效的非上市公司上市途径，相对于IPO存在的众多缓慢而又充满未知变数的缺点来说，借壳上市成为多数企业的首要选择。本文从基本概念入手，阐明借壳上市与反向购买的异同及联系，并以韵达快递反向购买新海股份的相关会计处理为例，对我国企业反向收购上市的会计核算问题进行探讨。

【关键词】 企业并购；反向购买；会计核算

一、绪论

（一）研究背景及意义

1. 研究背景

快递行业随着国家邮政体制改革和电子商务发展的推动在近年步入了飞

---

* 杨赛，女，会计硕士，研究方向：财务管理。
** 孙姝敏，女，会计硕士，研究方向：财务管理。
*** 王舒宁，女，会计硕士，研究方向：财务管理。

速发展的阶段，政府为支持民营快递公司的发展逐渐开放国内市场，简政放权，行业得到了更开阔的发展空间。在现今的资本市场当中，上市资格是十分稀缺的，许多国内企业为了把握住发展机遇、获得更多的市场融资、促进企业发展，纷纷首选通过上市的方法来进行融资。而借壳上市相较于首次公开募股（Initial Public Offering, IPO）上市来说，有着明显的优势，如上市成本低、上市耗时较短及上市程序简便等，因此非上市公司利用借壳上市形成反向购买更是受到广泛青睐。

近年来，我国通过反向购买上市的企业越来越多，由此引发的一系列会计问题受到人们的关注。由于会计政策的缺失及会计信息的不全面引发企业合并财务信息失去真实性及财务信息不完整、不规范，这种现象有可能导致投资者做出错误的投资决策，进而影响其相关利益，也极有可能影响我国资本市场的长期发展。

2. 研究意义

（1）理论意义。

在我国，非上市公司采用反向购买方式上市起步较晚，与其相关的理论研究也较少，对于反向购买的研究更多的是采用实证的方法进行分析，企业会计准则缺乏具体的准则规范，并且有的概念存在界定不清晰的问题，因此关于反向购买的会计问题仍然需要进一步规范。反向购买的合并财务报表编制与一般企业合并财务报表编制，二者存在一定的差异。因此，本文针对反向购买中合并财务报表的编制及相关的会计问题进行进一步的梳理。

（2）实践意义。

本文以上海韵达货运有限公司（简称"韵达快递"）反向购买新海科技集团有限公司（简称"新海股份"）这一典型案例作为此次的研究对象，重点分析该案例中所涉及的相关会计问题，以及在不同的会计处理方法下的处理方式和经济后果，可以丰富国内对于快递行业反向购买的相关研究，给今后非上市公司进行反向购买提供帮助。

（二）文献综述及评述

1. 文献综述

国外的学者关于IPO与反向购买的研究比较多，对于反向购买的相关会计处理问题也有涉及。霍普金斯（Hopkins）（2000）强调，企业在反向购买时可能产生商誉，然而根据我国的相应会计准则要求，企业需要在每年年底对其商誉进行减值测试,这就使得企业未来几年财务报表可能产生潜在风险。相反地,采用权益性交易法则不会产生商誉,也就不会产生商誉减值带来的潜在风险。❶

我国大多数学者将反向购买作为 IPO 上市的有益补充,对其发展也持支持态度。邱月华(2010)将反向购买与"业务"概念相关联,其观点认为如果交易中形成"业务",则采取反向购买法,如若不构成"业务",则运用权益性交易法。但是具体方法的选择仍取决于企业自身的主观操纵,监管部门必须增加其监管的力度,合理规范市场行为。❷

李友菊、谢树志(2016)强调,反向购买过程自身便具有一定的特殊性,运用反向购买方法下的合并报表编制与普通合并报表编制不同,我国已经对此有了一定的会计准则规范,但是总体上来说,还不够细致,较为笼统,对于合并日后财务报表具体编制方式的说明不够。❸

梁萍(2017)运用案例分析法对反向购买法下的会计处理进行分析,研究发现我国现阶段的反向购买理论仍然不够完善,这容易导致企业出现投机行为。❹

2. 文献评述

通过研究国内外的文献发现,大部分的学者都认为反向购买具有很大的发展潜力。我国传统的 IPO 上市方法相较于借壳上市而言,有审核严格、周期长及成本高等缺陷,相对地,借壳上市受到许多企业欢迎,反向购买作为其中的一种方式也被众多企业青睐。通过对文献的研究发现,我国反向购买相关会计规范在不断进步,但仍存在一些不成熟之处,需继续改进。

(三)研究方法

1. 案例分析法

本文是在所涉及的理论基础上,简要介绍借壳公司韵达快递和壳公司新海股份的相关经营信息后,重点根据韵达快递如何进行反向购买、其会计处理的方式及方法的选择进行研究。

---

❶ HOPKINS P. E, HOUSTON R. W, PETERS M. F. Purchase, Pooling, and Equity Analysts' Valuation Judgments [J]. Accounting Review, 2000: 257-281.

❷ 邱月华. 借壳上市相关会计处理问题解析 [J]. 哈尔滨商业大学学报(社会科学版), 2010 (6): 91-95.

❸ 李友菊, 谢树志. 关于反向购买下合并财务报表编制的探讨 [J]. 财务与会计, 2016 (17): 32-34.

❹ 梁萍. 反向购买会计处理相关问题探析 [J]. 财会通讯, 2017 (04): 69-73.

2. 文献研究法

本文借助知网等途径阅读和参考了关于借壳上市、反向购买的文献，整理形成自己的观点，为后续针对韵达快递借壳上市的会计处理分析做准备。

二、相关概念及理论基础

（一）相关概念界定

1. 借壳上市

借壳上市是指一家处于发展瓶颈期、经营存在一定问题的小规模上市公司被一家非上市公司投入大量资产，通过取得该上市公司控制权的方式来达到本公司上市的目的。该上市公司就是所谓的壳公司，其整体业绩低下，行业低迷，但拥有丰富的资源优势，因此成为非上市公司的关注对象。❶

借壳上市主要分为注入资金和取得控制权同时完成，或者注入资金和取得上市公司控股权先后完成两种类型，首先主要采用股权转让、资产置换等作为第一步行动或同时行动，而后通过增发换股的方式，完成借壳上市。

2. 反向购买

反向购买指的是两个公司在发生并购前是处于非同一控制的状态，并购方式为发行权益性证券，购买目标公司的股票，以此换取股权（见图1）。壳公司是法律上的母公司，而在会计上却被认为是被收购方，此种情况的并购被称为反向购买。❷

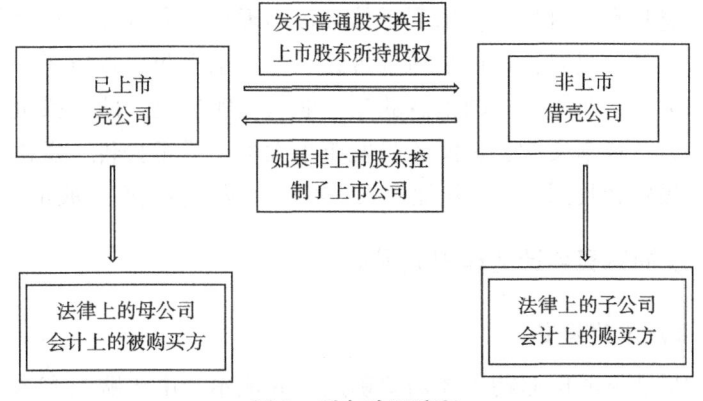

图1 反向购买流程

---

❶ 董丝嘉. 韵达快递借壳上市财务绩效研究 [D]. 北京：北京印刷学院, 2020.
❷ 罗鑫慧. 反向购买中的会计处理方法研究 [D]. 重庆：重庆大学, 2019.

3. 企业合并与借壳上市反向购买的关系

（1）与借壳上市的关系。

企业合并主要是从被合并方是否形成业务和是否取得企业的控制权来进行判断，借壳上市分为净壳上市和非净壳上市，不是全部的借壳上市都属于企业合并，如果壳公司不能形成业务只属于借壳上市而不属于企业合并；如果壳公司能够形成业务就属于既构成借壳上市又构成企业合并，但也存在一些特殊情况。

（2）与反向购买的关系。

企业借壳上市的最终目的是上市，反向购买是参与合并的一方控制购买方生产经营决策的行为。借壳上市只发生在非上市公司和上市公司，但反向购买还可以发生在两个非上市公司之间。二者不是包含关系，只是存在借壳上市同时又是反向购买的情况。

（二）相关理论基础

1. 协同效应理论

协同效应理论假设前提是规模经济的存在，公司的并购行为可以产生降低交易费用的效果，公司可以合理分配各项相关费用，根据优势和劣势，优化管理、资本和资源配置，降低企业风险，达到协同效应的最优化程度。

2. 信号传递理论

由于信息具有不对称性，出现了信号传递理论。在这种特性之下，企业在发生重大资产重组时，往往会通过传递利好信息来吸引投资者，但投资者实际上无法通过企业所发布的信息获知企业的真实情况，此时投资者就处于投资的劣势方。在本文中，新海股份发布重大资产重组公告，发出价值被低估的信号，投资者收到该信号从而注入资本，市场反应良好，股价上升。

（三）反向购买会计处理相关规定

1. 合并成本的确定

只有构成业务的反向购买才需要确定合并成本，由于购买方为未上市公司，其权益性证券在市场上并没有公开报价，因此无法得知其股票的公允价值，但被购买方的公允价值是可以从市场中获取的，它可以作为我们确定成本的依据，通过模拟发行股票的方式来进行确定。

2. 确定是否构成业务

《企业会计准则第 20 号——企业合并》从企业合并的角度解释了业务的定义："业务是指企业内部某些生产经营活动或资产的组合，该组合一般具有投入加工、处理过程和产出能力（注意不是产出），能够独立计算其成本费用或所产生的收入。合并方在合并中取得的生产经营活动或资产的组合（以下简称组合）构成业务。"三要素见图 2。

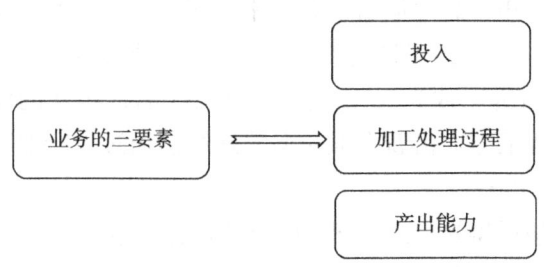

图 2 业务的三要素

此外，应当根据企业自身的实际情况来判断企业是否构成了业务。反向购买会计处理方式的选择关键是对是否构成业务的判断，判断结果不同，会计处理方式也不同，进而对企业的财务状况产生不同的影响。

3. 我国反向购买会计处理方法

我国反向购买的会计处理主要是根据企业是否构成业务的条件来划分的。反向购买法在构成业务条件时，该上市公司保留具有投入、加工能力的资产或负债，在会计处理时产生的差额则应计入"商誉"或"营业外收入"科目；而在未构成业务时，应采取权益交易法，代表该公司未持有资产、负债或只存有现金、交易性金融资产，此时产生的差额计入"资本公积"科目。

4. 对国外会计准则的借鉴

国际会计准则对反向收购的规定相对于国内来说更为全面一些，我国应该结合本国自身环境形势，制订更适合我国经济形势的相关会计准则。国际会计准则有如下方面值得我们借鉴。

第一，国际统一规定反向购买是特殊的企业合并，需要满足构成相关业务的条件。第二，我国的会计准则在权益性工具的公允价值不可靠时，会相应地借鉴国际会计准则：当有证据能够证明权益性证券在交易日的价格不公允时，可以将具有独立性的第三方评估机构的评估价值定为更可靠的公允价值。第三，对于合并成本较小的情形，我国进行了补充和完善：可以根据母公司的可辨认净资产量的需要，重新进行评估和合并。如果仍存在较小的差额，则差额将在损益中确认。

三、案例介绍

快递行业近年来逐步发展为龙头行业，在继顺丰速运有限公司、申通快递有限公司、圆通速递有限责任公司相继上市之后，韵达快递也效仿其上市模式，着手准备上市。新海股份的公告中披露，其打算共出价180亿元购入韵达快递的全部资产，此交易过程为借壳上市。根据其相关披露数据显示，新海股份的资产估价大致为6.61亿元，其置入韵达快递的资产约有180亿元，上述两者产生的差额由新海股份向韵达快递通过发行股票的方式从股东处购买。

据相关公告披露得知，此次交易的资产发行价格为19.79元/股，拟发行股份数量为87 614.96万股。交易完成后，韵达快递主要负责人大致持有新海股份总股本份额的70.12%，韵达快递成功实现借壳上市。

（一）交易双方概况

1. 韵达快递概况

韵达快递成立于1999年，是国内较早从事快递服务的民营企业之一，总部设在上海，主要业务包括国内国际快递业务、代理快递业务及仓储业务等。不仅如此，韵达快递还投资了中国智能物流网（即菜鸟驿站）、智能自提柜及云门店等高端且具有发展前景的其他业务。目前，韵达快递的业务已遍布全国，共覆盖31个省、自治区、直辖市，与此同时，其海外市场也在不断开拓，在国外也建立了国际快件物流网络。[1]

目前，我国快递行业蓬勃发展，国内快递企业巨头相继寻求上市，韵达快递为获得更大的总体竞争优势，也计划登陆国内的资本市场。

2. 新海股份概况

新海股份成立于1993年，是国内最早研制电子打火机的企业，在相关领域颇有成就，一步步成为国内打火机生产、出口创汇规模最大的创新型企业。

近年来，全球经济日新月异，由于国际及国内经济大环境的不断影响，传统制造业的经营情况普遍较差。总的来说，新海股份的营业收入增长缓慢，

---

[1] 陈婉玉. 韵达货运借壳上市案例研究 [D]. 武汉：中南财经政法大学，2019.

并且其利润规模也比同行业低,缺乏持续成长能力。因此,新海股份一直想要通过资产重组,置入盈利性较强的资产等方式,为公司注入新鲜的血液。

(二) 交易的具体方案

近年来,互联网经济在快速崛起,各个行业都需要储备巨额资金,行业间的竞争压力也在逐渐增大,快递行业也在互联网的带动下迎来了新的机遇和挑战。挂牌上市能够满足快递行业快速增强的需求,因此,快递行业接连选择上市来大展宏图。

目前,我国企业上市的途径主要有两种:IPO 上市和借壳上市。因为 IPO 上市审核所需时间长,过程也相对烦琐,而且还具有较大的不可控性,所以有部分公司会选择借壳这种用时短、操作简便、低成本同时又能够满足融资需求的方式来上市。于是,快递行业也看准了这一上市方式。申通快递有限公司、顺丰速运有限公司、圆通速递有限公司借壳上市后,竞争力变得越来越强。韵达快递也紧跟时代浪潮,选择借壳上市以寻求更好的发展机遇,获得更广大的发展前景。

新海股份作为被借壳方,由于近年来的经济增长压力,公司的发展也不容乐观,营业收入增长严重迟缓,利润规模也大不如以往,同时也不具备突破性的持续增长能力。所以,新海股份拟通过此次与韵达快递的交易,转型主营业务,增强公司的盈利能力,保障全体股东的利益。

此次韵达快递借壳上市,估值约 180 亿元,创下了快递行业作价的新高。新海股份明确指出,此次交易后,将置出盈利规模较小、严重缺乏增长能力的业务,同时置入成长性强、盈利能力强的业务,以此实现主营业务的转变。不仅如此,韵达快递也将拥有资本市场的发展平台,"凭风好借力",通过融资、并购等方式谋求企业的长足发展,实现公司产业链的整合。

(三) 会计处理

1. 确定购买方

在此次交易中,上市公司新海股份在 2016 年已经通过重大资产重组和发行股份购买资产等一系列方式获得韵达快递 100% 的股权,同时,新海股份对其原有的业务进行出售。本次交易实质上已经构成反向购买。具体为新海股份通过发行股票的方式购买韵达快递的资产,完成这次交易后,新海股份实际上被韵达快递的原控股股东控制了,虽然上市公司新海股份在法律形式上成为韵达快递的母公司，但在会计意义上实际为被购买方；与此同时，韵达快递成为上市公司新海股份法律形式上的子公司，会计意义上的购买方。

2. 新海股份会计处理

根据相关会计准则的规定，在购买日，新海股份按照韵达快递的置入资产评估价值确认其对韵达快递长期股权投资的初始成本，确认面值 863 365 331 元与发行股份公允价值 1 708 600 万元的差额计入"资本公积"科目。新海股份购买日分录如下（单位：元）：

借：长期股权投资——韵达货运　　　　　17 760 000 000
　贷：股本　　　　　　　　　　　　　　　　　863 365 331
　　　资本公积——股本溢价　　　　　　　16 222 634 669
　　　净资产（海通股份净资产账面价值）　　462 486 800
　　　投资收益　　　　　　　　　　　　　　　211 513 200

与发行股份直接相关的中介费 44 656 336.53 元冲减"资本公积——股本溢价"：

借：资本公积——股本溢价　　　　　　　44 656 336.53
　贷：银行存款　　　　　　　　　　　　　44 656 336.53

3. 不同会计处理下的研究

在此次重大资产重组事项中，在完成交易后，实际在会计上是非上市公司韵达快递最终控制了新海股份，所以韵达快递的借壳上市实际上构成反向购买。最终是韵达快递的控股股东获得了新海股份的实际控制权。根据前文的分析，在此次重组中，上市公司新海股份虽然在法律层面是收购方，但在会计上实际属于被购买方。根据会计准则相关规定，韵达快递应按照购买方的公允价值作为发行权益性证券的公允价值，因此运用这种方式模拟发行的公允价值。❶

可知韵达快递最终的估价是 17 760 000 000 元，新海股份向韵达快递非公开发行 150 280 000 股股票，发行价格为 19.79 元/股。在此之前，新海股份的股本为 863 365 331 股，在增发之后，新海股份股本变为 1 113 625 331 股，通过以上数据可以算出，新海股份在本项交易中对韵达货运全体股东发行出的股份占其发行之后总股本的 85.17%（863 365 331/1 113 625 331）。

接下来运用模拟发行法计算模拟发行股数，韵达快递在合并前股本总额

---

❶ 林佳源. 上海韵达货运有限责任公司借壳上市案例分析 [D]. 沈阳：沈阳工业大学，2019.

为 70 565 746 股,假定韵达快递向新海股份股东发行股份实施合并,为获得交易后的股权比例的 85.17%,韵达需要发行 X 股股份,则 70 565 746/(70 565 746+X) = 85.17%,得出 X = 12 287 073 股。

韵达快递最终评估作价是 17 760 000 000 元,可以确定会计上的购买方的权益性证券每股价值为 251.68 (17 760 000 000/70 565 746) 元/股。可以确定本案例会计上的购买方韵达快递最终合并成本 = 会计上的购买方的权益性证券公允价值×会计上购买方向被购买方发行股份数量 = 251.68×11 287 073 = 3 092 410 533 元。

(1) 权益性交易法下的会计处理。

相关会计准则规定,企业在进行合并财务报表编制时,如果采用权益性交易法,双方的差额应当调减资本公积❶;若采用反向购买法的话,双方的差额应当确认为商誉。

根据会计准则的要求,会计上的购买方即韵达快递,其相关的各项资产负债科目都应按其账面价值计入合并财务报表,而被购买方即新海股份,其所保留的各项资产负债科目都应于 2016 年 12 月 31 日,即韵达快递取得新海股份控制权的当天,以新海股份公允价值为基础,将其金额计入合并财务报表。❷

在采用权益性交易法进行相关会计处理时,购买日,上市公司应当在合并财务报表的工作底稿中对其相关的分录进行抵销和调整。具体如下(下列分录的单位均为万元):

韵达快递对新海股份模拟发行股份的会计分录:

借:长期股权投资——新海股份　　　　309 241.05
　　贷:股本　　　　　　　　　　　　　　1 228.71
　　　　资本公积——股本溢价　　　　　308 012.34

韵达快递模拟增发 12 287 073 股股份,公允价值为 3 092 410 553 元。

将新海股份所确认的长期股权投资与其所有者权益进行抵销:

借:资本公积——股本溢价(反向调整)　309 241.05
　　贷:长期股权投资——新海股份　　　　309 241.05

(2) 反向购买法下的会计处理。

假设构成业务上的反向购买,将采用反向购买法进行合并财务报表的编

---

❶ 毛伟慧. 我国反向购买中的会计问题研究 [D]. 青岛:青岛大学,2018.
❷ 习雪莹,陈宏斐. 反向收购下的会计处理——以韵达货运借壳新海股份为例 [J]. 中国经贸导刊 (中),2019 (12):139-140.

制。本文中交易形成的合并差价，依据反向购买法应当计入商誉，并且应当在购买日的合并财务报表当中编制下列分录：

韵达货运拟增发 1 228.71 万股股份，股份的公允价值为 309 241.05 万元：

借：长期股权投资——新海股份　　　　　309 241.05
　　贷：股本　　　　　　　　　　　　　　1 228.71
　　　　资本公积　　　　　　　　　　　308 012.34

编制抵销分录：

借：商誉　　　　　　　　　　　　　　　309 241.05
　　贷：长期股权投资　　　　　　　　　　309 241.05

从上述分析中可以看出，采用反向购买法时，上市公司将会产生巨额商誉，且公司资产总额会大于权益性交易法下公司的资产总额，将产生恶劣的经济后果。

4. 合并财务报表

前文已分析，本次韵达快递为会计上的购买方，新海股份为会计上的被购买方。

（1）合并财务报表是购买方即韵达快递的财务报表的再扩展，它将韵达快递在该项交易完成后其存在的可辨认资产、负债及在交易前的账面价值重新进行确认和计量。

（2）新海股份在双方交易结束后保留可辨认净资产及负债，应当按照在购买日的公允价值重新确认计量，其合并成本及差额应当调整资本公积，不计入其他科目。

（3）韵达快递在财务报表中的期初股本数量是新海股份本次交易中发行股份所购买韵达快递股权的股份数量。

（4）除年初股本外，韵达快递合并财务报表比较信息是韵达快递及其子公司的比较信息，韵达快递的母公司财务报表以其历史账面价值确认和计量。

四、反向购买法下的问题及建议

（一）反向购买法下的问题

1. 商誉减值

商誉减值，有可能对上市公司未来各个期间的利润指标带来负面影响。

反向购买法下，公司需要确认约 31 亿元的商誉。根据《企业会计准则第

8号——资产减值》的规定，企业应当至少每年进行不少于一次的商誉减值测试，依据规定，商誉减值一旦确定，后期的各个期间内均不可转回。❶ 以至于在后期公司经营状况不良时，已确认且无法转回的商誉会给企业带来减值的风险，从而影响企业未来的发展状况。

2. 净资产的总额过大会影响上市公司的收益率指标

因为企业在进行反向购买时，需要确认巨额的商誉，这就使公司的资产总额远高于权益性交易法下资产总额，这种方法导致企业的净资产收益率较低。❷ 如果公司采用公开发行股份方式进行融资，则需要公司近三年的加权平均净资产收益率不得低于6%。这可能导致企业丧失融资机会，进而影响公司的长远发展。

(二) 建议

1. 明确反向购买中合并成本的计算方法

现行会计准则对于合并成本的规定的可操作性在现实意义上很难实现，该项规定仅仅是建立在一种标准的权益互换型并购业务中。从目前我国已经进行的通过反向购买方式进行企业合并的案例来看，它们主要采取的是资产置换、"资产置换+股权转让"或定向增发的方式，但是对于合并成本的确定仍然缺乏更加细致的规范，各企业之间的相关信息缺乏可比性和规范性，最终导致在反向购买实例中，合并成本的处理漏洞百出。针对这些问题，本文给出如下建议。

第一，应当加大各个类型反向购买中关于企业合并成本的研究，相关部门规范其计量和计算的方法。

第二，应以被购买方净资产公允价值与付出的投资成本二者谁更可靠来确定购买方支付的企业合并成本。反向购买方基本上为非上市公司，因而其权益性证券的公允价值难以获取和评定。因此，为了提高所获得成本数值的准确与可信度，需要企业在计量合并成本时，将被购买方权益性证券的公允价值作为前提依据。

2. 增强反向购买中信息披露的透明度

信息披露是否完整可以直接影响市场投资者及其他利益相关者的利益，

---

❶ 万逸莹. 银亿房产反向购买兰光科技的案例研究 [D]. 南昌：华东交通大学，2017.
❷ 韩艳杰. 反向购买中的商誉确认对企业价值的影响 [D]. 北京：对外经济贸易大学，2018.

同时，如果信息披露不完整不利于市场监管部门进行监督。通过对我国已经进行反向购买的企业的年度财务报表数据进行观察后发现，大多数公司都只是简单地披露了企业交易的基本信息及编制财务报表所采用的基本原则，对于十分重要的会计处理方式、方法及步骤，都没有进行披露。这实际上是不够严谨的，本文建议应当完善在反向购买过程中，企业的信息披露程度，加大约束行为的力度，不定时地对企业的财务状况进行抽查核准，加强社会监管和公众教育，进而保护投资者和利益相关者的知情权。

五、总结与展望

随着我国社会经济的不断发展，将会出现更多的规模较大的企业，上市融资是企业继续发展的有力手段。而反向购买作为一种具有成本低、周期短、流程简单等优势的方式，广受青睐。本文以韵达快递反向购买新海股份为例，探讨反向购买中可能存在的一些问题，同时提出建议。相信随着我国经济的进一步发展，反向购买相关准则将会愈发完善，我国的会计领域及资本市场将会不断完善和发展。

新租赁准则及新收入准则

新租赁准则对制造业的影响

——以星期六公司为例

曹宇杭[*]

【摘 要】 2018年12月，财政部修订发布了《企业会计准则第21号——租赁》，新租赁准则与《国际财务报告准则第16号——租赁》趋同，但与原租赁准则存在较大的差异。新租赁准则的核心变化是取消了"两租分离"的会计处理方式，实行"两租合一"的单一模型，承租人应以与融资租赁相同的方式对待经营租赁业务，将其资本化于资产负债表中。由于新租赁准则和旧租赁准则对会计核算处理等做出了性质上的改变，企业的相关租赁业务的处理也会相应进行修正，从而给企业的资产负债表、利润表、现金流量表等带来变化。本文先分析了新、旧准则的核心差异，之后运用个案研究法，选取了制造业中纺织业的星期六公司作为研究对象，通过其相关业务的会计处理做出对比分析，再根据相关处理研究了资产负债表、利润表和现金流量表的相关数据变化，最终得出新租赁准则对会计核算和财务报表的影响。

【关键词】 新租赁准则；星期六公司；会计处理

一、引言

租赁业发展由来已久，我国现代租赁业始于20世纪80年代。租赁业在20世纪90年代中期的发展情况不理想，对外贸易经济合作部和中国人民银行共审批了58家融资租赁公司，但是由于我国当时不具备融资租赁发展的基本环境，这些公司很快陷于困境。

我国现代租赁业的复兴在2006年之后，由于国家政策的推行实施及市场

---

[*] 曹宇杭，女，会计硕士，研究方向：资本市场与公司治理。

的发展,相关租赁业务进入了快速发展的轨道。如今,租赁业务被认为是除信托外的第二大融资方式,由此可见,租赁这种交易方式在企业的生产和发展过程中发挥着极其重要的作用。随着越来越多的公司将租赁作为融资手段,为了规范租赁业务,租赁会计准则应运而生。近年来,我国租赁行业蓬勃发展,租赁业务中的表外融资问题也愈发严重。因此,我国也不断学习国际准则,拟定适合我国发展的新租赁准则。本文则具体分析我国新租赁准则给相关行业带来的影响。

二、研究意义分析及文献概述

(一) 研究背景及意义

1. 研究背景

租赁业在我国的发展情况较为曲折,但是现如今,租赁业已经进入了快速发展的轨道,这也推动了我国政策的不断完善。财政部于2018年12月发布了《企业会计准则第21号——租赁》(简称"新租赁准则"),该文件要求的实施时间有两个:2019年1月1日起实施新租赁准则的为同时在境内和境外上市的企业和在境外上市并且采用国际财务报告准则或企业会计准则编制财务报表的企业;2021年1月1日起实施的则是其他执行企业会计准则的企业。❶ 实施时间不同的目的在于为企业留出充分的准备时间,防止有境内外会计准则适用差异的情况出现,同时还能为保证准则实施质量而参考境外上市企业执行新租赁准则提供相关经验。

2. 研究意义

对我国未在境外上市的企业来说,2021年1月1日起实行新租赁准则。在此之前对租赁业占比较大的行业做出会计核算处理及财务影响分析,有利于提高未来企业信息质量、促进企业未来发展。同时,从我国经营租赁的行业分布情况来看,批发和零售贸易行业占比最大,达到了30.39%,其次是制造业,整体占比为28%。在制造业中,除了其他制造业占9.75%外,纺织业的占比最大,为6.79%。由此可见,新租赁准则的发布和实施将会对制造业产生较大的影响,故本文选取制造业中纺织业的星期六股份有限公司(简称"星期六公司")作为案例具体分析。

---

❶ 财政部. 关于修订印发《企业会计准则第21号——租赁》的通知 [Z]. 2018.

(二) 文献概述

在新租赁准则发布之前，我国学者主要研究国内旧准则及《国际财务报告准则第 16 号——租赁》对国内相关企业及业务带来的影响。王静（2017）指出新租赁准则的主要变化是设立了使用权模型并提出全部的租赁活动都要在资产负债表中带来明确的租赁负债与资产，国内的租赁市场及与租赁相关企业都会被新租赁准则的实行影响。❶ 狄晓钰（2018）指出，新租赁准则的施行对投资者极为有利，因为这会使财务信息更准确、更相关、更可靠，并且新方式会促使相关企业提高对租赁的使用范围，这也促进了现代金融市场的发展。❷

在新租赁准则落地到预备实施的前期阶段，我国学者大部分的研究重点为新准则与旧准则的差别，以及对零售业和航空业的相关影响。罗紫平（2019）指出，新租赁准则对零售业提出了极大的要求和挑战，这对零售业的发展环境下的规定规则造成了新的影响，同时会使财务报表及业务发生变化，企业在这种环境下更应重视对财务工作人员的培训，以对行业变化做出积极应对。❸ 冯至纯（2019）认为，航空公司在新租赁准则的环境下应该更加重视资产负债率，因为新环境对外部融资做出了要求；相应的变化也会导致航空公司在长期偿债能力方面的表现力降低，呈现消极影响；另外，新租赁准则给会计信息质量的表现带来了积极的效应，使经济决策信息更加可靠，促进了租赁行业的进一步发展。❹

对于行业的分析，众多学者也是将重点放在了零售业上，而对租赁业比重同样很大的制造业却鲜有研究。就行业结构相关情况来看，针对这次改革，制造业也将受到较大的影响，但研究此方面的文献很少，因此，本文将在这方面做出更进一步的探讨。

(三) 相关定义

1. 融资租赁

融资租赁的关系见图 1：图中从承租人角度开始分析，其先提出租用需

---

❶ 王静. IFRS16 评价及对我国租赁业务影响探析 [J]. 财会通讯，2017（28）：113-117.
❷ 狄晓钰. 国际租赁准则（IFRS 16）的变化、影响及利弊分析 [J]. 经贸实践，2018；55，57.
❸ 罗紫平. 论连锁零售业实施新租赁准则存在的问题 [J]. 经济纵横，2019（18）：152-153.
❹ 冯至纯. 我国新租赁准则对国内航空公司的影响分析 [J]. 现代商贸工业，2019（15）：158-159.

求;出租人根据此需求同第三方订立合同并购买承租人所需物资设备,同时与承租人签订租赁合同,之后出租人将购入的设备出租给承租人并向其收取租金。

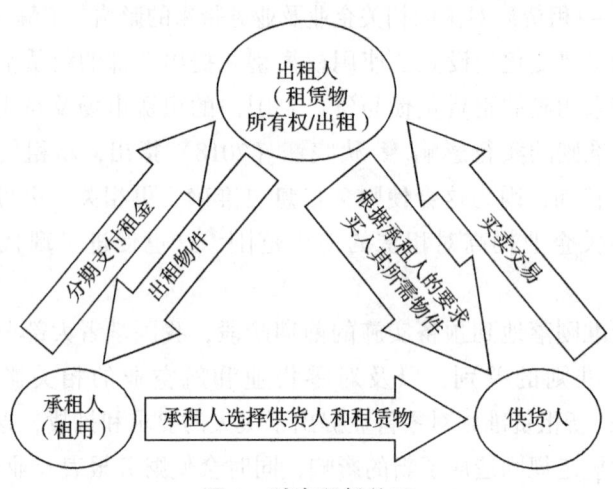

图 1　融资租赁关系

当承租人与供货人相同时,则涉及售后回租。售后回租是融资租赁的形式之一,它指承租人将其自有物的所有权转让给出租人,再从出租人处以租回的方式使用资产,从而达到其融资目的。

在现行市场中,租金的计量方式是融资租赁和传统租赁的本质区别。传统租赁通过承租人租用物资的时间计算租金,而融资租赁则通过承租人占用融资成本的时间计算租金,不同的租金计量方式也会反映在财务报表当中,影响企业相关业务的发展。

2. 使用权资产

使用权资产是承租人的权利之一,具体指其通过租赁业务得到租赁物的权利,是一项无形的权益,相当于承租人取得了一项资产。在这样的定义之下,承租人在租赁开始之时就要确认资产和负债,有效地避免了表外融资的现象。

三、新租赁准则分析

(一) 新租赁准则发布背景

我国租赁业务的发展起步较晚,在 2006 年才进入快速发展轨道,并发布了相关准则。新租赁准则对企业发生租赁业务的确认、计量和相关信息的列报进行了规范。在新租赁准则的使用过程中，随着租赁经济的日益发展和租赁交易的日趋复杂，承租人会计处理和相关问题越发明显。为进一步规范租赁的确认、计量和相关信息的列报，结合国家发展实际情况、借鉴国际租赁准则，在2018年12月7日，财政部修订发布了《企业会计准则第21号——租赁》。

据《2019新租赁经济报告》相关数据，在2018年我国租赁经济市场交易额比上一年增长了28%，为6.3万亿元。由此可以看出，我国的租赁经济正大规模增长，新租赁准则的发布和实施有利于对市场环境的进一步改进和完善。

(二) 新旧准则主要差异分析

1. 新租赁准则核心变化

相较于我国2006年的租赁准则，新租赁准则的修订主要体现在租赁的定义和识别、承租人的会计处理等方面，而出租人的会计处理则基本不变。

新租赁准则修订的主要内容可分为四点：第一，对租赁的定义提出了更加全面的解释，添加了租赁识别、分拆、合并等内容；第二，取消承租人经营租赁和融资租赁的分类，要求对除短期租赁和低价值资产租赁外的所有租赁确认使用权资产和租赁负债；第三，承租人后续计量也做出了变化，在会计处理方面增加选择权重估和租赁变更情形处理；第四，增加出租人披露内容，为财务报表使用者提供更多有用信息。❶

而在新租赁准则修订后，其核心变化又主要有以下几点。

第一，承租人的会计处理由"双重模型"修改为"单一模型"，其对财务报表的影响见表1，意味着承租人的资产负债表将随着现时经营租赁的租金承诺而相应大幅度膨胀。

表1 新旧租赁准则财务报表影响分析

租赁准则	表内	表外
新租赁准则	所有租赁	服务
旧租赁准则	融资租赁	经营租赁/服务

---

❶ 张英，赵同剪. 新租赁准则的确认、核算及主要财务影响 [J]. 纳税, 2018, 12 (34): 70-71.

第二，完善租赁和服务的区分原则。提出相关新概念，如"已识别资产""控制资产使用的权利"等。这些概念对租赁的识别、租赁与服务的区分做出了更加详细的指引。

第三，丰富了会计处理及信息披露的要求。新租赁准则改进了出租人对租赁分类的原则、相关会计处理要求、披露要求等，增加了对生产商或经销商作为出租人的融资租赁的会计处理规定，为财务报表使用者提供更多有用信息。❶

第四，对租赁期开始日后选择权重估或合同变更等情形下的会计处理给出清晰的指引且对于售后租回交易的会计处理进行了相应调整。

2. 新、旧租赁准则承租人会计处理对比

由上述分析可以得出，新租赁准则对于出租人的会计处理总体上没有太大的变化，沿用了旧租赁准则的处理方式，故本文主要针对承租人的会计处理做出详细的对比分析。

承租人在做出会计处理时，主要在初始计量和后续计量方面有较大的差别，其具体情况见表2。

表2 新、旧租赁准则下承租人会计处理对比分析

会计准则及会计模型	新租赁准则（单一模型）	旧租赁准则（双模型）	
		融资租赁	经营租赁
初始确认	借：使用权资产（本金：租赁付款额现值+初始直接费用） 租赁负债——未确认融资费用（利息） 贷：租赁负债——租赁付款额 银行存款（初始直接费用）	借记固定资产、未确认融资费用； 贷记银行存款、长期应付款	不需要进行租赁确认，由承租人承担的租入资产的改造性的支出需要在租赁期内按每期平摊，计在每期的费用中，租赁时间在一年内的计入待摊费用账户，租赁时间超过一年的，计入递延资产或长期待摊费用中

---

❶ 徐经长，刘畅. 租赁准则的修订及其影响透析 [J]. 财会月刊，2019（3）：57-61.

续表

会计准则及会计模型	新租赁准则（单一模型）	旧租赁准则（双模型）	
		融资租赁	经营租赁
后续计量	（1）支付租金时。 借：租赁负债——租赁付款额 　　贷：银行存款 （2）支付利息时。 借：财务费用 　　贷：租赁负债——未确认融资费用 （3）租赁资产进行折旧时。 借：管理费用 　　贷：使用权资产累计折旧	（1）支付租金时，借记费用类或成本类科目；贷记银行存款等。 （2）每月分摊未确认融资费：借记财务费用；贷记未确认融资费用。 （3）计提折旧时，借记费用类或成本类科目；贷记累计折旧	支付每期的租金费用时，借记费用类或成本类科目；贷记银行存款等

综上所述，新租赁准则采用使用权原则，旧租赁准则采用所有权原则。由于新、旧租赁准则采用的原则不一样，在新租赁准则中，承租人不再对租赁进行分类，而是对除短期租赁与低值租赁外的所有租赁业务使用单一会计处理模式。在这种模式下，租赁交易的租赁资产要确认使用权资产，并确认相应的租赁负债，分别在资产负债表中列示。

四、以星期六公司为例的案例分析

（一）制造业行业状况分析

1. 制造业概况

制造业是国民经济的主体，直接体现了一个国家的生产力水平，没有强大的制造业，就没有国家和民族的强盛。提升我国制造业的国际竞争力，能为我国提升综合国力、建设世界强国做出不少贡献。

制造业具体是指机械工业时代利用某种资源，如物料、能源、工具、资金、技术、人力等，按照市场要求，通过制造转化为可供人们使用和利用的大型工具、工业品与生活消费产品的行业。其主要分类有30余种，其中，纺织业的地位较为重要，具体表现为我国纺织品服装生产和出口位居世界榜首，国内纺织业劳动密集程度高、对外依存度较大。

由此可见，我国制造业中纺织业的发展对保证外汇储备、国际收支平衡、人民币汇率稳定、解决社会就业等问题至关重要。

2. 制造业租赁业务分析

伴随供给侧结构性改革的深入推进，以新材料、新能源为代表的新兴产业正在飞速发展，固定资产设备的投资也在加速，为中国制造业的技术革新及利用租赁业拓展市场创造了很大的空间。

《中国制造 2025》《国务院关于深化制造业与互联网融合发展的指导意见》等文件指出："要高度重视和持续改进对'中国制造 2025'的金融支持和服务，始终坚持问题导向，聚焦制造业发展的难点痛点，着力加强对制造业科技创新、转型升级的金融支持。要紧紧围绕'中国制造 2025'重点领域和关键任务，改进和完善制造业的金融服务，促进制造业结构调整、转型升级、提质增效。"这体现了我国对制造业发展的重视和促进制造业融资租赁业务发展的重要性。

综上所述，加快制造业领域融资租赁业务发展，支持制造业企业设备更新改造和产品销售成为制造业发展的一大目标。

（二）星期六公司概况

1. 公司基本资料

星期六公司 2002 年 7 月 25 日成立于广东省佛山市，注册资本为 7.38 亿元，2009 年 9 月 3 日上市。2016 年，为满足公司战略发展的需要，公司名称正式由"佛山星期六鞋业股份有限公司"变更为"星期六股份有限公司"。其所属行业为制造业的纺织服装、服饰业。

星期六公司的主要经营范围是生产经营皮鞋、皮革制品及售后服务，鞋类、皮革制品、服装、电子类产品的批发、零售、进出口及相关配套业务，纺织、服装及日用品专门批发及零售等。其中，其主营产品为皮鞋皮革制品的批发、零售、进出口及相关配套业务，生产经营皮鞋皮革制品及售后服务。

2. 公司经营分析

星期六公司的经营情况主要可以由 2017—2019 年的战略和经营内容看出。

在 2017 年，星期六公司围绕"打造时尚 IP 生态圈"的战略发展目标，着力构建"三大平台"，即"媒体和社交平台""时尚 IP 孵化运营平台"及"时尚 IP 集合平台"，逐步打造"以用户为核心，数据+内容驱动，消费场景打通融合"的新零售业态。

在 2018 年，星期六公司新的战略布局与转型已基本成型，主要通过整合提升媒体和社交平台，打造融合媒体、内容电商、整合营销等多元业务的综合性平台，推动公司战略发展，同时，星期六公司还大力拓展时尚 IP 集合平台，改善渠道结构，构建多元化的时尚产品销售平台。

在 2019 年上半年，星期六公司通过搭建专业运营团队，基于"人—货—场"的商业逻辑，链接明星、达人与品牌电商开展短视频与直播形态的社交电商服务业务。另外，其购物中心集合店的经营模式已趋成熟，星期六公司开始改变集合店前期以直营为主的模式，逐步加大加盟集合店的比例，此外星期六公司也将把原有部分百货商场自营店逐步改为加盟店，这有利于公司进一步改善存货、资金周转及经营现金流，减轻经营压力。

由星期六公司近三年的经营统计分析来看，在财务报告期内，星期六公司不仅要完成其制造业的相关任务，还要着重完成其相关转型业务，而其转型业务涉及"新零售""线上平台"等，将制造与零售结合，拓展业务模式，从经营战略到公司运营等不同方面改善销售渠道和购物体验，从而推动公司发展。

(三) 新租赁准则下的业务处理

1. 案例分析假设

本文选取星期六公司进行分析，对新租赁准则下的会计处理及财务影响做具体研究，同旧租赁准则对比分析。查阅星期六公司公告，可知其在 2017 年 12 月开展了融资租赁，除此公告外无其他融资租赁业务，故本文假设，星期六公司于 2018 年 1 月 1 日使用新租赁准则，同时，以星期六公司 2018 年年度财务报告为数据源编制调整财务报表相关项目。

对于折现率，新租赁准则提出：若内含利率在实务操作中不能够被财务会计人员准确确认时，承租方可将计算中所需要的折现率用其他的指标来替换以便开展核算工作。中国人民银行近期抵押贷款利率多在 5% 左右，故本文采用增量借款利率 5% 作为租赁付款额的折现率。

对于经营租赁的会计处理方法，星期六公司采用租入资产所支付的租赁费，在不扣除免租期的整个租赁期内，按直线法进行分摊，计入当期费用。公司支付的与租赁交易相关的初始直接费用，计入当期费用。公司出租资产所收取的租赁费，在不扣除免租期的整个租赁期内，按直线法进行分摊，确认为租赁相关收入。公司支付的与租赁交易相关的初始直接费用计入当期费用；如金额较大的，则予以资本化，在整个租赁期间内按照与租赁相关收入确认相同的基础分期计入当期收益。

对于融资租赁的会计处理方法，星期六公司对融资租入资产的处理为：公司在承租开始日，将租赁资产公允价值与最低租赁付款额现值两者中较低者作为租入资产的入账价值，将最低租赁付款额作为长期应付款的入账价值，其差额作为未确认的融资费用；公司采用实际利率法对未确认的融资费用，在资产租赁期间内摊销，计入财务费用；公司发生的初始直接费用计入租入资产价值。

从2018年星期六公司年度财务报表数据来看，其中融资租赁业务如下：星期六公司用部分生产及配套设备与远东国际租赁有限公司（简称"远东租赁"）开展售后回租融资租赁业务，融资总金额不超过人民币5 500万元，融资期限为2年。在租赁期间，星期六公司以回租方式继续占有并使用该部分生产及配套设备，同时，按照双方约定向远东租赁支付租金和费用。租赁期满后，留购价格为人民币1 000元。其中，设备原值不超过人民币7 000万元；租赁期限为24个月，自起租日起算；租金及支付方式为等额租金，按季度支付。

同时，2018年星期六公司相关科目金额见表3及表4。

表3 相关固定资产明细　　　　　　　　　　　　　　　　　　单位：元

项目	原值	累计折旧	减值准备	账面价值
融资租赁固定资产	53 040 267.70	47 657 697.63	0	5 382 570.07
固定资产	233 204 986.69	120 949 954.17	0	112 255 032.52

数据来源：星期六公司2018年年度财务报告

表4 相关租赁金额明细　　　　　　　　　　　　　　　　　　单位：元

项目	2018年金额
租赁费	35 432 355.01
租赁及装修费	3 970 323.77
合计	39 402 678.78
融资租赁	5 382 570.07
经营租赁	34 020 108.71
预付租赁费	2 308 352.65

数据来源：星期六公司2018年年度财务报告

2. 新租赁准则下的业务处理

由上述已知整理计算数据见表5。

表5 计算数据明细

项目	数据
租赁金额合计/元	39 402 678.78
折现率/%	5
期限/年	5

在新租赁准则下，承租人应对租赁期间的全部租赁费用进行折现处理得到具体数据，然后将这些计算得出的数据再依次计入使用权资产和租赁负债内。星期六公司的租赁费用在2018年的现值 = 39 402 678.78×(P/A, 5%, 5) = 170 475 689.70元，使用权资产成本 = 租赁负债 - 租赁激励 + 初始直接费用 + 预付租赁款 = 170 475 689.70元，2018年使用权资产折旧额 = 使用权资产成本÷5 = 34 095 137.94元，假定使用权资产没有发生减值，则2018年年末使用权资产账面价值 = 使用权资产成本 - 2018年使用权资产折旧额 = 170 475 689.70 - 34 095 137.94 = 136 380 551.76元。2018年租赁负债确认的利息费用 = 租赁负债初始确认金额×5% = 170 475 689.70×5% ≈ 8 523 784.49元，则租赁负债2018年年末的摊余成本 = 170 475 689.70 - (39 402 678.78 - 8 523 784.49) = 139 596 795.41元。

(四) 新租赁准则下的财务报表

1. 资产负债表

在资产负债表中，新租赁准则改变了旧租赁准则之不用在资产负债表内列示经营租赁费用的规定，要在资产负债表中计入使用权资产170 475 689.70元，并且计提租赁负债139 596 795.41元，然后在年末计入每期对租赁资产的折旧34 095 137.94元，见表6。

表6 2018年调整后资产负债表简表　　　　　　　　　　单位：元

项目	旧租赁准则		新租赁准则	
	期初余额	期末余额	期初余额	期末余额
流动资产合计	2 491 080 444.44	2 414 329 211.71	2 491 080 444.44	2 414 329 211.71
使用权资产原值	—	—	170 475 689.70	—
累计折旧	9 702 602.86	10 770 968.11	9 702 602.86	44 866 106.06
使用权资产净值	—	—	170 475 689.70	136 380 551.75

续表

项目	旧租赁准则		新租赁准则	
	期初余额	期末余额	期初余额	期末余额
非流动资产合计	692 528 950.71	658 328 795.80	863 004 640.41	794 709 347.55
资产合计	3 183 609 395.15	3 072 658 007.51	3 354 085 084.85	3 209 038 559.26
流动负债合计	1 436 362 443.02	1 313 168 025.50	1 436 362 443.02	1 313 168 025.50
租赁负债	—	—	139 596 795.41	6 806 333.38
非流动负债合计	236 415 991.94	243 222 325.32	236 415 991.94	243 222 325.32
负债合计	1 672 778 434.96	1 556 390 350.82	1 672 778 434.96	1 556 390 350.82
所有者权益合计	1 510 830 960.19	1 516 267 656.69	1 510 830 960.19	1 652 648 208.44
负债和所有者权益合计	3 183 609 395.15	3 072 658 007.51	3 354 085 084.85	3 209 038 559.26

由表 6 可以看出，资产负债表在新租赁准则和旧租赁准则之下最显著的变化是使用权资产计入了非流动资产项目中，同时租赁负债计入了非流动负债项目中。同时，资产总额在资产负债表中的数额有很大程度的增加，净资产比率也因此发生了相应的改变（见表 7）。

表 7　2018 净资产比率变化

项目	旧租赁准则	新租赁准则	变化值
净资产比率/%	49.35	51.50	+2.15

由上述分析可知，不同的处理方法使星期六公司的净资产比率在合理范围内小幅度提高，这表明新租赁准则的实施对其有着一定的积极作用。

2. 利润表

租赁业务在新租赁准则的要求下，需要在开始时在资产负债表中确认相应的资产和负债，产生的对应租金费用也要由资产折旧和负债利息来替代。施行新租赁准则后与旧租赁准则施行期间两者产生的变化中，就利润表而言，最突出的是在三大费用上的体现，见表 8。

星期六公司租赁费用在新租赁准则的规定下将不计入销售费用或管理费用中，同时要对使用权资产进行折旧的计提。2018 年年末其销售费用发生额在新租赁准则之下将变为：586 181 006.00 − 39 402 678.78 + 34 095 137.95 = 580 873 465.17 元。

同时，在会计处理时要将从租赁负债中计提的 1 970 133.94 元利息计入财务费用科目内。

表8 利润表内数据变化分析　　　　　　　　　单位：元

项目	旧租赁准则	新租赁准则	变化额
营业总收入	1 531 682 079.47	1 531 682 079.47	—
营业成本	701 216 500.73	701 216 500.73	—
销售费用	586 181 006.00	580 873 465.17	-5 307 540.83
管理费用	100 133 382.93	100 133 382.93	—
财务费用	28 100 537.66	30 070 671.60	1 970 133.94
营业总成本	1 500 415 667.13	1 497 078 260.24	-3 337 406.89
营业利润	24 854 765.22	34 603 819.23	9 749 054.01

由表8可以看出，经营租赁计入资产负债表后将对营业利润产生较大的影响，这将更为真实地反映企业的经营情况，同时也会影响净利润的数额。

3. 现金流量表

新租赁准则对现金流量表的普遍影响较小，相关经营活动产生的现金流在记录时，只是计入项目发生了变化，总金额并没有改变（见表9）。

表9 现金流量表相关数据　　　　　　　　　单位：元

项目	旧租赁准则	新租赁准则	变化额
经营活动现金流入	1 743 586 490.18	1 743 586 490.18	—
经营活动现金流出	1 553 475 930.45	1 514 073 251.67	-39 402 678.78
经营活动现金流量净额	190 110 559.73	229 513 238.51	39 402 678.78
筹资活动现金流入	924 070 636.00	924 070 636.00	—
筹资活动现金流出	1 093 383 235.82	1 132 785 914.60	39 402 678.78
筹资活动现金流量净额	-169 312 599.82	-208 715 278.60	-39 402 678.78

由上述现金流量表数据可以得出，在新租赁准则下的现金流量表的现金流量总额并没有发生改变，说明在新租赁准则之下现金流量表中的一增一减的等额变化可以相互抵销，现金及现金等价物在期末的余额也不会发生变化。但是在填现金流量表时，其不再计入在旧租赁准则下的项目，而是将这一数据计入现金流量表中的筹资活动现金流出这一项目中，总体数据金额不会发生变化，但是计入的项目发生了变化，短期内会使企业的现金流量净额在经

营活动中增加，在筹资活动中减少。

五、总结与展望

从上述分析来看，在采用新租赁准则后，首先，在会计处理上与之前相比较为复杂，对相关业务的会计处理后续计量有较高的要求。其次，从财务报表的层面来看，资产负债表和利润表受到的影响相对较大，而现金流量表受到的影响相对较小，这主要是因为新租赁准则影响了相关业务费用的处理。从制造业整体来看，国家正推动制造业相关企业转型，可以预见相关制造业企业会较多地发展融资租赁相关业务，此次改革对租赁业务也提出了新的要求。

而对企业来说，在新租赁准则下，企业的资产和负债将会有明显的变化，同时，企业应该重点关注其融资投资带来的相关影响，对利润的调整也应有适宜的判断。从信息披露角度来看，在新租赁准则下披露的信息会更加完善具体，这也要求企业提高相关处理的准确性。

租赁行业在经济市场中的发展突飞猛进，新租赁准则的颁布如同里程碑，在新租赁准则下，企业不再区分租赁类型，而是对租赁统一采用使用权模型，并且在资产负债表中确认资产和负债。这种操作模式有助于信息披露和提高其准确性，同时可以有效地规避表外融资的现象。因此，对于财务报表使用者来说，财务报表的可信度得到保证，使他们能够做出更加合理的经济决策，同时杜绝某些企业故意操控经营租赁业务的行为，防范其以掩饰财务报表的不良手段误导财务报表使用者。

新租赁准则下零售业的会计核算

——以国美为例

伊姝月*

【摘　要】 财政部于2018年12月7日修订发布了新租赁准则《企业会计准则第21号——租赁》。新租赁准则出台后,无论是对于租赁双方,还是对于企业财务等各个方面都产生了一些影响。尤其是对承租人来说,取消了经营租赁与融资租赁的划分,采用同一路径进行会计核算,这对租赁业务来说是根本性的变革。这其中,零售业因实体门店经营的需要,可能是受新租赁准则影响最大的行业之一。因此,本文选取零售业具有代表性的国美进行案例分析,研究了新租赁准则下承租人应如何进行会计处理,并分析了新租赁准则的颁布给国美的资产负债表、利润表和现金流表带来的变化,最终得出新租赁准则对企业产生的影响。希望给会计从业人员和财务报表使用者带来一定参考与启示。

【关键词】 新租赁准则;经营租赁;承租人

一、引言

随着我国经济的飞速发展,租赁行业也经历了一轮又一轮的改革浪潮,在如今的企业融资中占据了重要地位,多体现在零售业、电信业、酒店业、交通运输业及能源设施行业等。但不可避免的是,租赁业务存在一系列风险,这些风险体现在会计日常核算工作的方方面面。例如,在旧租赁准则(2006年颁布的租赁准则称为旧租赁准则)下,将租赁业务划分为经营租赁和融资

---

* 伊姝月,女,会计硕士,研究方向:资本运营与财务管理实务。

租赁,融资租赁属于表内融资,期末要在资产负债表中确认融资租赁资产和负债;经营租赁则无须在表内列示,只要在附注中记录必要信息。这就导致一些企业虽然通过租赁资产使利益流入企业内部,却并未在资产负债表中列示相关信息,这是不符合会计信息披露要求的,也给经济业务带来一定风险。

因此,自 2016 年《国际财务报告准则第 16 号——租赁》颁布之后,消除了承租人融资租赁和经营租赁之间的差异。由于我国坚持会计准则与国际趋同原则,于 2018 年 12 月修订发布了《企业会计准则第 21 号——租赁》(以下简称"新租赁准则")。❶ 在新租赁准则出台之后,对国家税收和企业财务等多方面产生了影响。各方都在积极探索如何尽快适应新政策,与时俱进,迎接机遇与挑战。

零售业可能是受新租赁准则影响最大的行业之一。较大的零售企业一般作为承租人需要大量租赁店面作为经营场所;存货较多的零售企业,需要单独租赁仓库;承揽物流业务的企业需要租赁车辆等。为了降低经营风险,租赁业务的租赁期较长,少则一年,多则十年以上。这样的租赁业务在以前通常归为经营租赁,对于大部分零售企业来说,几乎覆盖了所有的租赁业务。而在新租赁准则中,取消了承租人经营租赁与融资租赁的分类,意味着会计人员在核算这类业务时,计量的口径完全改变了,几乎所有的租赁业务(短期租赁和低价值资产租赁除外)在初始确认时需要确认使用权资产和租赁负债,还要在资产负债表中进行项目列示。所以,新租赁准则对零售业的影响是巨大的,对在互联网冲击下正在寻求转型的实体零售业具有重要意义。

二、文献综述

新租赁准则出台后,国内许多学者开始关注新租赁准则对租赁业务会计核算的调整,但是在现有的文献中,多以航空业为案例研究,对于同样受新租赁准则影响较大的零售业,文献数量较少。吴越(2019)按照新租赁准则下承租人的会计处理规定,分析了租赁期内对零售企业的持续性影响。❷ 俸芳等(2018)主要研究了《国际财务报告准则第 16 号——租赁》在我国零售行业的适应性。❸ 栗琼(2017)以华联综合型超市为研究案例,分析了《国际

---

❶ 财政部. 企业会计准则第 21 号——租赁 [EB/OL]. (2018-12-14) [2020-02-07]. http://kjs.mof.gov.cn/zhengwuxinxi/zhengcefabu/201812/t20181214_3092629.html.

❷ 吴越. 承租人视角下新租赁准则对零售业的影响 [D]. 广州:广东外语外贸大学, 2019.

❸ 俸芳, 张苗苗, 廉怡楠. 新租赁准则 IFRS16 在我国零售行业适应性研究 [J]. 会计之友, 2018 (2): 49-53.

财务报告准则第16号——租赁》对我国零售业财务报表的影响。❶综合以上文献的观点，零售企业作为承租人一般租赁业务占比较大，一旦实行新租赁准则，无论对于企业的日常会计核算还是财务报表都会产生持续性影响，所以，探索新租赁准则对零售业的影响能给会计从业人员、租赁业务相关人员和财务报表使用者带来一定参考价值。

三、理论概述

(一) 租赁会计理论

目前，租赁会计理论有两个主要的原则，一个是以"与所有权相关的风险和报酬转移"为中心，在旧租赁准则中体现；另一个是确定使用"所有权资产"和"租赁负债"的使用所有权原则，在新租赁准则中体现。这两个原则实质上是"风险报酬转移模型"和"使用权模型"。

"风险报酬转移模型"以业务经济性质为基础，从这个角度判断与资产相关的风险和报酬转移，区分融资租赁与经营租赁。在这一模型中，融资租赁是转移与其所有权相关的所有风险和报酬，而经营租赁的承租人仅获得资产的使用权，其他风险和报酬仍然在出租人的身上。"使用权模型"则是基于对租赁物的控制权，在此模型下，经营租赁和融资租赁没有本质区别，出租人和承租人都应在财务报表中体现相应的资产和负债。这从根本上打破了购买原则下的所有权限制，它可以更好地反映租赁业务的经济本质，有效地避免买卖原则下的两租分离情况。

(二) 新、旧租赁准则变化对比

和旧租赁准则相对比，新租赁准则在许多方面发生了变化，重点是在承租人方面，对出租人的处理变化不明显，具体内容如下。

第一，完善了租赁的定义，增加了租赁识别、分拆、合并等内容。在新租赁准则中，对租赁的定义进行了更严格的规定，通过"已识别资产"等概念对租赁的识别、分拆和合并给出额外的指引，这使得租赁合同的范围更加明确和完善。

第二，取消承租人经营租赁和融资租赁的分类。这对融资租赁业务来说

---

❶ 栗琼. IFRS16对我国零售业财报的影响分析——以华联综超为例 [J]. 商场现代化, 2017 (3): 187-188.

影响很小,主要是在会计处理中会计科目的变化。但对经营租赁业务来说是根本性的改变,承租人会计处理的变化见表1。

表1 新、旧租赁准则下承租人的会计处理

计量阶段	旧租赁准则		新租赁准则
	融资租赁	经营租赁	
初始计量	租赁开始日,确认资产和负债 借:固定资产 　　未确认融资费用 　贷:银行存款 　　长期应付款	无须进行初始确认	租赁开始日,承租人确认使用权资产和租赁负债 借:使用权资产 　贷:租赁负债
后续计量	1. 支付租金时 借:长期应付款 　贷:银行存款等 2. 对融资租赁资产进行折旧时 借:成本费用类科目 　贷:累计折旧 3. 分摊未确认融资费用时 借:财务费用 　贷:未确认融资费用	实际支付租金时 借:成本费用类科目 　贷:银行存款等	1. 支付租金时 借:租赁负债 　贷:银行存款等 2. 对使用权资产进行折旧时 借:成本费用类科目 　贷:累计折旧 3. 对租赁负债计提利息时 借:财务费用 　贷:租赁负债

资料来源:百度百科

第三,改进售后回租交易的会计处理。新租赁准则对企业售后回租部分也进行了修改完善,核心点是,判断资产的转让是否确认为销售,这将影响后续的会计处理。

四、国美情况介绍

(一)国美简介

国美控股集团有限公司(简称"国美")1987年于北京成立,2004年7月在香港联合交易所有限公司(即港交所)上市,是知名的零售连锁企业,主营业务为电器及电子产品的销售。2018年,国美门店总数达2 122家,覆盖全国256个城市。近年,美国发布的"家·生活"战略,以"家"的概念为核心,致力于成为传统家电零售商、家装整体解决方案提供商及服务提供商，解决供应链业务转型输出困境，为消费者提供涵盖家电、家装、家居服务的高品质商品和服务，为满足消费者的需求不断追求卓越。与此同时，国美结合互联网技术整合线上和线下供应链，继续完善示范"共享零售"模式，推动技术进步，推动中国零售行业发展改革。

(二) 国美租赁业务概况

根据国美 2018 年年度财务报告数据，国美的融资租赁费用为 1 286.3 万元，根据公司的融资租赁协议，融资租赁的资产为一架飞机，租赁期为 5 年；经营租赁费用为 440 891 万元，主要用于门店租赁业务。可见，国美 99.71% 的租赁费用用于经营租赁，融资租赁所占的比例极小。由于新租赁准则对融资租赁产生的影响较小，对经营租赁业务的规定做出了根本性的改变，因此，新租赁准则的颁布对于国美零售在租赁业务方面的财务影响是巨大的。

由图 1 可知 2014—2018 年的国美门店数量，截至 2018 年年末，国美的门店数量为 2 122 家，较 2014 年增加了 990 家。五年来，国美门店数量呈逐年上升趋势，除 2017 年门店数量有所下降外，每一年增长趋势都较为明显。2017 年国美开启网络发展战略，但 2018 年国美更加关注线上、线下的深度融合，全年净增加门店数量 518 家，创近年来历史新高。2018 年，在 2 122 家门店中合计租入的有 2 077 间，占门店总数的 97.80%，其中于 2019 年、2020 年、2021 年租赁到期的门店分别为 216 间、204 间、201 间。租金费用占销售收入的比率为 6.36%，与 2017 年同期的 5.77% 相比有所上升。

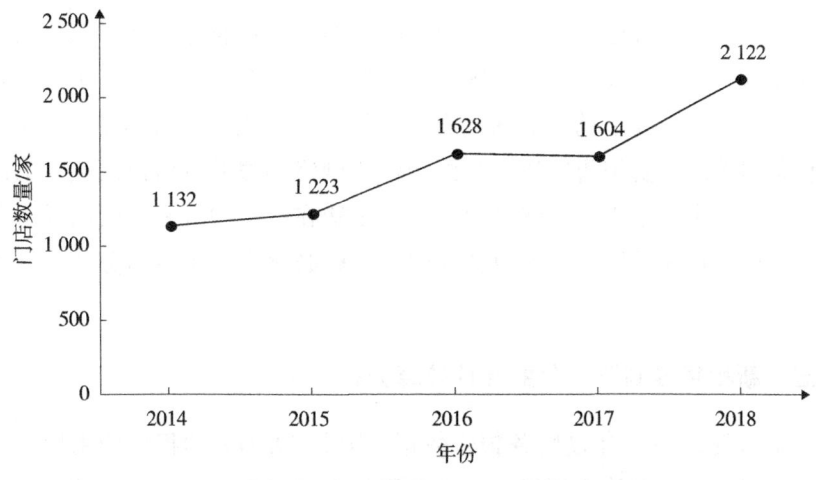

图 1　2014—2018 年国美门店数量

数据来源：国美公司 2014—2018 年年度财务报告

由图2可知近五年来国美经营租赁费用占营业收入的比例变化情况，从2014年的5.47%到2018年的6.85%，经营租赁费用占营业收入的比率呈逐年稳定增长态势，按照这个趋势来看，预计未来仍将继续增长。

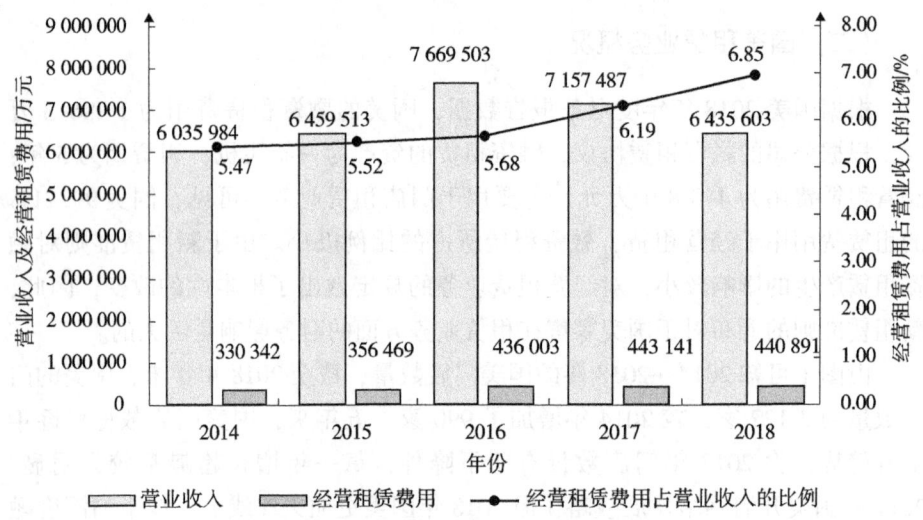

图2 国美经营租赁费用占比情况

数据来源：国美公司2014—2018年年度财务报告

通过以上数据可以看出，国美的租赁费用主要用于经营租赁，主要花费是从外部租入门店。由于直接购买门店需要承担更大风险，对大型零售企业来说具有一定的局限性，大多数和国美同类型的零售企业也选择以经营租赁的方式租入门店进行线下销售。国美是一家中国知名零售企业，虽然最近几年开始追求线上与线下销售的深度融合，积极开发线上零售功能，但是线下零售仍是国美的主要销售渠道，是国美销售网络的根基，所以国美对其线下实体门店仍然十分重视。也就是说，经营租赁在国美的日常经营活动中占据了重要地位，作为承租人，新租赁准则的实施必然会给企业财务的方方面面带来影响。

五、新租赁准则下国美的会计核算分析

根据国美2018年年度财务报告数据，国美99.71%的租赁费用用于经营租赁，融资租赁所占的比例极小，且新租赁准则对融资租赁的影响不大，因此本文的案例主要研究在新租赁准则下经营租赁业务的会计核算分析。根据

国美2018年年度财务报告附注中披露的信息,"已发布但尚未生效的财务报告准则"中列示,国美于2019年1月1日起实行新租赁准则,本文选取2018年发生的经营租赁租金数据进行会计核算分析,所以假设国美于2018年1月1日起实行新租赁准则。另外,由于一些细节性的信息无法获取,本文做了如下假设。

(1)为了方便研究,假设国美租赁业务签订的独立合同统一在2018年年初签订,且签订的租赁期限统一为10年。

(2)假设不考虑经营租赁业务的初始直接费用。

(3)由于无法获取国美关于租赁业务的内含报酬率,因此本文采用商业银行5年以上贷款利率4.9%,为简化计算取5%。

(4)假设每年年末支付租金,且均与2018年年度财务报告列示的经营租赁租金(440 891万元)相等。

(5)假设采用直线法进行折旧摊销,且净残值为零。

基于以上假设,本文将从初始计量和后续计量两个方面分析相关的会计处理问题。

(一)初始计量

首先计算出国美因经营租赁业务形成的应付租赁付款额现值,选取2018年实际发生的经营租赁租金440 891万元为每年年末支付的应付租金,计算结果见表2。

表2 国美应付租赁付款额现值计算表

租赁期	应付租金 /万元	折现率 (利率5%)	应付租赁付款额 现值/万元
1年	440 891.00	0.952	419 728.23
2年	440 891.00	0.907	399 888.14
3年	440 891.00	0.863	380 488.93
4年	440 891.00	0.822	362 412.40
5年	440 891.00	0.783	345 217.65
6年	440 891.00	0.746	328 904.69
7年	440 891.00	0.713	314 355.28
8年	440 891.00	0.676	298 042.32

续表

租赁期	应付租金 /万元	折现率 （利率5%）	应付租赁付款额 现值/万元
9年	440 891.00	0.644	283 933.80
10年	440 891.00	0.613	270 266.19
合计	4 408 910.00	—	3 403 237.63

数据来源：国美公司年度财务报告

根据前文假设，10年租赁期内每年年末支付的租金相等，均为国美2018年年度财务报告披露的经营租赁费用440 891万元，选取5%利率，将每年的应付租赁付款额现值加总，最终计算出在租赁开始日的应付租赁付款额现值为3 403 237.63万元。

根据规定，在租赁开始日，承租人应当确认使用权资产和租赁负债，那么接下来需要分别对其进行确认。

租赁负债初始计量的金额应该为租赁期开始日尚未支付的租赁付款额现值，因此确认的租赁负债为3 403 237.63万元。使用权资产应当按照成本进行初始计量，由于年度财务报告披露数据的局限性，前文已假设不存在初始直接费用，其他成本无法获知，在此只考虑租赁负债初始计量金额，因此使用权资产为3 403 237.63万元。

2018年1月1日，国美经营租赁业务应发生的会计分录如下（单位：万元）：

借：使用权资产　　　　　　　　　　　　3 403 237.63
　　贷：租赁负债　　　　　　　　　　　　3 403 237.63

（二）后续计量

在租赁开始日后，还要对国美的经营租赁业务进行后续计量。

根据新租赁准则，在租赁开始日后，承租人应当采用成本模式对使用权资产进行后续计量，参照有关折旧规定，对使用权资产进行折旧摊销。根据前文假设，租入资产的租赁期为10年，采用直线法进行折旧摊销，且净残值为零，由此可以计算出国美关于使用权资产各期的折旧费用。相关公式如下：

折旧费用＝期初使用权资产余额÷折旧年限

期末使用权资产余额＝期初使用权资产余额−本期折旧费用

对于租赁负债的后续处理，应当按照"固定的周期性利率"计算各期的利息费用。此处，按照前述假设，租赁负债按5%计提利息费用。相关公式如下：

利息费用=期初租赁负债摊余成本×利率

期末租赁负债摊余成本=期初租赁负债摊余成本-（本期应付租金-本期利息费用）

国美各期折旧费用和利息费用见表3。

表3　国美2018—2027年各期折旧费用和利息费用　　单位：万元

日期	应付租金	租赁负债		使用权资产	
		利息费用	租赁负债的摊余成本	折旧费用	余额
2018-01-01	—	—	3 403 237.63	—	3 403 237.63
2018-12-31	440 891.00	170 161.88	3 132 508.51	340 323.76	3 062 913.87
2019-12-31	440 891.00	156 625.43	2 848 241.94	340 323.76	2 722 590.10
2020-12-31	440 891.00	142 412.15	2 549 764.08	340 323.76	2 382 266.34
2021-12-31	440 891.00	127 488.20	2 236 361.29	340 323.76	2 041 942.58
2022-12-31	440 891.00	111 818.06	1 907 288.35	340 323.76	1 701 618.82
2023-12-31	440 891.00	95 364.42	1 561 761.77	340 323.76	1 361 295.05
2024-12-31	440 891.00	78 088.09	1 198 958.86	340 323.76	1 020 971.29
2025-12-31	440 891.00	59 947.94	818 015.80	340 323.76	680 647.53
2026-12-31	440 891.00	40 900.79	418 025.59	340 323.76	340 323.76
2027-12-31	438 926.87	20 901.28	—	340 323.76	—

数据来源：国美公司2018—2020年年度财务报告，2021—2027年数据为计算后得出

注：2027年的租金是调整后的金额，使第10期租赁负债摊余成本为零。

根据以上计算结果，国美经营租赁业务后续计量的会计分录如下。

1. 2018—2027年每年年底国美租赁负债计提利息时

表4　2018—2027年每年年底国美租赁负债计提利息费用会计处理　单位：万元

会计科目	2018年	2019年	2020年	2021年	2022年
借：财务费用	170 161.88	156 625.43	142 412.15	127 488.20	111 818.06
贷：租赁负债	170 161.88	156 625.43	142 412.15	127 488.20	111 818.06
会计科目	2023年	2024年	2025年	2026年	2027年
借：财务费用	95 364.42	78 088.09	59 947.94	40 900.79	20 901.28
贷：租赁负债	95 364.42	78 088.09	59 947.94	40 900.79	20 901.28

数据来源：国美公司2018—2020年年度财务报告，2021—2027年数据为计算后得出

2. 2018—2027年每年年底国美使用权资产计提折旧时

表5　2018—2027年每年年底国美使用权资产计提折旧会计处理　　单位：万元

会计科目	2018年	2019年	2020年	2021年	2022年
借：营业成本	340 323.76	340 323.76	340 323.76	340 323.76	340 323.76
贷：累计折旧	340 323.76	340 323.76	340 323.76	340 323.76	340 323.76
会计科目	2023年	2024年	2025年	2026年	2027年
借：营业成本	340 323.76	340 323.76	340 323.76	340 323.76	340 323.76
贷：累计折旧	340 323.76	340 323.76	340 323.76	340 323.76	340 323.76

数据来源：国美公司2018—2020年年度财务报告，2021—2027年数据为计算后得出

3. 2018—2027年每年年底国美支付租金时

表6　2018—2027年每年年底国美支付租金会计处理　　单位：万元

会计科目	2018年	2019年	2020年	2021年	2022年
借：租赁负债	440 891.00	440 891.00	440 891.00	440 891.00	440 891.00
贷：银行存款	440 891.00	440 891.00	440 891.00	440 891.00	440 891.00
会计科目	2023年	2024年	2025年	2026年	2027年
借：租赁负债	440 891.00	440 891.00	440 891.00	440 891.00	438 926.87
贷：银行存款	440 891.00	440 891.00	440 891.00	440 891.00	438 926.87

数据来源：国美公司2018—2020年年度财务报告，2021—2027年数据为计算后得出

六、新租赁准则下国美的财务报表列示

前文假设国美从2018年起实行新租赁准则，根据要求，承租人在资产负债表中应单独列示"使用权资产"和"租赁负债"，这必然会影响资产负债表的项目列示。而折旧费用与利息费用会对利润表产生影响。在租赁合同履行的过程中也必然会产生现金流，新租赁准则对这部分现金流也做出了新的划分。这样一来，新租赁准则下财务报表中的项目列示就会与旧租赁准则中存在差异。那么接下来本文按照新租赁准则的规定，与2018年年度财务报告数据中的报表数进行对比，进而观察新租赁准则对财务报表的影响。

(一) 资产负债表

新、旧租赁准则下 2018 年国美资产负债表对比见表 7。

表 7 新、旧租赁准则下 2018 年国美资产负债表对比

项目	旧租赁准则下 金额/万元	变动金额/万元	新租赁准则下 金额/万元	变动幅度 /%
流动资产合计	3 720 852.70	—	3 720 852.70	—
非流动资产合计	2 353 326.40	3 062 913.87	5 416 240.27	130.10
资产合计	6 074 179.10	3 062 913.87	9 137 092.97	50.41
流动负债合计	4 060 444.60	—	4 060 444.60	—
非流动负债合计	905 358.10	3 132 442.38	4 037 800.48	345.84
负债合计	4 965 802.70	3 132 442.38	8 098 245.08	63.05
所有者权益合计	1 108 376.40	−69 528.51	1 038 847.89	−6.26

数据来源：国美公司 2018 年年度财务报告

在零售业，经营租赁资产的租赁期一般是一年以上，前文假设国美的租赁业务签订的合同租赁期为 10 年，则其租赁资产属于长期资产，因此应该将"使用权资产"列入资产负债表中的"非流动资产"。初始确认时，资本化处理导致使用权资产科目增加 3 403 237.63 万元，反映到资产负债表中，则是"非流动资产"项目增加 3 403 237.63 万元；后续计量时，折旧费用为 340 323.76 万元，使用权资产科目减少 340 323.76 万元，反映到资产负债表中，则是"非流动资产"项目减少 340 323.76 万元。所以，经过初始确认和后续计量，导致使用权资产科目总共增加了 3 062 913.87 万元，反映到资产负债表中，则是"非流动资产"增加了 3 062 913.87 万元，变动幅度为 130.10%，资产总额增加了 3 062 913.87 万元，变动幅度为 50.41%。

租赁负债通常是一年以上的长期负债，因此应该列入资产负债表中"非流动负债"项目。初始确认时，租赁负债科目增加了 3 403 237.63 万元，反映到资产负债表中，则是"非流动负债"项目增加 3 403 237.63 万元；后续计量时，计提利息 170 161.88 万元，同时租金偿还了 440 891.00 万元，则租金中 270 729.12 万元（440 891.00 万元−170 161.88 万元）用来偿还了本金，因此租赁负债科目减少了 270 729.12 万元，反映到资产负债表中，则是"非流动负债"项目减少 270 729.12 万元。所以，经过初始确认和后续计量，导

致租赁负债科目总共增加了 3 132 442.38 万元,反映到资产负债表中,则是"非流动负债"增加了 3 132 442.38 万元,变动幅度为 345.84%,负债增加了 3 132 442.38 万元,变动幅度为 63.05%。

最终,所有者权益减少了 69 528.51 万元,变动幅度为 6.26%。

通过以上计算可以看出,采用新租赁准则的会计处理方式使国美资产和负债的规模都上升了,而且变动规模较大,给企业带来一定的影响。如资产大规模增加,收入却不变,会使资产的周转率降低,可能给企业的运营带来负面效应;资产和负债同时增加,提高了企业资产的负债率,可能给企业融资带来负面效应。

(二) 利润表

在新、旧租赁准则下 2018 年国美利润表对比见表 8。

表 8 新、旧租赁准则下 2018 年国美利润表对比

项目	旧租赁准则下金额/万元	经营租赁费变动金额/万元	折旧费变动金额/万元	利息费用变动金额/万元	新租赁准则下金额/万元	变动幅度/%
营业收入	6 435 603.10	—			6 435 603.10	—
营业成本	5 461 671.50	−440 891.00	340 323.76		5 361 104.26	−1.84
财务费用	86 123.80			170 095.75	256 219.55	197.50
利润总额	−541 373.70	—			−610 902.21	−12.82

数据来源:国美公司 2018 年年度财务报告

在旧租赁准则下,经营租入资产的租金根据租入资产的用途,计入相应的成本费用类科目,在新租赁准则下,租金在后续计量过程中被计入新的项目,使用权资产进行折旧摊销计入折旧费用,租赁资产要计提利息计入财务费用。我们可以这样认为,租金被分为两部分:一部分用来偿还本金,这部分不再对损益类科目产生影响;另一部分用来偿还利息,根据表 8 中的计算结果,利息费用会随着租赁负债摊余成本的降低而递减。

对 2018 年国美利润表所产生的影响是,财务费用增加了 170 095.75 万元,导致财务费用的增幅达到了 197.50%,利润总额下降了 12.82%,那么所得税费用也会减少,最终导致净利润下降。

因此得出结论,采用新租赁准则会对利润表产生一定的负面影响,但是

后期随着财务费用逐渐减少,利润总额下降的幅度也会变小,这种负面影响会逐渐减弱。也就是说,对于刚引入新租赁准则的企业来说,前期的利润水平会出现大幅下降,后期利润的下降会有所缓解。

(三) 现金流量表

新、旧租赁准则下 2018 年国美现金流量表对比见表 9。

表 9　新、旧租赁准则下 2018 年国美现金流量表对比

项目	旧租赁准则下 金额/万元	变动金额 /万元	新租赁准则下 金额/万元	变动幅度 /%
经营活动产生的现金净流量	106 787.10	440 891.00	547 678.10	412.87
筹资活动产生的现金净流量	51 509.60	-440 891.00	-389 381.40	-855.94

数据来源:国美公司 2018 年年度财务报告

在旧租赁准则下,支付经营租赁业务产生的现金流被划分为经营活动产生的现金流出,新租赁准则更客观真实地反映了经营租赁业务的本质,经营租赁应该为企业的筹资活动,因此,经营租赁的租金划分为筹资活动产生的现金流出。通过表 9 可以看出,在新租赁准则下国美 2018 年经营活动产生的现金净流量比原财务报告数增加了 440 891.00 万元,增加幅度为 412.87%,而筹资活动产生的现金净流量减少了 440 891.00 万元,下降幅度为 855.94%,虽然新租赁准则改变了现金流表的项目列报,但是对现金流量的总额并没有产生影响。

七、总结与展望

在新租赁准则下对零售业乃至所有与租赁业务相关的各行各业都产生了影响。本文以国美为例,研究了承租人视角下新租赁准则对经营租赁业务的会计核算问题,可以发现新租赁准则对企业的日常财务核算工作及三大财务报表都产生了直接影响。国美的案例可以反映新租赁准则对零售行业其他企业的影响,因此可以得到如下结论。

第一,采用新租赁准则的会计处理方式使资产和负债的规模都上升了,而且变动规模较大,将会给企业带来一定的影响。例如,资产大规模增加,收入却不变,会使资产的周转率降低,可能给企业的运营带来负面效应;资产和负债同时增加,提高了企业资产的负债率,可能给企业融资带来负面效

应；资产规模的增加导致所有者权益占总资产的比率下降，若因此导致外部投资者对企业产生悲观评价，资本市场上股价可能下跌。

第二，在后续计量的过程中，使用权资产和租赁负债要分别确认折旧和利息费用，这影响了利润表中的项目列示。其中，利息费用会呈现逐渐下降的态势，由于费用的变化会影响利润水平，企业在刚实行新租赁准则时，在租赁期的前期，利润水平可能出现明显下降，但这种负面影响在后期会逐渐减弱。

第三，新租赁准则并没有影响现金流量的总金额。经营租赁本质上是企业的筹资活动，新租赁准则更注重经济业务的本质，这符合会计信息质量要求。

财务报表的信息会直接影响企业管理者的经营决策，相关财务数据的走向直接决定了企业未来的走向。租赁准则的修订改革了租赁业务的会计处理方法，使租赁业务管理成为一项更严密的会计核算业务，对零售企业来说，很可能影响企业关于重大资产购入或租赁等重要经营决策。零售企业在选择门店时一般会选择人流密集的地带，如繁华的商业街或大型购物广场附近，这些地方的另一特点是租金高昂，如果企业想控制经营风险，就必须谨慎选择门店位置，合理计划门店数量。新租赁准则的实施给企业的财务指标带来了负面影响，怎样尽量减少这种负面影响，无疑给零售企业带来了新的挑战。

除了以上这些，新租赁准则还对企业的信息披露提出了更高要求，企业的财务报表附注中应披露与租赁活动相关的定量和定性信息，从而更加全面地将租赁业务的全貌反映在财务报表中，表外资产纳入表内，使财务报表的使用者了解企业的真实情况。也要注意的是，租赁与服务合同的识别、折现率的确定、各种费用的计算及相关税务政策衔接等问题，也增加了企业财务工作的工作量和财务核算的复杂性，各企业应重视新租赁准则引入工作。但是，在实际的会计核算工作中遇到困难也是在所难免的，这就要求企业会计从业人员熟悉新租赁准则的规定要求，掌握最新的核算方法，具备更强的职业判断，与租赁业务经办人员要协调一致，加强合作交流，认真协商具体流程，在实际执行过程中，有效做好确认、计量和分析工作，做好新租赁准则引入衔接工作，以提高租赁业务管理工作的效率。

新收入准则下电信行业收入的确认与计量

——以中国移动为例

白晨晨[*]

【摘　要】当下，我国经济迅速发展，企业交易事项也逐渐复杂，旧收入准则无法满足会计实务的需要，它同国际收入准则趋于一致是国家经济发展和顺应经济全球化的必要抉择。2014年，国际会计准则理事会发布《国际财务报告准则第15号——与客户之间的合同产生的收入》；2017年，中国发布《企业会计准则第14号——收入》(以下简称新收入准则)，与《国际财务报告准则第15号——与客户之间的合同产生的收入》保持实质性趋同，于2018年1月1日起正式实施。新收入准则对众多行业的收入确认与计量都有很大影响。由于电信行业的用户量大、合同业务繁杂，受其影响也颇深。对收入的确认与计量进行规范，客观地体现企业的经营状况与盈利能力，有利于企业转型升级。本文以三大运营商之一的中国移动为例，结合财务数据分析新收入准则下中国移动典型业务的收入确认与计量。然后，阐述新收入准则对中国移动的影响，同时对应用新收入准则提出建议，以更好地适应新收入准则的变化。

【关键词】新收入准则；收入确认与计量；中国移动

---

[*] 白晨晨，女，会计硕士，研究方向：财务管理。

一、引言

(一) 研究背景

收入是衡量企业盈利能力、经营成果、绩效考核等的关键财务指标,其确认与计量在企业财务管理中举足轻重。然而,在旧收入准则下,会计实务处理需求和财务信息使用者的使用需求越来越得不到满足。例如,适用范围界限模糊,对于难以清晰区分的销售行为,容易产生争议;对收入的确认较为抽象;容易操纵利润,难以如实反映实际交易情况。

为了满足经济业务发展带来的新需求,弥补旧收入准则在收入确认标准方面的缺陷,建立统一完善的收入确认准则,我国积极采取举措,制订了新收入准则。电信行业是第一批应用新收入准则的行业,其用户多、业务繁杂、合同复杂,新收入准则的实施对其会计处理的影响也更典型。

(二) 研究意义

新收入准则对收入的适用范围、确认、计量等方面都做了修改,很大程度上改变了传统的收入核算方式。中国移动的某些业务受到新收入准则的影响,如捆绑销售、积分业务等。本文研究新收入准则下中国移动通信集团有限公司(简称"中国移动")的收入确认与计量,旨在发现执行新收入准则过程中典型业务的账务处理变化,这对电信企业充分应用新收入准则具有实践借鉴意义。

二、文献综述

(一) 关于旧收入准则的研究

李现宗和张启(2015)认为国际会计准则确认收入时用的是权利义务转移模型。❶ 卜华和张晓辉(2016)指出旧收入准则下企业进行会计实务处理时的可操控性较强,财务会计人员的主观判断性较强。❷ 唐滢滢、汪祥耀(2014)认为:在会计实务中,旧收入准则中"风险和报酬转移"的含义不易确定,而且在旧收入准则的规定中与此概念有联系的指引也有些简略,导

---

❶ 李现宗,张启. 收入准则的国际变化及我国的应对[J]. 会计之友,2015 (19):9-12.
❷ 卜华,张晓辉. 对《企业会计准则第14号——收入(修订)(征求意见稿)》的探讨[J]. 会计之友,2016 (12):67-69.

致企业很难判定风险与报酬有没有发生转移。❶

(二) 关于新收入准则的研究

孔庆林和苟芮 (2018) 把"五步法"模型应用于电商公司,指出互联网平台商业模式较复杂,应以经济实质为基础判断其收入确认依据。❷ 时军 (2018) 研究了新收入准则确认与计量中的主要改变,以及对会计核算的影响。❸ 李克亮 (2018) 研究新收入准则中的合同识别,通过案例研究合同与履约义务的联系。❹ 文佑云 (2018) 结合案例分析了新收入准则中的可变对价及其应用。❺ 焦桂芳和陆秀芬 (2018) 指出新收入准则采用统一的收入确认模型,以控制权转移为收入确认的时点。❻

(三) 关于新收入准则下电信企业的会计研究

梁燕霞和肖智豪 (2017) 认为新收入准则下,以公允价值作为收入核算的基准,收入确认时点也往前提,这造成电信行业的风险加大。❼ 刘婷 (2018) 指出新收入准则对电信行业收入确认进行明确规范,并通过对电信业务的研究分析新收入准则下会计处理的变化。❽ 张伟伦 (2018) 分析新收入准则下电信行业通过积分计划进行盈余管理的核算业务。❾ 沈颖玲 (2018) 分析了新收入准则对手机终端销售与通信服务销售的收入确认产生的影响。❿ 王甲山、任杰 (2018) 认为新、旧收入准则在电信企业手机套餐销售业务收入的确认、计量方面有明显的区别。⓫

---

❶ 唐滢滢, 汪祥耀. IFRS 15 "与客户之间的合同产生的收入"解析及启示 [J]. 财会通讯, 2014 (25): 114-116.

❷ 孔庆林, 苟芮. 互联网平台公司"五步法"收入模型应用探讨——以滴滴出行为例 [J]. 会计之友, 2018 (10): 96-99.

❸ 时军. 新收入准则主要变化对会计核算影响研究 [J]. 财会研究, 2018 (1): 36-47.

❹ 李克亮. 例析新收入准则下的"合同识别" [J]. 财会月刊, 2018 (5): 107-112.

❺ 文佑云. 新收入准则下可变对价的理解及应用 [J]. 财会通讯, 2018 (28): 82-84.

❻ 焦桂芳, 陆秀芬. 新旧收入准则对比分析 [J]. 会计之友, 2018 (8): 140-143.

❼ 梁燕霞, 肖智豪. IFRS15 对收入确认的影响——以中国联通为例 [J]. 赤峰学院学报 (自然科学版), 2017, 33 (16): 110-112.

❽ 刘婷. 新收入准则对电信行业的影响 [J]. 中国总会计师, 2018 (2): 90-91.

❾ 张伟轮. 新收入准则下电信业积分盈余管理 [J]. 商业会计, 2018 (7): 40-42.

❿ 沈颖玲. 新收入准则下电信行业收入确认与计量方法的变化 [J]. 财务与会计, 2018 (2): 38-40.

⓫ 王甲山, 任杰. 新收入准则下电信业手机套餐销售业务核算及会计后果——以 ZD 电信公司为例 [J]. 中国农业会计, 2018 (4): 14-16.

三、理论概述

新收入准则对收入的确认与计量采用以合同为基础的五步法，具体如下。

（1）识别与客户订立的合同。

公司与客户缔结的合同有书面、口头及其他形式，存在的条件：合同的缔结方都已批准该合同并承诺将履行各自义务、与转让商品或提供劳务相关的权利和义务已确定、有清晰的支付条款、具有商业实质。

（2）甄别合同中的单项履约义务。

履约义务是指合同中企业向客户转让可明确区分商品的承诺，或向客户转让一系列实质相同的且转让模式相同的、可明确区分商品或服务的承诺。

（3）确定交易价格。

交易价格是指企业因向客户转让商品而期望有权收到的对价金额。影响交易价格的因素涉及因折扣、返利、绩效奖金、罚款等产生的可变对价，以物易物形式的非现金对价、货币时间价值等。

（4）将交易价格分配至单项履约义务。

如果合同包含两项或多项履约义务，企业应当在合同开始日，按照各单项履约义务所承诺商品或服务的单独售价的相对比例，将交易价格分摊至各单项履约义务。企业不得因合同开始日之后单独售价的变动而重新分摊交易价格。

（5）在企业履行履约义务时确认收入。

在新收入准则中，以商品或服务的控制权转移作为收入确认的基准。控制权是指客户有权使用商品，且取得与之有关的几乎所有的经济利益。

控制权可能在某个时点上或一段时间内转移。新收入准则引入了属于一段时间内履行履约义务的条件：客户在企业履约的同时即取得并消耗企业履约所带来的经济利益。客户能够控制企业履约过程中在建的商品。企业履约过程中所产出的商品具有不可替代用途，且该企业在整个合同期间有权就累计至今已完成的履约部分收取款项（成本和合理利润）。除此之外，属于在某一时点履行履约义务。

四、电信行业和中国移动案例简介

（一）电信行业经营模式

当前，中国电信行业向大众提供的基本业务包括移动和固话语音、宽带及相关增值服务、终端设备的销售和维修等。中国电信行业的运营商主要为中国移动、中国联通和中国电信,三家企业的收入分类见表1。

表1　三家企业的收入分类

项目	中国移动	中国电信	中国联通
收入分类列报	语音、数据、销售、其他	语音、互联网信息及应用、通信网络资源及设施服务、其他	移动、固网、产业互联网、网络能力、市场营销

资料来源:中国移动、中国电信、中国联通年度财务报告

(二) 电信行业的发展现状

2019年,我国正式进入5G时代,同时我国电信行业收入稳步提升,见图1和表2。

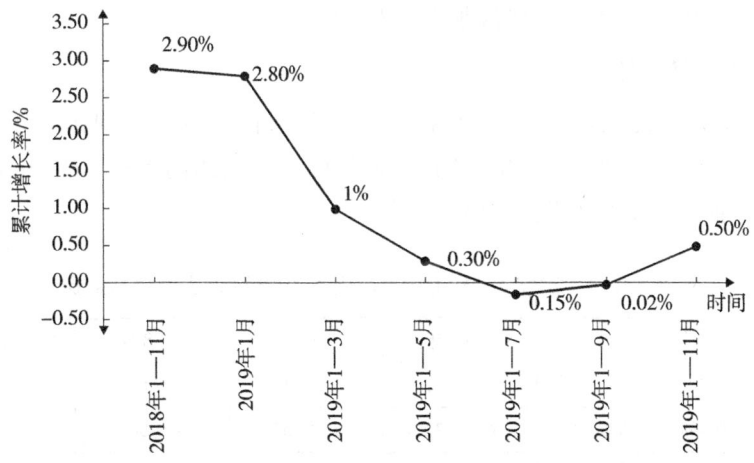

图1　2018年11月—2019年11月电信业务收入累计增长率

数据来源:工业和信息化部发布的2018年、2019年通信行业公告

表2　2019年1~11月电信行业统计报告部分数据

业务	收入金额/亿元	增长率(与2018年1—11月相比)/%	在电信收入占比/%	收入占比增长率(与2018年1—11月相比)/%
电信收入	12 039	0.50	—	—
固定通信收入	3 834	9.40	31.80	2.10

续表

业务	收入金额/亿元	增长率（与2018年1—11月相比）/%	在电信收入占比/%	收入占比增长率（与2018年1—11月相比）/%
移动通信收入	8 205	-3.20	68.20	-2.10
数据及互联网收入	7 546	1.13	62.70	0.37

数据来源：工业和信息化部发布的2019年1—11月通信行业公告

（三）中国移动公司简介

1997年，中国移动在中国香港成立，同年10月22日在纽约证券交易所上市，并于10月23日在中国香港证券交易所上市。

中国移动是内地最大的电信运营商，也是全球领先的电信运营商。截至2020年10月，4G客户累计达7.73亿，5G用户达1.28亿，有线宽带客户达2.07亿。2019年上半年实现营业收入为3 894亿元。

1. 中国移动经营业绩

中国移动营运收入从2016年至2017年为增长，2018年同比下降0.5%。税息折旧及摊销前利润（EBITDA）占通信服务收入的比重从2016年到2018年逐年增加，每股盈利增长较慢，见表3。

表3 2016—2018年及2019年上半年中国移动主要经营数据

项目	2016年	2017年	2018年	2019年上半年
营运收入/百万元	708 421	740 514	736 819	389 427
其中：通信业务收入/百万元	623 422	668 351	670 907	351 425
EBITDA/百万元	256 477	270 421	275 541	151 147
EBITDA率/%	36.20	36.50	37.40	38.80
EBITDA占通信服务收入比/%	41.20	40.50	41.10	43.00
每股基本盈利/元	5.31	5.58	5.75	2.74

数据来源：中国移动2016—2019年中期财务报告

2. 中国移动业务收入分析

中国移动的营业总收入包含通信服务、产品销售和其他。2018年，公司营运收入达7 368亿元，比去年下降0.5%；其中通信服务收入是6 709亿元。

营运收入主要有以下几个方面,见图2。

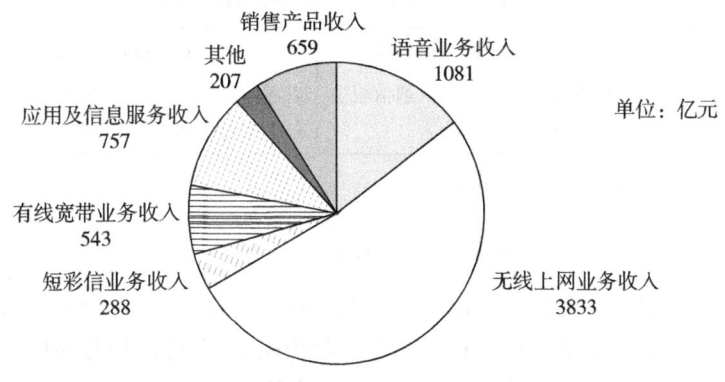

图2 中国移动业务收入分布

资料来源:中国移动2018年年度财务报告

(1) 语音业务收入。

受移动互联网业务替代和取消国内手机长途漫游费等因素影响,语音业务业绩下降,语音业务收入为1 081亿元,同比下降31.1%,降幅继续加大。语音业务收入占通信服务收入比重为16.1%,同比下降7.4%。

(2) 数据服务。

包括SMS和MMS服务、无线互联网服务、有线宽带服务及应用和信息服务。2018年,中国移动的数据业务收入达5 421亿元人民币,同比增长9.9%。数据业务收入占通信服务总收入的80.8%,同比增长7.0%,收入结构进一步优化。

(3) 销售产品收入及其他。

销售产品收入及其他为659亿元,同比下降8.7%。中国移动的终端销售业务主要服务于通信主业拓展,利润贡献率较低。

五、新收入准则下中国移动典型业务的收入确认与计量分析

本文主要分析中国移动变动较大的捆绑业务、积分业务。

(一) 捆绑销售业务

手机与通信服务捆绑在一起销售给客户是中国移动常见的业务,主要方式有两种:第一种是存话费折扣购机;第二种是购手机赠话费,见表4。

表 4 新、旧收入准则下捆绑业务的账务处理

项目	旧收入准则下账务处理	新收入准则下账务处理
捆绑业务	依据剩余价值法确认通信服务收入和终端销售收入	以通信服务和终端销售的独立销售价格为基础，对合约期内收取的款项进行拆分

资料来源：中国移动年度财务报告

1. 存话费折扣购机业务（自营模式）

案例：中国移动向客户推出存话费折扣购机活动，客户预先充值 2 400 元的话费，每个月返给用户 100 元话费，合约期 24 个月，每月最低消费 180 元，并能够以 3 000 元价格买一部 iPhone11。这款手机的市场价格为 5 499 元。若客户只购买套餐，每月的套餐费为 150 元。

（1）旧收入准则下对该合同的会计处理办法。

交易对价 = 2 400 + 180 × 24 + 3 000 − 2 400 = 7 320 元

通信服务收入 = 180 × 24 = 4 320 元

手机销售收入 = 3 000 元

旧收入准则采用剩余价值法分摊合约中各单项履约义务的收入金额：将合同约定的 iPhone11 的价格为 3 000 元作为手机收入，合同剩下部分为 4 320 元全部确认为通信服务收入。

（2）新收入准则下对该合同的会计处理办法。

运用五步法模型：第一步，用户与中国移动签订的存话费折扣购机合约；第二步，一部手机和两年的通信服务；第三步，套餐话费价格为 3 600 元，手机的价格为 5 499 元；第四步，将交易价格分配至各单项履行义务；第五步，在各单项履行义务得以满足的时点确认收入。

在新收入准则下，电信服务的公允价值为 3 600 元，移动终端的公允价值为 5 499 元，可以计算出：

手机销售收入 = 7 320 × 5 499/(5 499 + 3 600) = 4 423.86 元

通信服务收入 = 7 320 × 3 600/(5 499 + 3 600) = 2 896.14 元

新收入准则下该合同的月收入情况，见表 5。

表5 新收入准则下每个月的收入 单位：元

履约义务	第1月	第2月	……	第24月	合计
销售终端收入	4 423.85	—	—	—	4 423.85
通信服务收入	120.67	120.67	120.67	120.67	2 896.15
合计	4 544.52	120.67	120.67	120.67	7 320.00

数据来源：通过实际计算得出

（3）新、旧收入准则下账务处理差异。

在新收入准则下，通信服务收入减少33%。通信服务收入占营业收入比重降低，终端销售收入占比提高，收入确认的时点前移，见表6。

表6 新、旧收入准则下收入差异

项目	旧收入准则/元	新收入准则/元	差异/%
合同收入	7 320.00	7 320.00	0
手机销售收入	3 000.00	4 423.85	47
通信服务收入	4 320.00	2 896.15	−33
合计	14 640.00	14 640.00	0

数据来源：通过实际计算得出

2. 购机赠话费（自营模式）

案例：某人在中国移动营业厅购买一部华为手机，市场零售为4 999元，绑定每月最低消费为158元的套餐，合同期为24个月；同时，在合约期内共送客户1 920元的话费补偿，在合同期内每月返还80元话费。手机成本为4 000元。

（1）旧收入准则下该合同的会计处理方法。

依据公允价值计算未交付的金额，剩余的金额分配到已交付金额，折扣折算到通信服务收入中。那么通信服务的收入为1 872元，手机销售的收入为6 871元。

交易对价 = 4 999 + (158 − 80) × 24 = 6 871(元)

通信服务收入 (158 − 80) × 24 = 1 872(元)

手机收入 = 交易对价 − 通信服务收入 6 871 − 1 872 = 4 999(元)

（2）新收入准则下的会计核算方法。

第一步：中国移动与用户签订购机赠话费合同。

第二步：将手机销售收入与通信服务收入作为单独的履约义务，并确认各自的价格。华为手机的单独价格为 4 999 元，话费的独立价格为 3 792 元。

第三步：合同的交易价格为中国移动提供的手机和通信服务的价格，为 6 871 元。

第四步：把交易价格分摊至手机终端销售收入和通信服务收入之中：

手机销售收入 = 6 871 × 4 999/(4 999 + 3 792) = 3 907.19(元)

通信服务收入 = 6 871 × 3 792/(4 999 + 3 792) = 2 963.81(元)

第五步：各单项履约义务得以履行时确认收入，见表 7。

表 7　新收入准则下各月收入情况　　　　　　　　　单位：元

履约义务	第 1 月	第 2 月	……	第 24 月	合计
销售终端收入	3 907.19	—	—	—	3 907.19
通信服务收入	123.49	123.49	123.49	123.49	2 963.81
合计	4 030.68	123.49	123.49	123.49	6 871.00

数据来源：通过实际计算得出

新收入准则规定，中国移动在客户拿到手机时确认销售手机的收入；在合约期间，按照每个月的话费确认通信服务收入。每个月的收入和应收款项的差额计为合同资产或合同负债。合约期，每个月都要确认通信服务收入 123.49 元。合同期满后，移动公司的通信业务收入合计为 2 963.81 元；确认终端收入的贷方与合同负债的借方金额相同，合同期满后不再有负债余额。

（3）新、旧收入准则下账务处理差异。

新收入准则下，中国移动的主营业务（通信服务）收入得到增加，终端设备销售收入减少，收入结构发生改变。其实这个变化既有利也有弊，从全部合同期的角度来说，主营业务收入的提高，使主营业务的平稳性增强，推动了收入结构的合理性；不过，从单个月度、季度或年度的角度看，因为此业务有跨期问题，需在未来分期确认通信服务的收入，如果这种业务在当年的办理量很大，合约的当期利润将减少，未来的利润将增加，影响企业的月度、季度或者年度业绩，见表 8。

表8 新、旧收入准则下购机赠费业务处理差异

项目	旧收入准则/元	新收入准则/元	变化/%
合同收入	6 871.00	6 871.00	0
手机销售收入	4 999.00	3 907.19	−22
通信服务收入	1 872.00	2 963.81	58
合计	13 742.00	13 742.00	0

资料来源：通过实际计算得出

(二) 积分奖励业务

积分计划是中国移动推出的一项客户回馈服务，分为消费积分与促销回馈积分两种。客户可以用积分兑换自有业务，包括通信服务、话费、实物产品等；或者第三方供应商提供的商品服务，见表9。

表9 积分奖励业务的积分类型

积分类型	业务概述
消费积分	按照用户的星级和当月的消费账单金额，赠与相应消费积分
促销回馈积分	参与营销活动取得的积分

资料来源：中国移动官网

积分奖励业务主要有授予和兑换两个步骤。在授予时，企业贷记递延收益，借记当期通信服务收入，故新收入准则对授予阶段的会计核算没有影响。然而在兑换阶段时，新、旧收入准则的区别明显，见表10。

表10 新、旧收入准则下积分奖励业务的账务处理差异

项目	旧收入准则账务处理	新收入准则账务处理
积分奖励业务	采用递延收益，将销售收入划分为销售产品收入和依据积分兑换产品的公允价值而确认的收入	运用增量成本法，因积分兑换的成本是经济利益的流出，确认为合同负债；客户真正兑换产品的时候，视同销售

资料来源：中国移动年度财务报告

案例：某用户参加中国移动某营业厅的一个活动，公司赠给客户10 000积分，合计价值为120元；客户可以用积分兑换中国移动公司提供的通信服务业

务和实物商品或者第三方提供的实物商品，兑换率为90%，实物成本为90元。

（1）授予积分时，新、旧收入准则核算相同（单位：元）。

借：通信服务收入　　　　　　　　　　　　　　108
　　贷：递延收益　　　　　　　　　　　　　　108

（2）积分兑换阶段（单位：元）。

旧收入准则下会计处理分录：

①兑换自有通信服务

借：递延收益　　　　　　　　　　　　　　　　108
　　贷：通信服务收入　　　　　　　　　　　　108

②兑换自有实物

借：递延收益　　　　　　　　　　　　　　　　108
　　贷：通信服务收入　　　　　　　　　　　　108
借：销售费用　　　　　　　　　　　　　　　　90
　　贷：库存商品　　　　　　　　　　　　　　90

③兑换非自有实物

借：递延收益　　　　　　　　　　　　　　　　108
　　贷：通信服务收入　　　　　　　　　　　　108
借：销售费用　　　　　　　　　　　　　　　　90
　　贷：应付账款　　　　　　　　　　　　　　90

新收入准则会计处理分录：

①换自有通信服务

借：递延收益　　　　　　　　　　　　　　　　108
　　贷：通信服务收入　　　　　　　　　　　　108

②兑换自有实物

借：递延收益　　　　　　　　　　　　　　　　108
　　贷：其他业务收入——销售商品收入　　　　108
借：其他业务成本——销售商品成本　　　　　　90
　　贷：库存商品　　　　　　　　　　　　　　90

③兑换非自有实物

借：递延收益　　　　　　　　　　　　　　　　108
　　贷：应付账款　　　　　　　　　　　　　　90
　　　　通信服务收入　　　　　　　　　　　　18

新收入准则下，用户用积分兑换自有实物是一种实物交易，过去确认为通信服务收入，现在则确认为销售商品收入，同时把销售费用变为销售商品成本。在当期来说，通信服务收入在这种会计处理下缩减了 108 元，销售商品收入增多了 108 元。

在兑换非自有实物时，新收入准则根据兑换产品或服务的成本与递延收益进行抵销，通过通信服务收入调整差额部分；通信服务收入减少了 90 元，直接影响当期核心业务收入的高低。

六、新收入准则对中国移动的影响

（一）积极影响

1. 对确认与计量的影响

在新收入准则下，终端设备和通信服务捆绑销售业务各自确认的收入金额变化较大。将业务的总金额分配至各单项履约义务时采用公允价值计算，中国移动赠送给客户的金额作为折扣分摊至合同内。终端设备捆绑销售业务的收入会有提升，而通信服务收入会有所缩减，见表 11。

表 11　新、旧收入准则下的收入结构对比

项目	旧收入准则		新收入准则	
	金额/元	比例/%	金额/元	比例/%
合同收入	7 320.00	100	7 320.00	100
手机销售收入	3 000.00	41	4 423.85	60
通信服务收入	4 320.00	59	2 896.15	40

资料来源：通过实际计算得出

以 2018 年数据为例，通信服务收入是中国移动的主要营业收入。截至 2018 年年底，如果采用新收入准则，营业收入会降低 5 012 百万元；通信服务收入降低 10 833 百万元，跌落 1.59%；销售产品收入及其他将增加 5 821 百万元，增幅为 9.69%，见图 3。

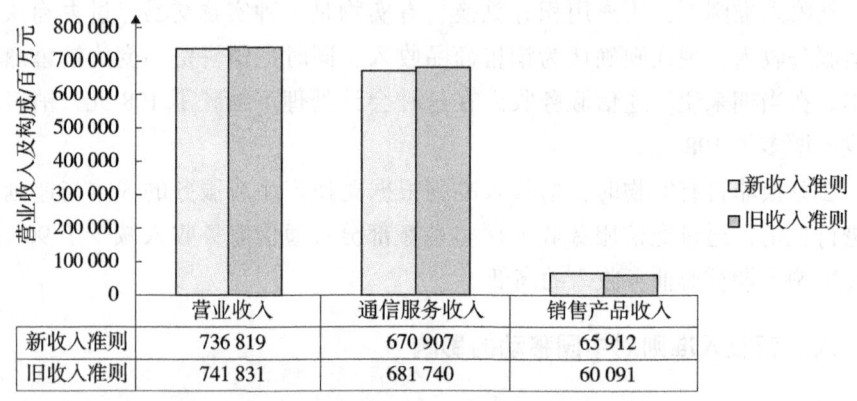

图 3　2018 年营业收入在新、旧收入准则下的对比

资料来源：中国移动 2018 年年度财务报告和实际计算得出

旧收入准则下，中国移动把高比例的合同收入确认为通信服务收入，其余的计为销售产品收入，难以客观反映真实价值；新收入准则将通信服务业务和销售产品业务分摊，导致通信服务收入减少，销售产品收入增加，能够客观反映其收入结构。

2. 对列报与披露的影响

新收入准则规定公司必须披露的定量和定性信息包含以下内容。

（1）与用户的合同。

（2）应用新收入准则而做的重大决定和变化。

（3）为了签订和履约合同而资本化的资产。

这些修订有助于投资者清楚了解企业确认过的收入，相关的现金流的类型、金额、时间和不确定性，以及与公司相关的重大信息。

同时，新收入准则还增添了"合同资产""合同负债"。例如，终端捆绑销售业务，中国移动应在客户取得手机控制权时，单独确认销售产品收入和合同资产，并依据未来合约期间确认的通信服务，取得对客户收款的权利；积分计划中没有使用的积分，应作为合同负债列报和披露。

3. 企业考核指标和全面预算管理的影响

新收入准则下，薪酬和奖励的主要作用因素是收入、利润等，使收入确认的时点和金额发生变化，影响考核指标，增加相关的财务指标和管理工作的困难。例如，在分摊合同的交易对价时，中国移动需将折扣按比例分配至各单项履约义务中，这会增加市场部各个工作组的业绩压力。

4. 影响营销方案实施

新收入准则可能影响电信运营商的市场营销措施。例如，在新收入准则下，处理话费减免和终端设备补偿的会计方式是相同的；而在旧收入准则下，终端设备补偿计为"销售费用——促销费"。

旧收入准则下，如果电信企业的成本充足，为了提高主营业务收入，企业可能会推广"存费折扣购机"的业务，因为与"购机赠费"相比，该方案能够带来更多的主营业务收入；如果电信行业公司的收入充足，为了主营业务收入的稳定性，公司更偏向于采用"购机赠费"，因为"存费折扣购机"提升当期的业绩会对以后期间的业绩造成压力。但是，在新收入准则下，"购机赠费"业务和"存费折扣购机"的业务对主营业务收入的影响是相同的。

(二) 新收入准则带来的挑战

1. 收入质量下降

作为中国移动主营业务的通信服务收入的比重降低，造成中国移动的收入质量下降，从而体现在财务报表上，会传达给外部信息使用者不良信号、不利于判断。

2. 准则衔接难度大、成本高

新收入准则对企业提出不同的实施期限要求。为了保障新、旧收入准则高效率衔接，企业应事先准备好新收入准则下的财务数据；做好财务系统改善、组建专题研究小组、外部咨询等工作；还要不同部门、不同区域的人员对接工作。人员分配成本和外部咨询费用也增加了企业的费用和成本。除此之外，执行新收入准则时存在风险，如果不能立刻解决，会造成持续存在的评估差异。

七、中国移动应用新收入准则的建议

(一) 调整中国移动的经营模式

通过以上研究表明，新收入准则在一定程度上，对中国移动的经营业绩造成负面影响，使中国移动的核心业务收入被削弱。针对捆绑销售业务，在中国移动自营模式下，建议推广购机赠话费业务，虽然在新收入准则刚实行的 2018 年造成营运收入下降，产品销售收入下降，主营业务收入小幅提升，但在合约的未来期间，利润总额不变，主营业务收入增加，可以改善中国移动的收入结构。针对奖励积分业务，新、旧收入准则对积分兑换通信服务的账务处理方式不变，建议多供应一些积分兑换通信服务的业务。

（二）加强新、旧收入准则的衔接

中国移动应设立专家团队研究新收入准则，或者咨询专业的财务公司。各部门抽出业务骨干对受影响较深的业务流程展开评估梳理、结合多方面因素制订与时俱进的解决方案，并及时和专家小组反馈沟通，讨论方案有效性。

（三）完善信息列报与披露

中国移动需要做好信息披露工作，加强与董事会及财务报告使用者的沟通。新收入准则的实施必然会影响中国移动公司的收入、成本和利润等财务指标。根据中国移动 2019 年中期财务报告显示，新收入准则的实行造成企业营运收入下降，主营业务收入下降，销售产品收入略微提高。收入与利润的下降，会给财务报告使用者释放中国移动经营业绩下滑、盈利能力下降的信号。中国移动应当做好信息披露工作，具体可以通过定期召开董事会与股东大会和定期发布企业公告两种方式，及时向董事会与财务报告外部使用者汇报经营业绩，说明主营业务收入及利润下降的原因，并对今后的工作计划做出说明。

（四）完善绩效评价机制

新收入准则的实施必然引起收入、成本、费用等财务指标的变动，职工的绩效评价一般与收入等指标挂钩。财务部应结合市场部等部门，做好沟通工作，充分考虑新收入准则对企业收入、成本、费用等带来的影响，重新制订企业的预算及绩效评价体制，优化内部控制体系。与此同时，企业需要通过加强不同部门之间的沟通并将相应的变化汇集在一起提高响应能力，最终建立全公司一体化的绩效评价方式。

（五）提高财务人员的专业能力

新收入准则中收入的确认与计量涉及很多专业的判断。中国移动应该加强员工培训，提高专业判断力。可以从以下两个方面开展工作。第一，邀请有关专家为员工讲解新收入标准。员工可通过轮流学习、相互沟通，加强实践培训,定期评估指导方针,并将其与薪资绩效结合起来。第二,建立专门的监察审计部门,加强内部监督,坚决遏制收入操纵行为。

八、总结与展望

(一) 研究结论

新收入准则是各种资本市场和所有行业的确认标准,使同行业间的可比性加强,加深了列报披露的透明化程度,让理论框架更加完备。本文以中国移动为例,分析了公司当前的业务类型和捆绑销售业务、积分业务这两类典型业务,比较新、旧收入准则下这些业务类型的会计处理方法,并通过例子进行解释。

本文的分析表明,新收入准则对电信运营商的财务指标、收入结构、营销模式和公司管理产生一定程度上的影响。针对新收入准则对行业的影响,中国移动必须提前计划并准备应对挑战。从营销方案设计上,中国移动自营模式下的捆绑销售业务,建议推广购机赠话费业务,适当推出一些存话费折扣购机业务。针对奖励积分业务,建议多提供一些积分兑换通信服务的业务,适当提供一些积分兑换自有或非自有实物。从信息披露上,中国移动需要做好信息披露工作,加强与董事会及财务报告使用者的沟通。从预算和考核指标上,应联合各个部门,重新制订预算及绩效评价体制。在新、旧收入准则的衔接方面,中国移动应设立专题研究专家团队或咨询外部专业公司。在提高财务人员专业能力方面,中国移动应加强员工综合学习,提高专业判断力。

(二) 研究展望

2018年,新收入准则才开始正式实施,对于电信行业应用新收入准则的研究才起步。本文的研究也有缺陷之处:我国电信企业的业务类型多,合同种类多,而本文主要探讨了中国移动的典型业务,可能未触及其他电信企业的某些特殊业务。今后的研究中应探讨整个行业,尽可能全面地研究新收入准则下电信企业的业务类型,以便对其他企业产生借鉴作用。

新收入准则下对完美世界收入确认问题研究

任星蕾* 张钟方**

【摘　要】 自2020年1月1日起，早已在三年前进行了重大调整的新收入准则，如今终于迎来了它在上市公司全面启用的新时期。新收入准则对收入确认提出新调整，逐步向国际靠拢，这对大多公司来说是一个巨大改变，尤其是有互联网因素的游戏公司。由于其业务所独有的繁杂特质，且新收入准则对此类业务没有详细的确认体系，使各公司在确认过程中遇到了阻碍。本文通过对完美世界进行研究，指出新收入准则对其带来的影响，在一一分析原因之后，提出相对应的建议。

【关键词】 新收入准则；收入确认；完美世界

一、绪论

（一）研究背景

由于国家的大力扶持，政府颁布了许多新条令，推动了互联网的发展，同时互联网与我们的生活紧密相关。很多年轻人甚至赋闲在家的老年群体也开始感受网络游戏带来的乐趣。近年来，越来越多的网络游戏公司从中看到了商机，但是网络游戏公司的固有特性，如交易基于互联网、业务种类繁多、产品虚拟价格难以确定、盈利模式多种多样，使其收入的确认存在一定的难

---

* 任星蕾，女，会计硕士，研究方向：财务管理。
** 张钟方，女，会计硕士，研究方向：管理决策。

度。鉴于以上特性，不同游戏公司的收入确认方式不同，甚至同一个公司不同时间段内所采取的收入政策不同，这严重影响了会计信息的可比性。因此，对于在我国上市的网络游戏公司来讲，2020年正式开始采用新收入准则进行收入确认，在原本的收入确认方式就存在不统一的情况下，无疑是一个新的挑战。

（二）研究意义

1. 理论意义

在会计工作中，收入确认作为人们关注的热点话题一直备受讨论。与此同时，行业性质的差异决定了行业间收入确认方式的差别，所以，对于从21世纪初就加速发展且一直未有统一的行业收入准则的游戏行业来说，拥有一个合理的理论指导显得尤为迫切；另外，新收入准则只是更新了收入确认的标准及方法，将收入确认从风险报酬转移原则变为控制权转移原则，但是未对具体行业进行详细指导，使从业人员在实际工作中一头雾水。因此，在新收入准则的大背景下，研究游戏行业的收入确认能够对有关业务的理论研究进行一定程度的优化。

2. 现实意义

从最新的上市公司会计财务报告中可知，在新收入准则颁布后，许多公司出现了这样或那样的应用问题，如不结合实际业务照搬收入准则，披露不完全等。而网络游戏公司由于其鲜明的行业特点，业务多样，将新收入准则与业务相结合，灵活地进行收入确认变得十分重要。一个公司的会计信息质量是其他投资者衡量是否进行投资的重要依据，因此健全公司的收入确认方式对提高会计信息质量有重要意义。通过研究此案例可以提高网络游戏公司会计信息的准确性、可比性与相关性，从而促进其行业规则完善，进而帮助市场健康长远发展。

二、文献综述与理论基础

（一）文献综述

1. 国外研究

国际财务报告准则一直在对收入部分进行不断的完善，帕提亚·麦康奈尔（Particia）（2014）指出，企业应该根据与客户订立的合同，确认企业收入的金额和时点，从而达到让不同公司和行业的会计信息更具可比性的目的。❶ 对于销售虚拟产品，德勤会计师事务所（2013）提出更应将虚拟物品的销售视作对玩家提供服务而非销售商品。❷ 随后，托马斯（Thomas）（2016）提出，由于虚拟资产在销售的过程中的控制权并没有发生实质性的转移，因此网络游戏公司可以反复生产并使用。❸

2. 国内研究

关于网络游戏公司收入确认这方面的理论研究，我国尚处于萌芽阶段，直至近几年互联网时代下网络游戏产业的兴起，才在这方面有了一些理论研究成果。雷娟等（2016）认为，网络游戏公司应恰当估计虚拟货币消耗，尤其是在游戏经营期间生成的。❹ 刘阳（2018）认为，玩家在游戏中购买道具属于同时享受娱乐服务和拥有虚拟资产行为，且两者不可分割，因此网络游戏公司销售虚拟道具取得的收入应该按照成本法进行分配，游戏体验服务合同收入在游戏存续期内均匀确认。❺

（二）新、旧收入准则对比

1. 收入确认时点

旧收入准则中指出要分别确认不同形式的收入，商品在销售时，需要购买者取得购买物所有权的主要风险和报酬，同时确认收入，但是在现实情况中有时不容易判断。新收入准则的收入确认时点由风险报酬转移改为控制权转移，使企业在履行合同义务，也就是购买方取得商品的控制权时确认收入，以便科学合理地体现收入确认的过程。

2. 履约义务

虽然旧收入准则中有关于奖励积分的会计处理，但并不具体，不能满足实际的操作需求。新收入准则对此项会计处理给出了更为完善的指导意见，

---

❶ PARTIEIA M. C. Revenue Recognition: Finally, a Standard Approach for All [J]. Accountancy Ireland, 2014, 48（34）：29-33.

❷ Technology Spolight: Recognizing Revenue From Sales in a Virtual World [R]. Deloite, March, 2013.

❸ THOMAS K, MICHELE M. F, STEPHEN R. M, et al. Developments in accounting regulation: A synthesis and annotated bibliography of evidence and commentary in the 2014 academic literature [J]. Research in Accounting Regulation, 2016（11）：281-283.

❹ 雷娟，陈宏刚，陈娟. 探析网络游戏中虚拟货币销售收入的确认 [J]. 会计之友，2016（19）：42~45.

❺ 刘阳. 新收入准则下网游企业的收入确认问题 [J]. 财会研究，2018（6）：36-39.

操作性更强。它要求企业应该在合同开始日就进行评估，确定合同中包含的履约义务❶，并根据每项履约义务承诺的商品或服务的相对独立的销售价格，将交易价格分摊到每项履约义务中，然后履行每项履约义务时确认对应的收入。

3. 五步法模型

我国新收入准则将收入的确认与计量分成了五步进行：识别合同、识别单项履约义务、确定交易价格、分配交易价格、确认收入，见图1。

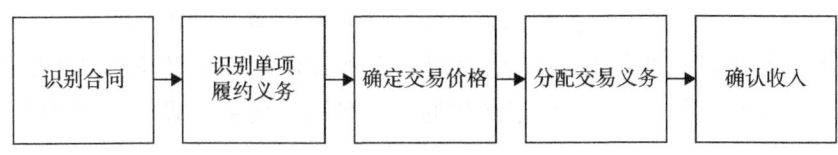

图1　五步法模型

资料来源：新收入准则

三、国内网络游戏公司现状

(一) 网络游戏公司概况

网络游戏市场的持续扩张，使游戏种类相较于发展初期增多不少。分类方式不同，网络游戏种类的名称也不同，游戏种类增多使得收入确认方式也得做出相应的改变，见表1。

表1　网络游戏分类

网络游戏种类	网络游戏玩法
即时战略类（MOBA）	玩家在游戏中被分成两队，在设定的地图中进行小队对抗，竞争中通常会购买装备道具等
角色扮演类（RPG）	即角色扮演游戏，玩家以一个或多个角色的视角进行游戏，有完整故事线，可享受沉浸式体验
策略类	玩家运用智慧同其他玩家进行对抗，以取得游戏中阶段性胜利
动作类	玩家通过熟练掌握动作技巧操作角色消灭敌人，游戏大多更重视动作快感

资料来源：百度百科

---

❶ 晏天. 新收入准则下的网游企业收入确认研究 [D]. 湖北：武汉纺织大学，2018.

（二）网络游戏公司运营模式

伴随着年轻人更加追求精神娱乐的生活方式，网络游戏市场也逐步走向成熟，大量的游戏开发商和运营商也应运而生。目前我国大部分网络游戏公司的运营模式分为自主运营、联合运营和授权运营三种。

1. 自主运营

自主运营指网络游戏公司同时担任开发商和运营商两种角色，公司独立开发、经营游戏，拥有自主的知识产权。其业务范围包括开发新游戏、维护历史版本并负责将产品推向市场，另外还兼顾提供游戏云服务器和运营服务的角色。在此种模式下，由玩家产生的支付费用可直接全部归属于网络游戏公司。

2. 联合运营

联合运营模式下，网络游戏公司除担任游戏开发商外，还要与其他运营公司一起承担游戏运营业务。一般情况下，网络游戏公司会优先选择汇聚大量活跃用户的应用商店，这类平台可短时间内使公司资金快速回流。此时，网络游戏公司的业务虽然与自主运营模式下一样，但是可以将更多的精力分配到网络游戏开发设计本身。

3. 授权运营

一些网络游戏公司无力承担网络游戏运营服务费用，因此将网络游戏的运营服务外包给第三方运营公司，授权其他公司在一定权限内营运旗下网络游戏，这种形式被称为授权运营模式。该模式下，网络游戏公司只负责对网络游戏进行开发、维护和更新，运营期间获得的利润收入与第三方运营公司按照合同约定分成。

（三）网络游戏公司收入来源

1. 虚拟商品收入

大部分网络游戏为免费模式，玩家可以免费下载、注册、参与游戏，或者只需要缴纳很少的费用下载，此时公司的收入基本来自玩家在游戏中购买的虚拟装备和道具。在游戏中，玩家根据游戏剧情需要或者与其他玩家交互需要，购买道具提升游戏相关体验。玩家需要用游戏币购买道具，利用游戏内的商城进行游戏币充值后购买道具。

2. 沉淀收入

大量的网络游戏开发商涌入市场，网络游戏产品更新换代速度快，"人民币玩家"可能未花完充值的虚拟货币便转投他家，那么玩家在之前游戏账户中留存的虚拟货币就会变成沉淀收入。借鉴会计的重要性原则，单一玩家存在的沉淀虚拟货币并不是很多，网络游戏公司便可暂不对这部分虚拟货币进行收入确认，直至网络游戏关闭服务器。

3. 授权费收入

授权收入主要来自两个方面：使用费收入和劳务收入。使用费收入为对知识产权或者著作权，外部运营商使用了公司的游戏给出的使用费。有的授权公司是根据协议必须提供所要求的游戏软件开发（如国外游戏国内运营），有关这类的授权，授权公司需要持续向运营商提供一些改版服务，在运营公司验收合格之后才能运营，授权公司得到的收入来自其提供的相关游戏软件开发服务，即针对其劳务支付的劳务费收入。

四、完美世界收入确认的案例分析

（一）完美世界的基本情况

1. 公司简介

完美世界（北京）网络技术有限公司（简称"完美世界"）早在2004成立就宣布自主研发出了3D引擎，将传统经典书目《山海经》的内容与先进技术结合，二者相得益彰，游戏一经推出就广受好评。2007年，完美世界在美国成功上市，一年后成立完美世界影视，并成功登陆A股市场，改名为"完美环球娱乐股份有限公司"。2016年更名为完美世界股份有限公司。

2. 公司的经营范围

完美世界作为集游戏开、运、发于一体的上市公司，产品在上百个国家和地区畅销，不仅将高品质的娱乐服务于数以万计的用户，还将中华文化的内涵以游戏的方式让海外熟知。它拥有《诛仙3》《梦间集》《面条人》等移动网络游戏。完美世界游戏运营模式主要包括自主运营、游戏平台联合运营及授权第三方公司运营。

3. 公司收入构成

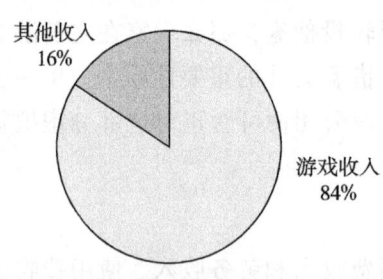

图2 2019年完美世界营业收入占比

数据来源：同花顺iFinD数据

根据对完美世界披露的2019年年报数据，2019年完美世界的收入构成见图2。

从上图中可以看出，完美世界的收入绝大部分都来自游戏收入，且其中的构成来源主要是玩家付费，采取的是虚拟道具收费模式，在道具生命周期或玩家游戏周期内，玩家通过购买游戏币换购游戏中的道具并提升其等级来获得服务。另外一部分来自游戏周边产品收入，一些游戏发烧友出于对该款游戏的极度热爱，购买欲便会从虚拟产品转为现实产品，在完美世界的商城中买一些该款游戏周边产品，如以DOTA2为主题的游戏手办、服饰和生活用品等。

（二）新收入准则下完美世界收入确认分析

1. 账户充值

不少玩家在进入游戏之后会陷入公司设下的游戏升级套路，经受不住快速升级及高等级权益的诱惑而对自己的账户进行付费充值。完美世界游戏的充值设定流程见图3。

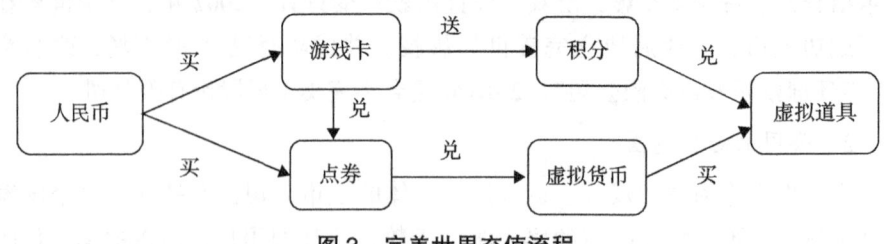

图3 完美世界充值流程

资料来源：完美世界公司官网

玩家在完美世界的游戏中进行充值，都要以银行卡、支付宝或微信的方式购买游戏卡和点券，以此来获取积分或虚拟货币，最后才能获取游戏道具。玩家在进行第一步购买时并不确认收入，直到最后一步取得虚拟道具时才能确认。其中，在充值游戏卡赠送积分时将其确认为递延收益，待玩家兑换时才将其公允价值进行分期摊销,最终确认收益;若积分的公允价值不能确定,则采用比例法计算。例如,游戏《诛仙3》中,充值20元可额外奖励10积分,相当于每1元可换0.5积分,则积分的公允价值为20×10/(10+20)=6.67元。

2. 虚拟道具

完美世界在《诛仙3》游戏中设置的虚拟道具主要分为三类:礼包、时装及宠物。礼包中又包含玩家进阶所需的限制性材料,只有满足一定等级要求才能使用。一般来说,虚拟道具应在换购时就确认收入,但不同道具确认方式存在差异,有些虚拟道具可能不会在购买换购之后立刻消耗完毕,时装和宠物就属于此列;礼包中的部分进阶材料(灵玉)在进阶时就即时消费,部分材料(魔血)则是分次使用。因此我们分为两类解析,具体情况见表2。

表2 虚拟道具收入确认分类

道具分类		确认方式
消耗型	单次型	购买道具时直接计入"主营业务收入"
	多次型	购买时,计入"递延收益" 消耗时,计入"主营业务收入"。次数限制型按次数确认,时间限制型按直线摊销法确认
耐久型		按周期摊销确认

资料来源:自制

3. 虚拟产品促销

完美世界为了吸引玩家,鼓励玩家购买更多的虚拟产品,会定期采取一些促销手段,根据促销手段不同,可分为三种方式,见表3。

表3 不同促销方式收入确认

促销分类	确认方式
充值赠送	先计入递延收益,后期在玩家使用积分换购道具时,再按照积分的公允价值确认虚拟道具收入
捆绑销售	销售周边的同时会随商品赠送道具,对于赠送的道具按照普通销售方式在玩家使用时确认收入
限时打折	按照折扣后价格确定销售收入

资料来源:自制

由五步法模型可知，完美世界第一步要做的就是要预估活动后合同价格是否会发生变化，若合同价格发生了变化，应当要按照变化后的价格确认产品收入。对于满赠促销活动赠送的虚拟道具，原合同出现了新的履约义务，此时完美世界应重新估计价格，并将用户充值金额按比例分摊到其中。

4. 授权收入

这种运营方式下，完美世界允许第三方公司运营游戏，首次会收取一次初始款项，要求在合同约定的有效期内确认；后续运营期内，完美世界将提供后续服务，收入按约定的收款时间、金额及收费方法分期确认。对于要求不提供后续服务的，收入在满足合同约定的收款条件时一次性确认。

5. 游戏周边收入

完美世界游戏除了以上几种方式的收入外，还包括通过完美商城及第三方电商平台天猫旗舰店销售周边商品的收入。例如，一些游戏发烧友在商城中购入 DOTA2 的手办和衣物等用品时，可以看作普通销售行为，按一般商品的销售进行确认，对售出周边进行计量，计入主营业务收入。

(三) 完美世界收入确认存在的问题

1. 收入确认差异加大舞弊风险

新收入准则更加强调履约义务和控制权，这成为完美世界在出售耐久型使用道具和消耗型使用道具时，进行收入确认的明确依据。对于耐久型道具而言，公司需要在玩家使用道具的时候提供服务，也就是公司有履约义务；但是耐久性道具玩家可以一直用，公司对自己的履约义务完成与否就不得而知，这种情况下，公司就可以根据玩家的使用寿命或游戏的寿命来对其收入进行确认。而消耗型道具的次数和使用期限都能够准确掌握，公司能够据此优化企业的收入确认过程。收入确认方式的差异也影响了会计报表信息，降低了其可比性，增加了财务舞弊的风险。

2. 沉淀收入的确认与真实情况不符

依据新收入准则，游戏过程中产生的沉淀收入，能够等到游戏终止时再一起确认。但从以上可知，在游戏停止运行时确认沉淀收入，会一次性为企业带来许多收入，甚至远远超过前几个月的金额。但一般规律来说，游戏包含一个运营周期，而在运营终止时，它已经进入到了衰退期阶段，这种情况下，游戏收入递减，并于最后一个月减少到最低点。所以若是在游戏运营结束时进行收入确认,将导致报表中披露的会计信息和公司实际业务情况有所出入,从而不能为相关人员提供所需要的准确可靠的信息。

3. 促销活动影响公允价值判断

完美世界利用充值赠送、捆绑销售、限时打折等方式吸引玩家,但由此导致的结果便是虚拟产品的公允价值在这些活动中产生了变化。完美世界应提前分配好促销品的公允价值,从而在后期能够更加准确地对促销品进行收入确认。由于活动中玩家自己充值金额与被赠送物品之间可能会出现重复和交叉,公允价值不能清楚地确认,因此怎样准确衡量赠予的积分、虚拟货币和道具价值,已经成为一个亟待解决的问题。

(四) 完美世界收入确认问题原因分析

1. 虚拟道具具有特殊性

虚拟道具大多需要玩家利用购买的网络游戏公司发行的虚拟货币换购取得,其存在于游戏程序之外,流通市场具有很强的独立性与局限性,正是这种与传统方式不同的特殊交易模式增加了虚拟道具的确认难度。而且目前网络公司虚拟商品的定价依据信息都是靠技术人员和研发人员提供,没有客观依据。并且每个企业对于会计准则的理解并不完全一致,不同的网络游戏公司在实务中都会偏向利于自己的一方选择虚拟道具的收入确认方式,这将导致会计信息缺失现象。

2. 沉淀收入易被忽略

在新收入准则中,网络游戏公司在出售虚拟货币之后还需要履行后续义务,公司可能认为,用户最终使用的虚拟货币金额,与实际用来购买游戏道具的数据大致相同。出于对会计信息重要性与及时性的考量,一般不处理其沉淀收入。但实际上,游戏过程中会出现虚拟货币剩余,这一定程度上是因为网络游戏公司设定的虚拟道具定价让虚拟货币不能充分使用,而且虚拟货币一般不允许退款,借此形成一种隐性收入。

3. 促销产品公允价值不易确定

原收入准则规定,对于消费足够金额进行激励、赠送积分的业务,可以按公允价值分摊收入。然而在实际中,公允价值不易被衡量,无论是购买的还是奖励的,虚拟道具都仅在特定的游戏中存在,由运营商制定价格并执行交易,一般来说不允许玩家私下进行交易。由此看来,定价存在着很大的不确定性,因此很难确定交易价格的公允性,这也对使用公允价值计量奖励积分造成了较大的困难。而且前期完美世界就将一些虚拟道具的收入确定了,就不再对于奖励的服务进行会计处理。

五、对网络游戏公司收入问题的建议

(一) 提高财务人员职业能力

网络游戏公司会计处理的灵活性在新收入准则实施后大大增加,企业的财务人员只有不断学习新的财务知识才能跟上社会发展的脚步。个人履约义务、单独销售价格和分销交易价格的确定都需要较强的会计能力。网络游戏公司应将长远发展纳入考虑范围,邀请专家举行会计培训,让财务人员更加深刻地理解新收入标准的内容和范围,激发他们的学习热情。此外,财务人员只有不断主动学习,才能及时完善财务知识体系,增强职业道德。

(二) 减小沉淀收入的误差

网络游戏公司应该建立合理的制度,定期公布沉淀收入数据。这样可以根据玩家的历史数据合理预测玩家放弃游戏的时间点,从而确认沉淀收入。但是此举可能不会保证预测完全正确,这就要求公司对玩家的历史记录进行详尽有理的分析,使其能够表示出该游戏未来的经营情况。因为这种方法需要进行预测和估计,难免会出现一些误差,但这种误差通常不会太大,公司可以在游戏终止运营后调整相应的误差。处理误差时,应该将确认多的沉淀收入,重新转为主营业务收入,并冲销已经确认的营业外收入,将没有确认的,按照实际发生额补记成营业外收入。

(三) 合理计量促销产品价值

如果产品进行满赠促销活动,对于用户自己付费然后被赠予的虚拟产品,公司应当先分别计算,进而分别确认为递延收入和销售收入。因为虚拟货币本身就是用来表示虚拟道具在游戏中所代表的价值,因此可以通过虚拟货币分摊交易价格来确定公允价值。普遍情况下,公司对于不同的虚拟产品,通常采用捆绑销售方式促销,这种情况下,应当在产品之间合理分配交易价格。公司在进行分配之前,应当考虑这些产品是否在平时的交易中单独出售,并识别出那些单独要素,将公允价值根据所需要的虚拟货币比例进行分摊。

六、结语

未来,互联网给生活带来的影响日益加深,而互联网游戏也跨越年龄层级与越来越多的人息息相关,由此导致网络游戏公司相继成立。但大部分网络游戏公司还处于成长阶段,公司间规模与实力相差悬殊,缺乏统一的行业标准,无据可依,使得会计信息质量大打折扣,而财务舞弊行为也有机可乘。基于目前状况,本文着眼于新收入准则下游戏行业的收入确认问题,从现有理论入手,利用五步法模型,明确网络游戏公司不同情况下确认的时点和模式。提出增强相关人员职业素养,健全规则制度,准确衡量公允价值的建议,以此规范新收入准则在游戏行业的执行,维护市场健康持久发展。

股权激励及优先股

限制性股票激励计划的会计处理研究
——以力帆实业为例

夏如意[*]

【摘 要】 随着知识经济的兴起，人力资本在企业中的重要地位不断凸显，尤其是掌握核心技术的创新型人才和拥有企业管理能力的人才越来越受到企业的重视。为了留住和激励核心人才，也为了化解两权分离的利益冲突，近些年，股权激励机制在企业中得到广泛的应用。基于我国的国情和经济状况，相较于股权激励，限制性股票激励在我国企业中的优势更加明显，所以我国股权激励的方式逐渐从股票期权激励向限制性股票激励转变，从而限制性股票的会计处理问题开始被广泛关注。但是目前我国会计准则对股权激励的会计处理规范还不够完善，导致企业在实务处理中的自主性较大。

本文以力帆实业的限制性股票的会计处理为研究对象，通过阅读整理国内外有关限制性股票会计处理的研究成果、相关理论研究和我国现行的会计准则规定，再结合力帆实业在限制性股票的授予日、收到出资款日、等待期及发放现金股利时的实际会计处理，发现力帆实业在限制性股票的会计处理上还存在一些问题。究其原因是会计准则和相关的法律法规不够健全，于是针对建立健全我国的股份支付准则提出了两点建议，希望能为股份支付准则的完善提供些许思路，为上市公司规范限制性股票会计处理提供参考。

【关键词】 股权激励；限制性股票；会计处理

---

[*] 夏如意，女，会计硕士，研究方向：财务管理。

一、引言

两权分离是现代企业结构的一个重要特征，股东出资成立公司，而后将公司的经营管理权交给更专业的管理人员。所有权和经营权分离一定程度上突破了传统企业的成长界限，保障了现代企业能够快速发展，但是这种分离体系也为公司治理带来了诸多问题。所有者和管理者之间是委托代理关系，但是二者的目标始终不能完全达成一致，因为管理者不享有公司剩余利润的分配权，付出和回报不成正比，这种利益冲突在现代企业制度下日益凸显。为了缓解这种利益冲突，所有者开始采取一系列措施来激励管理者，协调自己与管理者的目标，直到股权激励制度的产生，才真正将所有者和管理的目标统一起来。

2018年由于A股市场不景气，沪深两市的上市公司纷纷通过股票回购来"护盘"。在公告回购预案的789家上市公司中有26家明确回购用途为股权激励。同年10月26日新《中华人民共和国公司法》出台，其对股权回购的相关规定盘活了股权激励的股份来源形式，增加了股权激励方案的灵活度。《中国企业家价值报告（2020）》指出从2009年到2018年，公告股权激励的实施一直呈现稳步增长的态势，2017年和2018年的405个和409个公告数更是创下历史新高。十多年的实践足以说明股权激励机制确实能在一定程度上帮助企业延长持续发展的期限。股权激励一般是通过限制性股票或者股票期权这两种方式来实现❶，那么究竟选择何种方式是上市公司进行股权激励首先需要考虑的问题。其实在20世纪90年代，美国绝大部分上市公司都选择使用股票期权，但是受到安然事件的影响，大家开始重新审视股票期权的不足。《中国企业家价值报告（2020）》中还提到2019年公告的337个股权激励计划中，有超过一半的计划选择使用限制性股票，可见我国上市公司更倾向于采用限制性股票来进行股权激励。近几年，上市公司对股权激励的关注度持续攀升，本文也将在这样的宏观环境及现实背景下，对限制性股票这一重要股权激励方式进行研究。

无论是理论研究还是实践检验都证明股权激励制度是一种在提升企业价值方面非常有用的制度，由于其在美国和欧洲出现的时间远远早于我国，所

---

❶ 欧阳小明，陈敏，傅伯文. 股权激励中限制性股票与股票期权对比分析［J］. 会计之友，2017（6）：20-23.

以其与此相关的理论和实践经验相较于我国都要丰富很多。在我国，股权激励制度还属于一种新的公司治理手段，更是一种新的激励机制。但是随着股权激励制度的优势不断凸显，越来越多的上市公司切实感受到股权激励带来的好处，都开始"跃跃欲试"。由于股权激励制度来自美国，我国上市公司在借鉴和引用时要结合我国的国情和相关法律法规，制定真正适合企业自身的股权激励制度，这样才能发挥股权激励制度的最大优势，为企业提升经营业绩提供帮助。企业推行股权激励制度带来的最直接的一个问题就是如何做会计处理，通过在知网查阅相关文献后发现，我国目前对于股权激励的研究主要集中在讨论股权激励实施后的效果及股权激励实施方式的对比上，对限制性股票的会计处理的研究特别是以案例限制性股票形式进行的研究相对较少。本文将在国内外学者研究的基础上，对限制性股票的相关理论进行研究，并以力帆实业（集团）股份有限公司（简称"力帆实业"）为案例进行具体的会计处理研究，这将丰富限制性股票激励计划的研究，同时也能为其他采用限制性股票激励计划的企业提供实践参考。

二、文献综述

股权激励的会计处理的争议点主要在于股权激励是确认为费用还是确认为利润分配，一部分学者认为"股权激励作为职工薪酬的一部分，应该费用化"（Guay，Kothair，Sloan，2003），另一部分学者则认为经理人股票期权是经理人在达到股东制定的附加条件后，对企业利润享有分配权进而对企业利润的分享（谢德仁，刘文，2002）。❶ 其实，美国会计准则的制定者早在20世纪50年代就提出应该将股票期权确认为费用，但是因为计入费用会降低企业利润，所以很多企业都不赞成此种做法，而是将股票期权放在财务报表外进行披露，但是这种处理方式会导致企业的利润表的质量下降。为了解决这一问题，财务会计准则委员会（FASB）在1995年发布的财务会计准则公告第123号（SFAS123）中明确表示将股票期权确认为企业的一项费用，进利润表。但即使是这样，学术界关于股权激励的会计确认问题的争论依然没有停止。针对股权激励的会计处理，我国会计准则的相关规定与国际会计准则是趋同的，在2006年出台的《企业会计准则——第11号》（以下简称"股份支付准则"）中明确规定将其计入相关成本或费用。

在限制性股票这一激励方式的确认和计量方面，刘潞芳（2013）通过对

---

❶ 谢德仁，刘文. 关于经理人股票期权会计确认问题的研究 [J]. 会计研究，2002 (9)：25-30.

沪深两市56家实施股权激励上市公司进行描述统计后发现，限制性股票实践中的授予日与准则规定的授予日的界定存在差异。❶ 股份支付准则规定的授予日为协议获股东大会或类似机构批准之日，而实践中绝大部分公司将股东大会通过股权激励计划后的一个月内不同于授予日的日期作为授予日。高静静（2011）表示我国股权激励应当保持公允价值的运用，与国际会计准则趋同。❷ 应唯（2016）结合我国企业会计准则的第7号、第34号、第11号和第37号对限制性股票这一股权激励方式在授予日、等待期和解锁日的会计处理进行了全面分析，对当我国实务中产生的特殊问题在国际准则规定中无法得到对应时应该如何进行会计处理，以及限制性股票这一特殊会计事项在第37号金融工具相关准则和第11号股份支付准则中的计量原则的不一致提出思考。❸

三、限制性股票激励计划的相关理论基础❹

（一）委托代理理论

委托代理理论认为，随着社会化分工越来越明确，企业所有者的知识水平、能力和精力不足以支撑其承担企业的所有管理，需要专业人士来代为管理。但是在委托代理关系中，委托人的目标是以最低的成本让代理人为股东创造最大的利润回报，而代理人的目标是提高自己的工资薪酬、个人声誉、社会地位等，也就是说委托人追求的是公司的长远发展，而代理人追求的是短期的个人收益，在这种近乎矛盾的目标前提下，代理人很可能做出短视行为。限制性股票激励计划在一定程度上可以统一二者的目标，让二者的利益相关，从而减少代理人的短视行为，让其更关注企业的长期收益。

（二）人力资本理论

人力资本理论认为，只有将物质资本和人力资本结合起来考虑才能促进公司高效有序地发展下去，并且随着知识经济时代不断深化，人力资本在现代企业的经营管理中发挥越来越显著的作用。限制性股票激励计划就是经营者拥有人力资本的直接体现。限制性股票激励计划是一种长期激励手段，得

---

❶ 刘潞芳. 股权激励会计处理研究［D］. 北京：财政部财政科学研究所，2013.
❷ 高静静. 中国上市公司股权激励会计问题研究［D］. 长春：吉林大学，2011.
❸ 应唯. 浅析授予限制性股票股权激励计划的会计处理［J］. 中国注册会计师，2016（1）：97-102.
❹ 肖丹. ZJ公司限制性股票激励案例研究［D］. 南昌：南昌大学，2020.

到限制性股票的经营者会因为自身利益与所有者利益趋于相关，目标与所有者趋于一致，从而使其做出更少损害企业长期利益的事。这种激励人力资本的制度会产生一定的成本，但是由人力资本带来的收益会更大，并且这种激励制度对没有得到限制性股票的员工也会形成一种潜在的激励。

(三) 激励理论

激励理论中的马斯洛需求理论认为人的需求是有层次的，并且是由低到高进行满足的，要起到激励作用就必须施以比已满足需求层次更高层次的需求激励。并且能够发现越高层级的需求越需要综合复杂的内部条件才能得到满足。激励理论中的双因素理论认为满足"保健因素"只能消除员工的不满情绪并不会让员工产生积极的工作态度，而满足"激励因素"才能调动员工工作的热情。并且后者要在保证前者得到满足的情况下，对员工的需求进行针对性的激励才能起到激励作用。激励理论中的成就需要理论则认为满足员工成就需要的两大关键要素是一项工作满足员工需求的程度及员工能够完成这项工作的可能性，也就是说合理分配任务和适当目标设定是达到激励目的的关键。

四、力帆实业限制性股票激励计划会计处理分析

(一) 力帆实业简介

力帆实业于 1992 年在重庆成立，当时的注册资本为 450 000 万元。在经过历年的增发新股、配售新股、股权激励和转增股本等后，到 2020 年 6 月公司的注册资本为 130 683.9379 万元。公司的主营业务是研发、生产和销售乘用车（包括新能源汽车）、摩托车、发动机及通用汽油机等，同时也涉足金融投资领域。2010 年 11 月 25 日，力帆实业以我国民营乘用车第一股的身份登陆 A 股。力帆实业最早的主营业务是研发摩托车发动机及摩托车的组装和制造，我国第一个四冲程 100 型发动机就是由力帆实业于 1994 年开发出来的，成为我国摩托车行业第一块里程碑。但是随着摩托车行业的竞争日益激烈，获利空间不断缩小，创始人尹明善开始从单一摩托产品向汽摩产品综合发展转型，该战略的实现以 2006 年"力帆 520"的正式投入落下帷幕。力帆实业在发展过程中也非常重视开拓与占领海外市场，截至 2017 年，已经成功进入

83个国家和地区,在全球范围内共设立400多个网点和数个海外汽车生产基地。❶ 但是随着全球经济下行、出口国汇率贬值、消费者需求减弱、同行业竞争压力大等一系列因素的影响,力帆实业近几年的经营状况不容乐观。此外,在2016年还被指出2015年违规申报财政补助金1.14亿元,因此力帆实业被取消财政补助金预拨资格并处以罚款,自此开始陷入财务困境。根据力帆实业的财务报表显示,截至2019年年末,公司的负债总额达到165.73亿元,同时,公司在2016年到2019年这4年间共进行了37次股权质押。

(二) 力帆实业限制性股票激励计划概述

力帆实业分别在2013年和2017年实施了限制性股票激励计划,两次激励计划的会计处理方式一致,所以本文仅介绍最近的2017年限制性股票激励计划的相关情况。

1. 限制性股票计划分配情况

根据力帆实业的限制性股票授予结果公告,此次激励计划向646名激励对象首次授予限制性股票7 121万股,授予价格为人民币4.33元/股。后因授予日后有10人放弃认购,另有5人调减认购所授予的限制性股票100.4万股,公司此次激励计划最终授予情况见表1。

表1 2017年力帆实业限制性股票获授对象名单和授予情况

项目	姓名	职务	获授限制性股票数量/万股	占限制性股票总量比例/%	授予时总股本比例/%
一、董事、高级管理人员					
1	陈卫	副董事长	100	1.27	0.0796
2	王延辉	副董事长	40	0.51	0.0318
3	陈雪松	董事	40	0.51	0.0318
4	谭冲	董事	50	0.63	0.0398
5	牟刚	总裁	100	1.27	0.0796
6	杨波	常务副总裁	90	1.14	0.0716
7	马可	副总裁	90	1.14	0.0716

❶ 王飞亚. 限制性股票激励计划的会计处理及财务影响 [D]. 成都:四川师范大学,2020.

续表

项目	姓名	职务	获授限制性股票数量/万股	占限制性股票总量比例/%	授予时总股本比例/%
8	沈浩杰	副总裁	45	0.57	0.0358
9	董旭	副总裁	45	0.57	0.0358
10	倪鸿福	副总裁	55	0.70	0.0438
11	杨骏	副总裁	50	0.63	0.0398
12	郝廷木	副总裁	90	1.14	0.0716
13	汤晓东	董事会秘书	90	1.14	0.0716
14	叶长春	总会计师	90	1.14	0.0716
小计		14 名	975	12.34	0.7884
二、其他激励对象		622 名	6 045.6	76.53	4.8888
三、预留股份		—	879	11.13	0.7108
合计		636 名	7 899.6	100	6.2877

数据来源：力帆实业 2017 年限制性股票激励计划授予相关事项公告

2. 限制性股票解锁时间安排

力帆实业这次激励计划首次授予的限制性股票的解锁时间见表2。

表2 2017年力帆实业限制性股票解锁时间安排

解锁期	可解锁时间	可解锁限制性股票比例
第一个解锁期	授予日（T 日）+12 个月后的首个交易日起至授予日（T 日）+24 个月内的最后一个交易日止	40%
第二个解锁期	授予日（T 日）+24 个月后的首个交易日起至授予日（T 日）+36 个月内的最后一个交易日止	30%
第三个解锁期	授予日（T 日）+36 个月后的首个交易日起至授予日（T 日）+48 个月内的最后一个交易日止	30%

数据来源：力帆实业 2017 年限制性股票激励计划授予相关事项公告

预留部分的限制性股票具体解锁安排见表3。

表3 2017年力帆实业限制性股票解锁时间安排

解锁期	可解锁时间	可解锁限制性股票比例
第一个解锁期	预留的股份登记完成日（T日）+12个月后的首个交易日起至授予日（T日）+24个月内的最后一个交易日止	50%
第二个解锁期	预留的股份登记完成日（T日）+24个月后的首个交易日起至授予日（T日）+36个月内的最后一个交易日止	50%

数据来源：力帆实业2017年限制性股票激励计划首次授予结果公告

3. 限制性股票解锁条件

对公司财务报告和激励对象的要求，每个公司都是按照我国法律法规的规定来设定的，在此不作赘述，本文的限制性股票解锁条件专指对公司和激励对象个人业绩方面的要求。

①公司层面业绩要求。

首次授予限制性股票的各年业绩考核目标见表4。

表4 2017年力帆实业限制性股票授出业绩要求

（以2016年归属于上市公司股东的净利润为基数）	扣除股份支付费用影响后归属于上市公司股东的净利润增长率
2017年（第一个解除限售期）	不低于100%
2018年（第二个解除限售期）	不低于200%
2019年（第三个解除限售期）	不低于300%

数据来源：力帆实业2017年限制性股票激励计划草案

本激励计划预留授予的限制性股票若于2017年授出，各年度业绩考核目标同表4；若于2018年授出，各年度业绩要求见表5。

表5 2018年力帆实业限制性股票授出业绩要求

（以2016年归属于上市公司股东的净利润为基数）	扣除股份支付费用影响后归属于上市公司股东的净利润增长率
2018年	不低于200%
2019年	不低于300%

数据来源：力帆实业2017年限制性股票激励计划草案

②激励对象的绩效考核要求。

在限制性股票可解锁日前,以激励对象上一年度绩效考评结果为依据,将其划分为 A（95~100 分）、B（85~95 分）、C（70~85 分）、D（60~70 分）、E（60 分以下）五个等级,并对这五个等级分别赋予"1.0""1.0""0.9""0.8""0"系数,除了个人绩效是 E 等级,其他等级均可解锁。并将本期可解锁额度上限乘以赋予的个人绩效考核系数的结果作为激励对象各批限制性股票实际解锁的数量。

4. 限制性股票计划实施情况

通过力帆实业的限制性股票的公告与其财务报告可以了解到,第一、第二两个解锁期均满足了解锁条件,成功解锁。不过,根据 2019 年公司披露的财务报告可以预见,公司第三解锁期的业绩目标没有实现,故解锁失败。本次限制性股票激励计划业绩情况见表 6。

表6 第一次限制性股票激励计划业绩情况

项目	2016 年	2017 年	2018 年	2019 年
归属上市公司股东净利润/万元	8 260.18	17 054.01	25 297.20	-468 208.24
增长率/%	—	106.46	206.25	-5 768.26

数据来源：根据力帆实业 2016—2019 年年度财务报告整理所得

(三) 限制性股票激励计划会计处理分析

1. 力帆实业的会计处理（分录金额单位均为万元）

(1) 授予日。

2017 年 9 月 5 日为授予日,但是因为没有立即行权,所以不做会计处理。

(2) 收到激励对象的出资款时。

根据力帆实业截至 2017 年 10 月 11 日披露的认购资金可知,公司 14 名董事、高级管理人员和 622 名关键岗位员工以货币资金缴纳出资额 30 407.17 万元,其中 7 020.60 万元入股本,余下的 23 386.57 万元中 23 378.60 万元增加资本公积——股本溢价,多缴的约 7.97 万元,验资完成后退还给激励对象。用会计分录表示（本文会计分录单位均为万元）：

借：银行存款　　　　　　　　　　　　　　　　30 407.17
　　贷：股本　　　　　　　　　　　　　　　　　7 020.60
　　资本公积——股本溢价　　　　　　　　　　23 378.60
　　其他应付款　　　　　　　　　　　　　　　　　　7.97

根据最新的《企业会计准则第 22 号——金融工具的确认和计量》（以下简称"金融工具准则"），金融工具合同的一方承担相应义务时确认金融负债。出于谨慎性考虑，应假设授予的所有限制性股票都不能达到解锁条件，公司要回购全部股票，全额确认这项回购义务。所以在会计上除了根据收到货币资金增加股本和股本溢价外，还应该做收购库存股的会计处理，确认负债。❶ 用会计分录表示：

借：库存股　　　　　　　　　　　　　　　　　30 399.20
　　贷：其他应付款——限制性股票回购义务　　30 399.20

根据力帆实业预留部分的授予结果公告可知，由于 25 人放弃认购，另有 4 人调减认购所授予的限制性股票，所以原计划预留的限制性股票 879 万股调整为 814.5 万股，授予价格为 2.87 元/股，未授予的预留限制性股票作废。截至 2018 年 10 月 7 日，公司收到 213 名激励对象 2 337.62 万元出资款，其中 814.50 万元新增股本，1 523.12 万元增加资本公积——股本溢价。用会计分录表示：

借：银行存款　　　　　　　　　　　　　　　　 2 337.62
　　贷：股本　　　　　　　　　　　　　　　　　　814.50
　　资本公积——股本溢价　　　　　　　　　　 1 523.12
借：库存股　　　　　　　　　　　　　　　　　　2 337.62
　　贷：其他应付款——限制性股票回购义务　　　2 337.62

（3）锁定期和解锁期。

公司限制性股票的单位成本为授予日股票的公允价值与授予价格之差，行权数量按照锁定期的每个资产负债表日的可解锁限制性股票的数量的最佳估计数确定，二者的乘积为本次限制性股票的成本。其中授予日股票公允价值的确定采用的是大多数公司常用的股票期权定价模型，即在力帆实业授予日股票的市价基础上，结合无风险收益率和公司股票历年的波动情况进行估计。估算出股票的公允价值，再结合授予价格和可解锁限制性股票的数量的最佳估计数确定限制性股票的成本。力帆实业将本次限制性股票的成本分摊

---

❶ 耿聪慧. 公司限制性股票激励计划会计处理事务探讨 [J]. 会计通讯, 2020（11）：105-108.

到各锁定期内,❶ 最终的分摊结果见表 7。

表 7　2017—2020 年力帆实业限制性股票分摊成本金额　　单位:万元

项目	2017 年	2018 年	2019 年	2020 年
首次授予预计分摊成本	3 063	7 303	2 827	942
预留部分授予预计分摊成本	—	218	508	145

数据来源:力帆实业 2017 年限制性股票激励计划首次授予结果公告

以上的分摊结果是基于限制性股票全部能解锁的假设,但是实际上这种情况很罕见,一般企业都会根据激励对象的业绩完成情况、离职情况等,在每个解锁期的资产负债表日根据实际情况对分摊的限制性股票成本进行调整。

2017 年资产负债表日,因为首次授予的限制性股票的解锁期未到,所以无须调整预计分摊成本,即分摊成本确定为 3 063 万元,用会计分录表示:

借:管理费用　　　　　　　　　　　　　　3 063
　贷:资本公积——其他资本公积　　　　　　3 063

结合力帆实业披露的公告和表 6 可知,有 620 名激励对象可以在第一个解锁期解锁 2 746.16 万股股票,此次解锁的股票比率为 40%。另外有 21 人的 122.68 万股不可解锁,其中离职 14 人 101 万股,个人绩效不达标 7 人 21.68 万股。根据公司 2017 年限制性股票激励计划草案的相关规定:如出现上述需要回购注销或调整的情况,力帆实业则以授予价格加回购日当天的同期银行存款利息的回购价格回购注销相应的股票和利息。但若回购限制性股票的原因是解聘或辞职,则力帆实业仅以授予价格回购并注销。同时,力帆实业对授予限制性股票发放现金股利的处理方式是基于将来股票可解锁、股利可撤销的假设,对激励对象进行剩余利润分配,并将发放的现金股利作为回购价格的减项。根据力帆实业的年度财务报告可知,2017 年度不进行利润分配。根据力帆实业的回购公告,本次限制性股票回购价格确定为 4.33 元/股。

2018 年资产负债表日确认首次授予限制性股票的分摊成本为 7 340 万元,其中 7 046.39 万元计入"管理费用",余下的 293.61 万元计入的科目从力帆实业的年度财务报告中无法获知,分摊的限制性股票成本增加"资本公积——其他资本公积"。

限制性股票成功解锁的部分应将先前确认为回购义务的"预计负债"冲

---

❶ 苏婉婉. 股权激励计划的会计处理问题研究 [D]. 北京:中国财政科学研究院,2017.

销，用会计分录表示：

  借：其他应付款——限制性股票回购义务　　　2 746.16
   贷：库存股　　　2 746.16
  未成功解锁部分应履行回购义务后注销。用会计分录表示：
  借：其他应付款——限制性股票回购义务　　　531.20
   贷：银行存款　　　531.20
  借：股本　　　122.68
   资本公积——股本溢价　　　408.52
   贷：库存股　　　531.20

根据表6可知，力帆实业2018年归属上市公司股东的净利润增长率高于200%，符合解锁条件，故可以解锁30%首次授予的限制性股票和50%预留限制性股票，即共有752名激励对象2 173.13万股成功解锁。另外93人的560.70万股不可解锁，其中离职83人501.40万股，个人绩效不达标10人59.30万股。根据力帆实业年度财务报告可知，力帆实业2018年也不进行利润分配，所以回购价格仍为4.33元/股。

2019年资产负债表日，根据表6可知，力帆实业层面的业绩未达到考核目标，限制性股票不可解锁，所以要冲减本年度及部分以前年度确认的股权激励费用845.78万元，用会计分录表示：

  借：资本公积——其他资本公积　　　845.78
   贷：管理费用　　　845.78

限制性股票成功解锁的部分应将先前确认为回购义务的预计负债冲销，用会计分录表示：

  借：其他应付款——限制性股票回购义务　　　2 173.13
   贷：库存股　　　2 173.13
  未成功解锁部分应履行回购义务后注销。用会计分录表示：
  借：其他应付款——限制性股票回购义务　　　2 427.83
   贷：银行存款　　　2 427.83
  借：股本　　　560.70
   资本公积——股本溢价　　　1 867.13
   贷：库存股　　　2 427.83

根据力帆实业2020年半年年度财务报告显示，力帆实业限制性股票激励计划第三期2 291.73万股将被力帆实业回购并注销。用会计分录表示：

借：其他应付款——限制性股票回购义务	8 485.52
贷：银行存款	8 485.52
借：股本	2 291.73
资本公积——股本溢价	6 193.79
贷：库存股	8 485.52

（4）等待期内发放现金股利。❶

力帆实业的年度财务报告显示，力帆实业 2017 年和 2018 年均没有分配股利，因此，为了了解等待期内发放现金股利的会计处理，笔者选取了力帆实业第一次限制性股票激励计划发放现金股利时相应的会计处理。即 2013 年至 2015 年，力帆实业首次授予 5 894.3 万股限制性股票，每股的授予价格为 3.16 元；预留授予 632 万股，每股授予价格为 4.34 元。力帆实业对授予限制性股票发放现金股利的处理方式是基于将来股票可解锁、股利可撤销的假设，对激励对象进行公司剩余利润分配，并将发放的现金股利作为回购价格的减项。力帆实业 2013 年度的股利分配方案：以力帆实业现有股本为基数，每 10 股派发 2.5 元（含税）。2014 年 6 月 27 日该现金股利发放完毕，所以回购离职人员限制性股票的价格为：3.16-0.25=2.91（元/股）（离职 5 人，共 177 万股），回购个人绩效不达标人员的限制性股票价格为：3.16-0.25+回购日当天的同期银行存款利息=3.0048 元/股（个人业绩不达标 16 人，共 17.12 万股）。

调整后，2014 年资产负债表日确认首次授予限制性股票的分摊成本为 6 758.98 万元，其中管理费用 6 576.08 万元，销售费用 182.90 万元。用会计分录表示：

借：管理费用	6 576.08
销售费用	182.90
贷：资本公积——其他资本公积	6 758.98

未成功解锁部分应履行回购义务后注销。用会计分录表示：

借：其他应付款——限制性股票回购义务	566.51
贷：银行存款	566.51
借：股本	194.12
资本公积——股本溢价	372.39
贷：库存股	566.51

---

❶ 孔祥越. 限制性股票激励计划会计处理解析 [J]. 现代经济信息，2018（12）：210-211.

根据力帆实业2013年度股利分配政策,被授予限制性股票的股东获得的现金股利为 5 894.30×0.25＝1 473.58（万元）。用会计分录表示：

借：利润分配——应付现金股利　　　　　　　　1 473.58
　　贷：应付股利——限制性股票股利　　　　　　1 473.58
借：应付股利——限制性股票股利　　　　　　　1 473.58
　　贷：银行存款　　　　　　　　　　　　　　　1 473.58

减少的回购义务用会计分录表示：

借：其他应付款——限制性股票回购义务　　　　1 473.58
　　贷：银行存款　　　　　　　　　　　　　　　1 473.58

力帆实业2014年度现金股利分配方案：以力帆实业现有股本为基数,每10股派发2元（含税）。2015年7月10日该笔现金股利发放完毕,所以回购离职人员首次授予限制性股票的价格为：3.16-0.25-0.2＝2.71（元/股）,预留授予限制性股票回购价格为：4.34-0.2＝4.14（元/股）（离职12人,共118.38万股）。回购个人绩效不达标人员的限制性股票价格为：3.16-0.25-0.2+回购日当天的同期银行存款利息＝2.7642（元/股）,预留授予限制性股票回购价格为：4.34-0.25-0.2+回购日当天的同期银行存款利息＝4.2228（元/股）（个人业绩不达标12人,共8 685万股）。未成功解锁部分应履行回购义务后注销。用会计分录表示：

借：其他应付款——限制性股票回购义务　　　　368.00
　　贷：银行存款　　　　　　　　　　　　　　　368.00
借：股本　　　　　　　　　　　　　　　　　　127.07
　　资本公积——股本溢价　　　　　　　　　　　240.93
　　贷：库存股　　　　　　　　　　　　　　　　368.00

根据力帆实业2014年度股利分配政策,被授予限制性股票的股东获得的现金股利为（5 894.30+632）×0.2＝1 305.26万元。用会计分录表示：

借：利润分配——应付现金股利　　　　　　　　1 305.26
　　贷：应付股利——限制性股票股利　　　　　　1 305.26
借：应付股利——限制性股票股利　　　　　　　1 305.26
　　贷：银行存款　　　　　　　　　　　　　　　1 305.26

减少的回购义务用会计分录表示：

借：其他应付款——限制性股票回购义务　　　　1 305.26
　　贷：银行存款　　　　　　　　　　　　　　　1 305.26

根据力帆实业 2015 年度股利分配政策，被授予限制性股票的股东获得的现金股利为（5 894.30+632）×0.1=652.63（万元）。用会计分录表示：

借：利润分配——应付现金股利　　　　　　　　　652.63
　　贷：应付股利——限制性股票股利　　　　　　　652.63
借：应付股利——限制性股票股利　　　　　　　　652.63
　　贷：银行存款　　　　　　　　　　　　　　　　652.63

减少的回购义务用会计分录表示：

借：其他应付款——限制性股票回购义务　　　　　652.63
　　贷：银行存款　　　　　　　　　　　　　　　　652.63

2. 会计处理中存在的问题

(1) 限制性股票公允价值的披露不完整。

股份支付准则和金融工具准则中对限制性股票的公允价值如何确定做出了规定，根据限制性股票是否存在活跃市场确认方法有所不同。当存在活跃市场时，公允价值取市场公开报价；当不存在活跃市场时，公允价值用估值法来确定。根据力帆实业披露的年度财务报告和相关公告可知，其限制性股票的公允价值是用股票期权定价模型估算的。虽然力帆实业的限制性股票存在活跃市场，但是因为其激励成本均以授予日的公允价值为基础，所以采用布莱克-舒尔兹模型考虑股价波动率和无风险利率进行测算，能更真实地反映激励成本。但是，力帆实业对限制性股票公允价值的披露不完整，对于第二次激励计划，公司在《A 股限制性股票股权激励计划（2017 年度）（草案）》中虽然披露了布莱克-舒尔兹模型中的部分参数，但是并没有披露最终的公允价值。对于第一次激励计划，仅仅是在 2013 年的年度财务报告中提到是采用股票期权定价模型来确定限制性股票的公允价值及模型中各参数的选取方式，如仅仅提到授予日市价是选取的授予日当天的收盘价等，并没有披露各项参数的具体取值及最终测算的公允价值。由于限制性股票的公允价值直接决定了锁定期限制性股票的激励成本，所以力帆实业的限制性股票公允价值披露的问题是值得重视的。

(2) 激励成本的确认不可比。

从前文中可以看出，力帆实业在 2017 年是将激励成本全部确认为管理费用，而在 2018 年是一部分确认为管理费用，另一部分计入科目不明，2019 年因为没达到解锁条件，所以冲减了费用，又只是冲减了管理费用。此外，笔者通过对力帆实业第一次激励计划激励成本的确认情况了解后发现，第一次激励计划的激励成本确认也存在类似问题，2013年全部确认为管理费用，2014年一部分确认为管理费用，另一部分确认为销售费用，2015年只冲减了管理费用。并且从公司公开披露的信息中并没有找到计入销售费用的激励成本是用于销售人员的佐证，但其实不论是否用于销售人员，力帆实业对于同一次限制性股票的激励成本，不同年度却进行了不同的会计确认，这样的处理方式存在一定问题，不符合会计信息质量要求中的可比性原则，会给财务报表使用者带来一定的阅读障碍，不便于其据此做决策。❶ 力帆实业在两次激励计划中出现同样的问题也从侧面说明公司的财务人员还没有意识到这一不妥之处。

3. 改进建议

我国目前的会计准则仅对有无活跃市场这两种情况下权益工具公允价值的确定做出规定，但是在没有活跃市场，或者有活跃市场但按照股票的市价不能够真实地反映权益工具公允价值时，其公允价值具体该如何确定会计准则中并未明确，建议股份支付准则可以对权益工具的公允价值具体的确定方法予以明确。包括但不限于力帆实业，目前我国大部分公司都是采用估值模型确定限制性股票的公允价值，但是每种估值模型的适用条件和参数取值却没有参考标准，不同的估值模型和同一个模型不同的参数取值对估值结果影响很大，这样会导致权益工具的公允价值的确定存在很大的主观性。所以建议股份支付准则可以规定几种估值模型供企业选择，并对每种模型的适用条件和参数选取进行详细的说明。

此外，建议股份支付准则能够明确行权数量的估计方法，因为行权数量也会直接影响每期激励成本的分摊，像力帆实业这样直接假设所有的限制性股票均能解锁显然是不科学的，因为在实务中这种情况很难发生，为了能更准确地预计行权数量，股份支付准则可以规定企业以某种指标为基础来确定行权数的最佳估计数。以力帆实业为例，公司可以采用以历史离职率为基础，结合其他影响因素来估计行权数量，虽然最终实际的行权数量和估计的也会有偏差，但从长期来看，这种偏差应该是越来越小的。如果个别年份的行权数和估计数相差较大，公司应做差错更正处理，追溯调整以前年度的分摊成本。

---

❶ 李莎. 权益结算方式下的股份支付会计处理及案例分析——基于会计信息披露质量的角度 [J]. 商业会计, 2020 (1)：92-95.

五、总结

本文首先介绍了股权激励产生的背景和带来的价值，股权激励最早在美国诞生，直到 20 世纪 90 年代初期才被引入我国。最近几年，股权激励尤其是其中的限制性股票激励被我国很多企业青睐。然后论述了本文的研究意义，既丰富了限制性股票计划的理论研究，又为其他采用限制性股票计划的公司提供了实践参考。随后梳理了美国和我国学术界对股权激励会计处理的争鸣和研究，以及我国学者对限制性股票的会计确认和计量研究。在介绍完限制性股票相关的理论后，又以力帆实业为案例详细阐述了它的第二次激励计划在授予日、收到激励对象的出资款时、锁定期和解锁期及第一次激励计划发放现金股利时的会计处理，经过分析后发现公司虽然是按照会计准则进行的会计处理，但是在限制性股票公允价值的披露和激励成本的确认方面还是存在些许问题。这些问题主要因为我国现有的有关限制性股票激励计划的准则不够健全，我国还有很多企业都存在和力帆实业类似的问题。为了更好地完善我国的股份支付准则，笔者针对限制性股票公允价值的确定和行权数量的估计提出了两点建议，希望有助于更真实地反映财务报告中的会计信息。

股权激励会计处理问题研究
——以汤臣倍健为例

张梓盈[*]

【摘　要】 股权激励计划相关准则在国内开始有效实施后，大量的上市公司制定并实施了结合企业自身发展的股权激励计划，在实施过程中，按照《企业会计准则第 11 号——股份支付》的要求对企业的股权激励内容进行恰当的会计处理和信息披露。本文分析了汤臣倍健的股权激励内容，研究了汤臣倍健的信息披露并对其实务进行了相应的会计处理。通过对汤臣倍健股权激励计划的相关分析研究，针对出现的问题对股权激励相关的准则要求提出相应的修改建议。

【关键词】 股权激励；汤臣倍健；会计处理

一、绪论

（一）研究背景与研究意义

1. 研究背景

通过我国证券监督管理委员会对股票期权的相关解释可知，股票期权是期权的一种，其作为上市公司实行的一种激励员工的行为，往往是指上市公司以特定的价格将股票卖给选取的激励对象，然后按股权激励内容中承诺的，规定激励对象可以在规定的时期内，按照股权激励计划上规定的价格和解锁

---

[*] 张梓盈，女，会计硕士，研究方向：财务管理。

条件来获得公司股权的一种方式。在企业管理过程中，通常会产生股东与经营者之间的矛盾。企业的股东追求企业利润的最大化，而企业的管理者在管理企业的过程中看中的是自身利益的最大化，并且在企业的经营管理过程中，可能存在这一情况，即企业的所有者与管理者两者之间存在着信息不对称，主要由于后者比前者对企业的经营决策等相关信息了解得更加充分且完整，企业管理者相对于所有者而言，存在更大的信息优势。在这样的背景下，需要一种措施来解决这种矛盾，股权激励计划是一种可以将企业所有者与管理者联系在一起的方法。企业通过股权激励计划的实施，使管理者也拥有股东身份，赋予企业管理者公司的部分股权，使其能与企业股东共同享有公司的利益，与此同时，也使企业管理者与股东一起承担企业的经营风险，从而使双方达到共赢，为了企业的长远发展而共同努力。

2. 研究意义

尽管自《企业会计准则第 11 号——股份支付》颁布以来，我国有针对性地发布了相应的会计准则来对其进行解释和说明，但对企业的会计实务处理问题的指导意义不大。例如，股权激励的相关会计估计及成本费用的摊销方法等并没有详细的要求。本文通过对汤臣倍健股份有限公司（简称"汤臣倍健"）股权激励计划内容及相应的会计处理进行分析研究，发现目前会计准则中存在需要补充的内容，并对会计准则的修改提出相关的建议。

（二）文献综述

郑丹华、涂云友（2007）指出，股权激励是企业经营管理的一种方式，如果股票期权的费用化处理的要求不够明确，则很有可能被有些上市公司利用从而进行业绩操纵，成为上市公司进行业务造假的新途径，进而使股权激励的目的发生改变。[1] 吴风奇（2011）表明，在实务处理中，面对选择权益结算的方式进行相关业务的会计处理时，根据选用的模型来对其公允价值进行确认，并对等待期内发生的相关费用进行计量显得更为精确。[2]

---

[1] 郑丹华, 涂云友. 对新会计准则中股票期权费用化的思考 [J]. 中国管理信息化（会计版）, 2007 (3): 41-43.

[2] 吴风奇. 对权益结算的股份支付会计处理的异议 [J]. 财会月刊, 2011 (1): 35-36.

(三) 研究内容及研究方法

1. 研究内容

本文以汤臣倍健为例，研究股权激励计划的内容及相关会计处理问题，本文由七部分组成，其主要内容如下。

第一部分是绪论。包括研究背景和研究意义、文献综述及研究内容和研究方法。

第二部分是股权激励理论的基础。本部分说明了股权激励计划相关的理论基础，包括三个理论，分别是信息不对称理论、委托代理理论及激励理论。

第三部分是我国股权激励业务的相关会计处理要点。介绍了在会计实务处理中权益结算和现金结算方式的区别、权益结算法下如何确认其公允价值、等待期内资产负债表日的处理及解锁日的会计处理。

第四部分是汤臣倍健股权激励会计处理的案例分析。主要从汤臣倍健股权激励计划简介及汤臣倍健股权激励计划的相关会计处理来进行分析研究。

第五部分是汤臣倍健股权激励计划的相关分析。主要从股权激励中的会计处理主观性强、股权激励计划中的公允价值计量不明确及股权激励计划中会计信息披露质量不高三个问题来进行分析。

第六部分是关于股权激励相关会计准则的建议。提出需要提高对股权激励披露质量的标准及加强对股权激励计划中会计估计的监管两方面建议。

第七部分是总结与展望。

2. 研究方法

本文的研究和分析主要采用了以下两种方法。

（1）文献研究法。

本文通过查阅、梳理和总结关于股权激励会计处理内容的相关文献，为后续开展研究提供了一定的理论支持。

（2）案例分析法。

本文通过对汤臣倍健股权激励计划内容及会计实务中相关会计处理的分析，研究股权激励计划中可以改进的要点，针对要点对会计准则修改提出相应的建议。

二、股权激励理论基础

(一) 信息不对称理论

在上市公司的经营与发展中,并不是所有情况下企业的所有者和管理者之间的利益都是一致的,有些情况下两者之间是存在矛盾点的。为了保证企业的高效运营,所有者将企业的经营管理权交付给指定管理者,但是企业管理者在某些涉及自己利益且与经营有关的决策时,不能保证其一定将所有者的利益放在第一位。两者之间在决策时可能存在某些信息不对称的情况,在经营信息的获取方面,企业管理者优于所有者,需要企业经营者有履行契约精神的职业道德。在此背景下,需要一种新的方式来激励和约束企业的所有者与管理者之间的关系,使双方实现合作共赢。

(二) 委托代理理论

委托代理指的是企业所有者通过与经理人签订协议,使两者之间形成既定的委托—代理关系。企业的所有者将经营管理企业的相关权力交给管理者,与此同时企业管理者也需遵照协议规定帮助所有者管理企业。原则上来讲,企业的所有者可以通过协议对管理者的行为进行约束,但在实际经营中,企业管理者可能因某些因素导致其发生"道德风险"和"逆向选择"。上述情况存在的原因在于两者在矛盾产生的时候目标不一致性,企业的所有者在意的是决策是否有利于企业的长远发展,而企业管理者关注的是决策是否能给自己带来更多的利益,如工资薪金和个人声望。对企业管理者进行长期的激励可以有效完善公司的治理结构,避免由于目标不一致的存在而发生"道德风险"和"逆向选择"问题。

(三) 激励理论

弗洛姆的期望理论指出,人们会尽最大努力去实现对自己有价值的目标。股权激励的原理是运用激励理论。公司通过股权激励的方式,使受激励对象尽最大努力完成股权激励计划中规定的业绩标准和解锁条件,使其在得到工资薪金的同时,还可以额外取得公司的股份及分红。上市公司通过股权激励的措施将企业所有者与激励对象的目标和利益联系起来,可以改善企业的管理。此外,使激励理论有效发生是存在前提的,对于股权激励计划,其有效的前提指的是计划中的激励对象可以通过自身的努力完成解锁条件,并且对于激励对象来说，计划内的激励条件必须是对其具有诱惑力的。

三、我国股权激励业务相关会计处理要点

（一）股权支付中以权益结算和以现金结算的区别

在我国的《企业会计准则第 11 号——股份支付》中的相关内容表示，股份支付的方式包括两种，一种是权益结算，另一种是现金结算。权益结算方式表现为上市公司通过发行股票或者其他权益工具的方式来获取相关服务。而现金结算通常是指，通过计算相关股票或者权益工具所能换取的资金，从而通过现金或者其他资产来获取服务。我国目前采用三种方式进行股权激励计划的实施，分别为股票期权、限制性股票和股票增值权。前两者通过权益结算来进行股份支付，股票增值权则是通过现金结算来进行股份支付。本文相关案例股权激励计划中，通过授予股票期权的方式进行股权激励，相关会计计量与处理选用权益结算处理办法。

（二）以权益结算的股份支付的公允价值的确定

对于公允价值的确定，如其存在活跃市场，选取活跃市场中的相关报价作为公允价值；如果其不存在活跃市场，应当选取适合的估值模型来进行公允价值的确定。由于股票期权不在活跃市场上来进行交易，因此无法获得其活跃市场的价格，进而需要公司选择适合的估价模型来对期权进行公允价值的确定。比较常用的期权模型有 Black-Scholes 模型（B-S 模型）及二项模型。本文选取的汤臣倍健案例中采用的是 B-S 估价模型来进行公允价值的确定。

（三）等待期内资产负债表日的会计处理

如果股权激励计划中表明激励对象通过达到相应解锁条件才能解锁的，在其等待期内的资产负债表日，会计人员需对可行权的数量进行预估，按估计的公允价值，将其当期需要摊销的成本费用进行确认并进行相应的会计处理。[1] 实务中相关会计处理为：

借：管理费用——股权激励报酬
　　贷：资本公积——其他资本公积

---

[1] 刘松青. 我国上市公司股权激励会计处理案例分析 [J]. 成人高教学刊, 2009 (5)：27-33.

(四) 解锁日的相关会计处理

对于未达到解锁条件的对象所对应的部分股数,公司需要回购并注销此部分激励对象的未解锁股票。具体情况下的会计处理为,企业针对此部分规定的回购义务按要求冲减相关的负债;然后将此部分的股票进行注销并按要求冲减相关的收益。❶ 解锁日的会计处理为:

借:其他应付款——限制性股票回购义务
  应付股利——限制性股票股利
 贷:银行存款

四、汤臣倍健股权激励会计处理案例

(一) 汤臣倍健公司简介

2010 年 12 月,汤臣倍健成功在深圳证券交易所中的创业板挂牌上市。汤臣倍健是国家保健品行业的首家 AAA 信用等级的企业。❷ 汤臣倍健致力于发掘新原料、开发新功能及研究新技术,创建了科学均衡的膳食营养补充剂体系,为企业的长远发展奠定了基础。

(二) 汤臣倍健股权激励计划简介

1. 汤臣倍健股权激励计划的授予对象

汤臣倍健激励计划涉及的激励对象共计 36 人,包括汤臣倍健总监级以上人员、销售经理及销售负责人。

2. 汤臣倍健股票期权激励计划内容

①授予类型:期权、限制性股票。
②授予日:2016 年 12 月 12 日。
③授予股数:1 430 股。
④授予价:每股 6.35 元。

3. 汤臣倍健股票期权行权规则

汤臣倍健在 2016 年发布了关于其股权激励计划的相关内容,具体内容如

---

❶ 应唯. 浅析授予限制性股票股权激励计划的会计处理 [J]. 中国注册会计师, 2016 (1): 97-102.

❷ 赵洋坚. 我国创业板上市公司股权激励设计问题研究 [D]. 苏州: 苏州大学, 2016.

下：本次股权激励计划拟授予的股票分为三期进行行权，股权激励的考核年度从 2017 年至 2019 年共三年，三年中的行权比例分别为 2017 年 30%、2018 年 30% 及 2019 年 40%。股权激励计划中规定，激励对象获取解锁权需要同时满足公司的业绩指标和个人绩效指标的考核要求。关于汤臣倍健发布的解除限售期的股票期权业绩考核目标见表 1。

表 1　汤臣倍健 2017—2019 年股票期权业绩考核目标

解除限售期	业绩考核目标
2017 年的解锁条件	2017 年营业收入与 2016 年营业收入相比，增长率 ≥10%
2018 年的解锁条件	2018 年营业收入与 2016 年营业收入相比，增长率 ≥21%
2019 年的解锁条件	2019 年营业收入与 2016 年营业收入相比，增长率 ≥33%

数据来源：关于汤臣倍健 2016 年股权激励计划公告

关于个人绩效目标考核要求，激励对象根据汤臣倍健目前的薪酬与考核的相关要求进行，要求每年年度对激励对象进行相关考核，考核的评价结果包括优、良好、合格、不合格四大类。具体要求见表 2。

表 2　汤臣倍健股票期权个人绩效指标

个人年度绩效考核	优	良好	合格	不合格
个人行权占比	100%	80%	60%	0%

数据来源：关于汤臣倍健 2016 年股权激励计划公告

如果激励对象未满足业绩考核的目标要求，则本次激励计划将宣布终止，随即公司需要将本次激励计划中的激励对象的未解锁股票进行回购并注销；而假设存在某一激励对象仅没有达到其个人绩效的考核目标，则公司仅需要回购并注销其未解锁部分的股数。

（三）汤臣倍健股权激励计划会计处理

1. 限制性股票的公允价值及其确定方法

关于限制性股票的公允价值的确定方法，汤臣倍健选取的是 B-S 模型作为其公允价值的估价模型。2016 年 12 月 12 日汤臣倍健召开董事会，讨论本次激励计划中的限制性股票的授予事宜，并把当日作为计算公允价值的基准日。汤臣倍健通过 B-S 模型对其公允价值进行了测算，以及本次股票激励计划的参数选取如下：

①标的股价：12.44 元（该数值为 2016 年 12 月 12 日的收盘价）。

②有效期：1 年、2 年、3 年（有效期的区间为股权授予登记日到每一期的首个解锁期的时间）。

③历史波动率：35.38%、42.7%、37.52%（数值分别选取的是创业板中近一年、两年和三年的波动率数值）。

④无风险利率：1.5%、2.1%、2.75%（数值的选取为中国人民银行发布的关于金融机构 1 年期、2 年期、3 年期的存款基准利率）。

⑤股息率：3.68%、3.02%、4.23%（数值分别采用的是本次激励计划公告发布前的近一年、两年、三年的股息率的平均值）。

2. 汤臣倍健股权激励计划相关会计信息

（1）关于 2017 年公司需回购注销的股票。

经核查，由于原激励对象陈庆宇、徐远祥、胡超、冷德天此四人在 2017 年内因为个人的某些原因而选择离职，四人不再符合公司的激励条件，公司拟对四人回购并注销尚未解锁的股票。此部分股票共计 850 000 股，回购价格是 6.09 元/股，计算得出此次回购总金额为 5 176 500 元。此次回购部分占回购前公司总股本的 0.0578%。

（2）关于 2018 年发布第一个解锁条件已达成的情况。

汤臣倍健 2016 年股权激励计划所设定的第一个解锁条件已完成，剩余 32 名激励对象在 2017 年的解锁期可解锁共计 3 906 000 股的限制性股票，此次解锁的股数占公司总股本的 0.2658%。其 2018 年的具体的解锁条件完成情况见表 3。

表 3 2018 年汤臣倍健解锁情况

考核项目	第一期解锁条件	完成情况
公司业绩考核	业绩要求 2017 年营业收入与 2016 年相比，增长率≥10%	2017 年的营业收入与 2016 年营业收入相比，其增长率为 34.72%，满足 2017 年的业绩解锁条件
个人业绩考核	根据股权激励计划中制订的相关个人业绩考核的方法，关于个人绩效考核评价分为优、良好、合格、不合格四类。具体可解锁的比例按照其考核结果进行分配	本次解锁的激励对象共 32 名，其中 3 名在 2017 年度绩效考核为良好，按本次解锁条件的 80% 解锁。其余 29 名激励对象均满足解锁条件

数据来源：汤臣倍健 2017 年相关公告

由以上信息可知，本次股权激励计划中第一个解锁期设定的解锁条件已完成,在 2017 年可解锁的股数占被授股数的 30%。在此次 36 名的激励对象中,有 4 名激励对象因为离职而不再具备解锁资格,另有 3 名激励对象个人绩效评价结果为良好,根据协议规定,对其解锁 80%。剩余 29 名激励对象同时满足了此次的激励计划的所有解锁条件。综上所述,此次具备解锁条件的激励对象共有 32 名,共解锁股票 3 906 000 股。

(3) 限制性股票价格调整。

汤臣倍健在 2018 年 4 月进行了关于 2017 年的权益分派,适当调整了此次授予的限制性股票的回购价格,将 6.09 元/股的回购价格调整为 5.76 元/股。

(4) 关于 2018 年公司需回购注销的股票。

朱新发、梁水生、卢震、王杨键和喻鹏志五人由于个人原因而选择离职,使公司需对此五人已获得但尚未解锁的股票进行回购并注销,此部分共有 454 000 股。其中朱新发、梁水生、卢震及王杨键四人所持有的 244 000 股仍按 6.09 元/股进行回购并注销,回购总金额为 1 485 960 元。喻鹏志所持有的 210 000 股按新调整的回购价格 5.76 元/股进行回购并注销,其回购金额为 1 209 600 元。五人回购金额共计 2 695 560 元。

(5) 关于 2019 年发布第二个解锁条件达成情况。

汤臣倍健已成功达到本次股权激励计划中关于第二期解锁条件的要求,满足此次解锁条件的激励对象有 30 名,可解锁的限制性股票数量合计 3 756 000 股,此次解锁的限制性股票数量占目前公司总股本的 0.2557%。其 2019 年的具体解锁条件完成情况见表 4。

表 4 2019 年汤臣倍健解锁情况

考核项目	第二期解锁条件	完成情况
公司业绩考核	业绩要求 2018 年营业收入与 2016 年相比,增长率≥21%	由审计结果可知,汤臣倍健 2018 年的营业收入与 2016 年营业收入相比,增长率高达 88.42%,满足 2018 年的解锁条件
个人业绩考核	按照股权激励计划中制订的相关个人业绩考核的方法,对个人绩效考核结果评价为优、良好、合格、不合格四类。激励对象在 2018 年实际可解除的股数与其 2017 年的个人绩效考核评价相关联,具体可解锁的比例按照其考核评价结果进行规定	此次解锁的激励对象共 30 名,其中 1 名激励对象在 2018 年的个人绩效考核评价结果为"合格",按本次解锁比例仅有 60% 可进行解锁。剩余 29 名其个人绩效考核结果评价均为"优",可全部解锁

数据来源:依据汤臣倍健 2019 年相关公告

(6) 关于 2020 年发布第三期解锁达成情况。

对于 2019 年的解锁情况，汤臣倍健此次的激励对象中有 14 名由于在 2019 年的个人绩效成绩评价为"良好"，此次的可解锁比例为 80%；其余 4 名激励对象的个人绩效考核成绩评价为"合格"，按可解锁要求进行分配仅可解锁 60%；另有激励对象 2 名其个人绩效成绩评价为"不合格"，此 2 人在 2019 年不能解锁任何数量的股票。

在 2016 年限制性股票激励计划内容中规定，汤臣倍健需回购并注销以上 20 名激励对象尚未解锁的部分股票，此部分股数共计 1 472 000 股。此次公司将回购价格调整至 5.26 元/股，此次的回购总金额共计 7 742 720 元。

3. 汤臣倍健的相关会计处理

公司按照 B-S 模型的算法对其公允价值进行确定计量，并对本次股权激励计划中的股份支付的费用进行确认，此项费用将在本计划的实施期间按照对应的可解锁比例采取分期确认的方式摊销。根据汤臣倍健的相关披露，对股权激励计划中产生的相关成本摊销情况见表 5。

表 5 汤臣倍健预计摊销费用

授予限制性股票数量/万股	预计摊销的总费用/万元	2016 年/万元	2017 年/万元	2018 年/万元	2019 年/万元
1 430	1 948.08	130.17	1 461.01	324.06	32.84

数据来源：汤臣倍健向激励对象授予限制性股票的公告

依据汤臣倍健披露的以上关于本次股权激励计划的相关内容及处理方法，对其做出如下会计处理（本文会计分录单位均为万元）：

(1) 2016 年 12 月 12 日。

授权日，不做账务处理。

(2) 2016 年 12 月 31 日。

为等待期内资产负债表日，会计人员应对当期预计摊销的成本费用进行确认。具体会计处理如下：

借：管理费用——股权激励报酬　　　　　　　　　130.17
　　贷：资本公积——其他资本公积　　　　　　　　130.17

(3) 2017 年 12 月 31 日。

等待期内资产负债表日，会计人员应对当期预计摊销的成本费用进行确认计量。具体会计处理如下：

  借：管理费用——股权激励报酬   1 461.01

    贷：资本公积——其他资本公积   1 461.01

（4）2017年12月31日。

回购并注销限制性股票。相关会计处理如下：

  借：其他应付款——限制性股票回购义务   432.65

    应付股利——限制性股票股利   85.00

    贷：银行存款   517.65

  借：股本   85.00

    资本公积——股本溢价   432.65

    贷：库存股   517.65

（5）2018年12月31日。

等待期内资产负债表日，会计人员应对当期预计摊销的成本费用进行确认计量。具体会计处理为：

  借：管理费用——股权激励报酬   324.06

    贷：资本公积——其他资本公积   324.06

（6）2018年12月31日。

回购并注销限制性股票。相关会计处理如下：

  借：其他应付款——限制性股票回购义务   124.20

    应付股利——限制性股票股利   24.40

    贷：银行存款   148.60

  借：股本   24.40

    资本公积——股本溢价   124.20

    贷：库存股   148.60

（7）2019年12月31日。

等待期内资产负债表日，会计人员应对当期预计摊销的成本费用进行确认计量。具体会计处理如下：

  借：管理费用——股权激励报酬   32.84

    贷：资本公积——其他资本公积   32.84

（8）2019年12月31日回购并注销限制性股票。相关会计处理如下：

  借：其他应付款——限制性股票回购义务   627.07

    应付股利——限制性股票股利   147.20

   贷：银行存款   774.27
   借：股本   147.20
     资本公积——股本溢价   627.07
   贷：库存股   774.27

五、汤臣倍健股权激励计划的相关分析

（一）股票激励中的会计处理主观性较强

  在股权激励计划内容的会计估计大致可分为以下两方面：一方面是面对有等待期的股权激励计划，如果公司发布的股权激励计划中明确要求激励对象在行权前必须满足相应的解锁条件，那么则需要企业在等待期内每年的资产负债表日对其未来可实际行权的股数进行预估，因为可能存在员工在此期间由于个人原因而离开公司的情况；另一方面是如果股权激励计划中规定了受激励对象需要完成规定的个人业绩指标等相关要求，还需预估员工是否能在等待期内完成业绩指标，从而来决定受激励对象是否有行权能力。如果企业不能客观估计以上两方面内容或者为了操纵公司业绩而进行错误预估，那么在公司披露内容上就会发生失真的情况。汤臣倍健在等待期内提前预计了每年需摊销的成本费用，并未披露是否预估到每年的离职人数，因此该部分预计摊销的成本费用可能存在误差，并影响会计利润。

（二）股权激励计划中公允价值计量不明确

  通过《企业会计准则第11号——股份支付》可知，股票期权的计量要以公允价值为标准，但是并未明确规定运用何种模型来对公允价值进行取值确认。汤臣倍健采用B-S估值模型进行取值。但B-S模型在进行实物操作时，无风险利率和股价标准离差率没有明确的取值标准，使上市公司在进行参数取值的过程中存在操纵利润的风险。

（三）会计信息质量披露要求不高

  我国的会计准则对股权激励相关的信息披露并未做出严格的要求，只要求将上市公司股权激励计划相关的基础信息进行披露。对于其他可能会对股权激励计划的会计处理产生影响的因素并未做出明确披露要求，如股权激励计划等待期的分摊方法等。在公司实际的会计处理操作中，存在由于信息披露的不完善而导致部分利益相关者利益受损的情况。

六、关于股权激励相关会计准则的建议

(一) 提高对股权激励披露质量的标准

我国的《企业会计准则第 11 号——股份支付》中并没有对公允价值计价模型和参数选择及会计估计方法等信息的披露做出明确要求,由于上述信息的不同可能对股权激励的会计计量产生影响,因此提高对股权激励计划的信息披露要求就显得非常重要。建议我国相关职能部门对股权激励的信息披露事项增加相应的披露要求。

(二) 加强对股权激励中会计估计的监管

企业需要加强对股份支付准则中股权激励会计估计处理原则的相关规范,并在企业会计实务处理中将上述准则要求作为执行原则。此外,在预估未来激励对象实际可行权的股数时,公司应该结合人事部门相关信息而不应仅依照会计财务等人员的主观判断,与此同时,企业需要对可能影响会计估计的因素进行完整地披露。

七、总结与展望

我国的《企业会计准则第 11 号——股份支付》相关会计处理办法标准不明确,需要相关职能部门对其进行明确的规范[1],使得股票期权在上市公司经营管理过程中发挥重要作用,更好、更合理地发展下去。

---

[1] 邱力. 关于我国股票期权会计处理问题的探讨 [J]. 品牌 (下半月), 2015 (5): 73.

小米公司可转换可赎回优先股会计计量问题研究

魏 欢[*]

【摘 要】 对于跨国公司而言，由于不同国家实行的会计准则不同可能产生信息的偏差，从而导致错误判断，由于其特殊条款的多样性，在可转换可赎回优先股性质定义和会计处理上引起了巨大争议。由此可能出现会计准则反映的企业信息与企业实际经营情况不对等的情况，在这种情况下，企业应当选择哪种方式进行计量，而衍生完善资本市场的会计准则是否适用我国的国情与市场环境，我国公司在适用会计准则的过程中是否存在难点与问题等都有待探究。本文以小米公司为案例对可转换可赎回优先股会计计量进行研究，在分析其优先股的发行过程、规模等的基础上对优先股会计计量进行分析，找出优先股会计计量在不同会计准则下的差异，并对我国上市公司优先股会计计量方式提出改进建议。

【关键词】 优先股；金融工具；会计准则差异

一、绪论

（一）研究背景

2018年，小米科技有限责任公司（简称"小米公司"）正式向香港证券交易所递交了IPO申请，其公示的招股说明书中显示2017年小米公司发生439亿元的巨额亏损，这与其实际经营情况不符，究其原因，是小米公司将优

---

[*] 魏欢，女，会计硕士，研究方向：资本运营和财务管理。

先股认定为按公允价值计量计入当期损益的金融负债。多年来，权益工具与金融负债之间始终存在区分难的问题，一直给全球各国家、各地区的上市公司带来困扰。国际会计准则理事会（International Accounting Standards Board，IASB）为解决这一问题，多年不断进行研究论证，希望尽快制定全球公认、统一执行的国际财务报告准则。在 2014 年 7 月，IASB 发表国际财务报告准则第 9 号（International Financial Reporting Standard 9，IFRS9），汇总了 IASB 关于金融工具分类和计量、减值和套期会计的阶段性项目。但这些准则的提出与完善并没有杜绝两者区分难带来的问题，怎样客观、准确地区分金融工具和金融负债对任何国家来说都是不可避免的挑战。

从优先股的角度来看，对其的划分存在争议。优先股是在金融领域中用于公司负债的使用工具，按照 IFRS9 的有关规定，当初创公司遇到潜在风险时，可以通过履行与其他约定交易方交换金融负债、金融资产等的合同约定义务来转移风险，这符合金融负债的定义。[1] 但是当约定转股权采用固定额度转换为普通股之际，优先股到底是归属于负债，还是归属于权益，往往很难把握。美国现行基本会计准则的划分方法是，在完全符合国际公认的基本原则前提下，由于投资者没有回购的权利，不能强制赎回公司股权，所以，对于投资人的赎回权利的运用，应该分析判断其是进行一定的股权分拆，还是将全部股权均进行权益确认。

（二）研究意义

在理论价值上，国际会计准则以西方发达国家或地区的完善的资本开放市场为源头，其是否适用于我国的国情与市场环境，以及我国公司在运用国际会计准则时是否存在现实问题，这些都需要大量文献数据的分析与论证。本文的分析，能够使该领域的研究数据更加丰富。就具体现实意义和价值而言，本文通过对小米公司的案例研究，一方面能为会计准则下反映的财务状况和实际经营结果不符的公司提供借鉴意义；另一方面本文对我国优先股计量方式提出了一些改进建议。

---

[1] 刘永泽，孙翯. 我国上市公司公允价值信息的价值相关性——基于企业会计准则国际趋同背景的经验研究 [J]. 会计研究，2011（2）：16-22.

二、文献综述

(一) 国外文献综述

西方发达国家对于优先股的研究早在 19 世纪 20 年代就已经开始,但当时的研究主要是立足于法律法规视角,分析公司优先股的权利义务之间的关系及财务处理机制。到了 20 世纪 80 年代末期,美国的资本市场在优先股适用融资模式上实现了多样化发展,这些研究主要是围绕公司发行优先股的核心目的、财务处理、信息公开披露等展开的。

莱文(Levine)等(2010)则在发表的文献中对美国财务会计委员会(Financial Accounting Standards Board,FASB)的一般会计准则及其对权益工具和金融负债的区分上进行了全面的分析和讨论,他们认为应当在对权益工具和金融负债进行合理划分后再对票据进行具体分类。无论是 IASB,还是 FASB,在划分方式上采用的始终是二分法分类模式。这种方式在近年来受到各界的诸多质疑,这是因为随着金融市场和融资方式的发展,金融业出现了大量的基本金融工具,其中一些主要金融工具利用这种划分方法的漏洞,达到粉饰财务报表的目的,以便进行会计套利等不当行为。当一些国家或地区的企业适用该类会计准则进行现行划分时,因为上述问题,其提供的信息存在偏差不能为相关利益各方提供有效参考甚至出现决策失误,在自然人或其他社会组织适用时,也会出现信息干扰。他们还对二分法这一分类模式进行详细的分析,对其发展起源、标准制定、应用实践等进行了回顾,为其进行后续研究指明了方向。

金梅尔(Kimmel)和沃菲尔德(Warfield)(1995)指出,证券权利的经济实质与价值很难充分反映,这是由于复合型的证券只能划分为负债、权益两类,难以对系统风险及其影响进行分析,因此未来准则修订时必须充分考虑这些现实问题。霍普金斯(Hopkins)等(2009)则认为,国际会计准则中的两种区分方法都是为了外部投资者服务,其主要不同在于是强制义务还是非强制义务、是否属于剩余索取权,并以此为划分依据将其划分为权益或是负债。[1] 理查德(Richard)认为目前对优先股的认识和运用程度不够,优先

---

[1] HOPKINS P E, et al. Health Care REIT calls Series G Preferred Stock for redemption [J]. Toledo Business Journal, 201026 (10): 38.

股在经济下行时期有着普通股不可比拟的优势,能够定期获得稳定收益。❶

(二) 国内文献综述

自 1992 年在中国引入优先股以来,一些学者在研究中西方优先股实施方面积累了丰富的实践经验。这些研究主要集中在对各国、各地区相关立法、公司发行优先股的核心目的及这种权益分配在公司内部治理结构中的影响等层面,并针对中国企业在不同会计准则下的实际核心问题提出了多种应对方法和有力建议。但从整体看,相关研究在总量上不足。

在权益工具与金融负债的区分上,冯芸 (2015) 主要是立足于会计确认的视角,对优先股发行类型中的有赎回权利、无赎回权利、赎回权为投资者拥有与因发生具体事件而进行强制赎回四种情形进行了全面的分析和探讨。❷ 闫娜 (2015) 反复强调强制性股息,转换权和转售是影响优先股会计方法和所有权分类的关键因素。❸

从不可赎回优先股和可转换优先股的角度出发,我国国内学术界对这类股票型基金和对约定条款的会计处理进行了研究和探索。王阔 (2016) 强调,此类签署应分为主合同和衍生工具两部分,以便纳入正在进行的股票基金,并完成交易金融和公司负债账户。而在公司已经成功上市的情况下,则不需要再进行这样的会计计量与处理,进一步得出复合金融工具在对可转换可赎回优先股进行确认和拆分时能更合理、更有效地反映企业经营状况。❹

三、相关理论

(一) 金融负债和权益工具的区分

对金融负债比率和基于合法权益的工具进行分类的国际会计标准,参见表 1。目前,中国的企业会计准则的标准与国际会计准则的标准一致,两者之间的主要区别在于它们是否有付款义务,偿还本金和利息法定义务不能无条

---

❶ NATIONAL HEALTH CARE CORPORATION. National Health Care Corporation Completes Redemption of Series A Convertible Preferred Stock [J]. Business Wire (English), 2015.

❷ 冯芸. 金融负债与权益工具的区分及处理 [D]. 昆明:云南大学,2015.

❸ 闫娜. 融资融券交易对我国股市波动性及流动性影响的研究 [D]. 成都:西南财经大学,2016.

❹ 王阔. 私募股权投资"对赌协议"会计处理——基于货币补偿和股权回购两方面 [J]. 新会计,2016 (12):53-56.

件地免除，包括金融公司的负债。

表 1　IFRS 划分标准

金融工具划分	标准
金融负债	①潜在不利条件下与其他方交换金融资产或金融负债的合同预期可以用自身权益工具结算的合同 ②向其他方交付现金或其他金融资产的合同义务 ③非衍生金融工具：可变数量 ④衍生金融工具：自身权益工具（固定数量）交换固定金额现金或其他金融资产除外
权益工具	①不包括在潜在不利条件下，与其他方交换金融资产或金融负债的合同义务 ②不包括交付现金或其他金融资产给其他方 ③非衍生金融工具：固定数量 ④衍生金融工具：其他金融资产或固定金额的现金可用自身权益工具（固定数量）交换 ⑤预期需用或可用自身权益工具结算的合同

数据来源：小米公司 2018 年招股说明书

一般状况下，企业较为容易分辨所发行金融工具是权益工具还是金融负债，但也会遇到非常复杂的情况。例如，在划分企业发行的、须用自有权益工具进行结算的金融工具时可能因为结算方式不同，造成结果出现偏差。那么应当如何对其进行划分呢？如果企业发行的该工具将来须用或能用自身权益工具开展结算，则该工具可以划分为权益工具，可是还必须根据不同情况进行详细的区分。

（二）优先股的概述和特点

优先股的股东对公司资产、利润分配等享有优先权，其优先权主要包括：在公司分配盈利时，拥有优先股的股东比持有普通股的股东优先进行分配，而且享受固定数额的股息，即优先股的股息率是固定的，其风险较小，普通股的红利不固定，视公司盈利情况而定。在公司解散、分配剩余财产时，优先股在普通股之前分配。❶

可转换可赎回优先股优先权的设计，对于投资者来说，相当于在公司经

---

❶ 李彤. 我们"白话"了小米招股说明书，发现它估值为何太高 [N]. 棱镜，2018-05-10.

营状况最佳时，可以将持有的优先股向普通股转换从而享有普通股东的分红权益。如果公司第一次不发行股票，则可以在经济衰退或亏损的情况下有效地减少公司对股票的直接赎回，这种改进的投资方式使投资者投资更加灵活。在进一步发展时期，一些具有良好基础和业务前景的公司往往会降低其股票的估值，在公司成功上市之前，投资者将选择以较低的价格购买优先股，在公司成功上市之际再退出，这样可以稳定地获得百倍甚至数万倍的收入。

对于发行者来说，上市公司发行可转换可赎回优先股，往往是为了获得额度不固定的类筹融资款项，但是这需要承担将来股票转换或者赎回时可能带来的较大的成本风险。❶ 但可转换可赎回优先股作为一种兼顾赎回权、转换权、股息权和清盘权的约定义务能够很好地保证投资人收益、分红的权利，对尚处在发展起步阶段的创新型公司来说更容易在未来获得广泛的筹融资支持，特别是对那些在发展前期需要巨量资金投入作为支撑的互联网、信息科技、医药等类型的公司，如果发行这种类型的优先股，能够迅速获得大量稳定的资金支持，为后续的公司发展注入强大动力，从而实现自身收益能力的最大化。

（三）可转换可赎回优先股的会计计量

1. IFRS9 对其的会计计量

根据国际会计准则的规定可转换可赎回优先股在资产负债表被列示为"按公允价值计入损益的金融负债"，初始成本按公允价值确认，之后公允价值的变动计入当期损益。在公司的估值增长的情况下，可转换可赎回优先股的公允价值也会随之上涨，这部分公允价值的增加需要在损益表中确认为"公允价值亏损"。❷ 反之，如果公司估值下降，可转换可赎回优先股的公允价值也会随之下降，相应的公允价值的下降在损益表中需要确认为"公允价值收益"。一般公司把这部分非现金的亏损作为非经常性亏损在 Non-IFRS（类似"扣非净利润"）披露中剔除。

公司上市时，可转换可赎回优先股的持有人可以按照转换日普通股的公允价值（IPO 发行价）转换为普通股，可转换可赎回优先股余额和股本之间的差异计入股本溢价，之前计入留存收益的公允价值变动就留存在公司的未

---

❶ 曹国俊. 会计准则国际趋同效果研究：综述与启示 [J]. 会计之友, 2014, 26: 15-18.
❷ 张亮. 可转换可赎回优先股公允价值变动对企业价值评估的影响——以美图上市公司为例 [J]. 中国资产评估, 2018, 1: 34-39.

分配利润（或为弥补亏损）中。

2. 一般公认会计原则对其的会计计量

虽然投资者享有回售权，但其不是强制赎回，因此将或有赎回权进行划分需分情况进行判断，将其拆分或是全部归为暂时性权益。具备下列条件之一，也可以归类为临时合法权利：一是"在固定或是事先确定的日期"；二是"基于持有人的选择"；三是基于技术事件的发生，在重新发行的总体控制之下，优先股无法在可转换过程中赎回。❶ 一般而言，优先股价值应按照公平客观的计量标准计入临时合法权益账户，损益价值波动将从当期销售价值变动及其综合收益相关科目中扣除。

四、案例分析

（一）小米公司概况

小米公司于 2010 年 3 月在北京成立，是一家开发全智能硬件技术和移动互联网技术的电子产品公司，专注于国内和国际智能手机、互联网电视和智能家居生态系统的创新企业链打造。作为一家创新科技公司，小米公司利用物联网的多种发展模式，开创了自主开发手机操作系统的模式，并有很多科技人士和手机发烧友参与研发和进一步完善。小米公司也是继苹果、三星集团和华为技术有限公司之后，在中国证券交易所主板上市的第四家手机芯片技术公司。

小米公司在上市之前于 2018 年 5 月 3 日在香港证券交易所提交了招股说明书，根据香港证券交易所的规定，小米公司以国际财务报告准则为标准进行编制。根据小米公司 2018 年招股说明书，见表 2，小米公司在 2015 年和 2017 年均发生巨额亏损，2017 年净亏损 438.89 亿元人民币，按照非国际会计准则进行调整后在 2017 年实际实现净利润 53.61 亿元人民币。究其原因，这两者之间的巨大差异是由 540.71 亿元的"可转换可赎回优先股公允价值变动"导致的。其他部分还包括"以股份为基础的薪酬" 9.09 亿元，"投资公允价值的增益净值" 57.32 亿元及"收购导致的无形资产摊销" 0.02 亿元。

---

❶ 林振兴，屈文洲，庄江波. 国外优先股研究：信息披露、发行动因及经济后果 [J]. 会计与经济研究，2014，28（6）：36-47.

表2　小米公司2015—2017年利润调整　　　　　　单位：千元

项目	2015年	2016年	2017年
年度利润	-762 730	491 606	-43 889 115
调整后利润	-303 887	1 895 657	5 361 876

数据来源：小米公司2018年招股说明书

根据2015年、2016年和2017年的财务报表，小米手机收入分别占国内手机市场份额的6.1%、13.4%和28.0%。小米移动海外年收入至少每年翻一番，并连续两年保持相对稳定和快速增长。2018年11月22日，对2018年进入全球的50个中国品牌的分析报告显示，小米公司在直接从中国出口的高端品牌列表中排名第四。在2017年上半年，小米公司在15个发展中国家的手机市场份额排名前五。在2018年前三季度，小米手机在印度的市场份额已达到30%，排名第一。2018年，小米公司的总出货量超过1.2亿部，占8.7%，位居全球第四，在中国制造商中排名第二，增长率为32.2%。因此，小米公司作为中国最具发展潜力的互联网企业之一，投资者对其的估值处于稳步上升的态势，其可转换可赎回优先股的公允价值也呈上升趋势。但是，按照国际会计准则的编制要求及会计计量方式，将可转换可赎回优先股的公允价值变动确认为损益，从而出现巨额亏损。这种纯粹基于会计准则核算出现的净亏损，仅满足了会计准则编制的形式，而忽略了企业实际的经营情况的实质。这也给不熟悉IFRS9的投资者，提供了错误的干扰信息。

(二) 小米优先股发行情况

根据2018年5月3日小米公司产品说明，小米公司已经进行了9轮融资，投资总额高达15.8亿美元。2010年9月28日至2012年6月22日，小米公司共进行了7轮A股发行，截至2012年年底，共发行A系列优先股1.025亿股，B系列优先股3轮，C系列优先股3轮，D系列优先股26 379 554股。2013年8月5日至2017年8月24日，小米公司共发行E轮优先股6 385 435股，F轮优先股47 163 141股，具体情况见表3。

表 3　小米公司融资情况

序号	轮次	首份购股协议日期	最后支付代价日期	股份总数/股	已支付每股成本/美元	公司募集资金总额/美元
1	A 系列	2010-09-28	2011-05-17	102 500 000	0.0100	10 250 000
2	B 系列	2010-12-21	2010-12-24	60 775 862	0.5817	27 500 030
3	B+系列	2011-04-11	2011-04-21	4 297 283	0.5817	2 750 000
4	B++系列	2011-08-24	2011-09-16	1 031 347	0.581 7	600 000
5	C 系列	2011-09-30	2012-04-16	42 020 822	2.0942	88 000 000
6	C++系列	2011-11-10	2011-11-29	10 002 765	2.0942	2 100 000
7	D 系列	2012-06-22	2012-12-21	26 379 554	8.1882	216 000 000
8	E 系列	2013-08-05	2013-08-06	6 385 435	15.0400	100 000 000
9	F 系列	2014-12-23	2017-08-24	47 163 141	17.9270	1 134 107 798

数据来源：2018 年小米公司招股说明书

其招股说明书显示，小米公司已累计发行 21.8 亿元优先股，其中有 95%是在国外发行，5%在香港发行，其累计对价收入为 13 亿元。

(三) 可转换可赎回优先股差异

1. 会计计量差异

基于 IFRS 体系，小米公司在对可转换可赎回优先股进行会计处理的过程中，将其归入金融负债，同时在后续的计量上将可转换可赎回优先股公允价值变动计入当期损益。但是这样使其编制的财务报告等会计信息不能如实反映实际经营情况。❶ 在实际经营中，如果没有产生资产的出售或处置，那么资产的增加就只是账面数字的变动；而且，如果没有进行负债的偿还，那么负债的增加就只是一种或有事项。所以，在小米公司 2017 年的利润表上，可转换可赎回优先股公允价值变动损失虽高达 541 亿元，但这只是由于计量方式所带来的账面价值的增长，没有发生实际的现金流出。

如果小米公司对优先股进行划分时，将其归入权益工具的范畴，那么上述问题将不存在。在这种情况下，在对公允价值进行计量时，是根据初始计量时发行的对价为标准的，这对其后续计量不会产生影响。如果在计算利润

---

❶ 陈浩，王国俊. 国内外优先股融资研究：文献回顾与研究展望 [J]. 学海，2015 (4)：126-132.

时,将不予考虑优先股中的公允价值变动,所得到的 2017 年小米公司的利润增加值为上述数据中的 541 亿元,与经营情况基本相符。因此,将优先股划分为金融负债还是权益工具将对后续的会计信息和经济后果产生巨大的影响。

2. 净利润数据的差异

根据小米公司 2018 年招股说明书,小米公司在 2015 年和 2017 年均发生巨额亏损,在 2017 年净亏损约 438.89 亿元人民币,按照非国际会计准则进行调整后,2017 年实际实现净利润约 53.61 亿元人民币。这两者之间的巨大差异是由 540.71 亿元人民币的"可转换可赎回优先股公允价值变动"导致的。其他部分还包括"以股份为基础的薪酬"约 9.09 亿元人民币,"投资的公允价值变动增益净值"约 57.32 亿元人民币,以及收购导致的"无形资产摊销"约 0.02 亿元人民币。

针对这种情况,小米公司给出了经调整经营净利润,将优先股公允价值变动损益等进行扣除,调整后的数据见表 4。

表 4 经调整经营净利润表 单位:千元

项目	2018 年第一季度	2017 年	2016 年	2015 年
一、净利润	-7 027 411	-43 889 115	491 606	-7 627 030
减:优先股公允价变动收益	-10 071 376	-54 071 603	-2 523 309	-8 759 314
投资的公允价值变动收益净值	1 833 421	5 732 151	1 992 999	2 130 169
加:股份支付费用	488 237	909 155	871 230	690 742
无形资产摊销	520	2 384	2 511	3 256
二、经调整经营净利润	1 699 301	5 361 876	1 895 657	-303 887
三、净利润	-20.42%	-38.29%	0.72%	-11.42%
经调整经营净利润率	4.94%	4.68%	2.77%	-0.45%

数据来源:小米公司 2018 年招股说明书

在实际经营中,如果没有发生资产的出售或处置,那么资产的增加就只是账面数字的变动。如果没有进行负债的偿还,那么负债的增加就只是一种或有事项,但这只是由于计量方式的原因所带来的账面价值的提高,没有发生实际的现金流出。

在这种情况下,以公允价值进行计量时,初始计量是发行的对价,这对其后续计量不会产生影响。在以上数据中,2017 年小米公司的销售利润增加了约 541 亿元, 几乎与经营状况相符, 对国内会计信息的可持续性产生更大的影响。

(四) IFRS9 下优先股会计计量差异的影响

1. 对会计信息使用者的影响

在资本市场中, 交易者以自身的利益为目标进行经济决策。而市场信息是企业与外界投资者展开博弈最为重要的保障, 上市公司接收这种与实际情况不符的会计信息, 会使资本市场中的相关信息在分布方面呈现不均匀的情况, 而外部利益相关者无法掌握准确信息, 对投资决策造成影响, 进而影响公司价值。

2. 对企业的影响

许多公司在日常管理核心资产市场流动性的潜在风险时, 往往追求高成本和低收入的目标, 却忽略了金融资产的潜在管理风险。在金融资产管理方面, 我国会计准则显然没有明确规定潜在风险的日常管理原则, 没有在金融领域中包括其他资产公司就原理和期限详细分析金融资产的价值和规定, 只有按照严格的金融核算要求, 继续有效地降低金融资产的总体成本, 对于已将所有金融资产分配给公司本身的情形, 管理层可以根据公开披露要求提供合理的财务调查报告, 提高工作效率并减少风险因素的发生。❶ 目前, 中国市场正在快速发展, 很多金融工具的进一步开发和一些新产品可以改进管理模型的使用性, 增强其适用性。我国的企业会计准则越来越向国际会计准则靠拢, 有助于为更多的金融工具提供发展环境, 增加企业融资渠道。

五、总结与建议

基于小米公司中的可转换债券优先股财务会计计量数据的研究结果, 分析了不同基本财务会计准则下优先股计量方法的差异、影响及原因, 以上研究对其他上市公司本身也具有很好的数据参考意义, 为更多公司优先股的核算提供了全面参考。

优先股首次发行制度试点要放宽基础, 优先权股票作为一种既有盈利能力又低风险的主要金融工具, 是企业融资的一种便捷方式, 但是在建立优先

---

❶ 黄霖华, 曲晓辉, 张瑞丽. 论公允价值变动信息的价值相关性——来自 A 股上市公司可供售金融资产的经验证据 [J]. 厦门大学学报: 哲学社会科学版, 2015 (1): 99-109.

股再发行制度方面，股息回报和非转换已成为大型企业的管理障碍。❶ 因此，互联网渠道投资者应注意如何有效地维权，才能更好地维护好投资者利益，维护好整个市场的稳定持续发展，今后我们还可以通过多种方式提高执行力，尝试发行优先股，促进其他中小企业的全面发展。

要进一步完善优先股监管制度建设，弥补管理制度软件上的各种漏洞。在目前连续发行优先股的实践中，一些细节并不清晰，在企业的实际发展情况下，市场参与能按照相关规定进行最普通的股份制程序划分。另外，从多方面进行探索和实践，明确制度建立的关键细节，逐步建立规范完善的规则体系，这有利于激发市场参与者的主动性和积极性。

企业立足我国国情选择适当的会计准则。我国整体经济、政治经济、地域文化和法制环境等具有很强的独特性，这对我国会计准则的制定提出了更高要求，在参照 IFRS9 进行管理时，应注意专业会计的特殊性和模糊性，避免潜在风险发生，只有这样才能使我国现行的会计准则体系满足我国现行市场经济体制进一步发展需要。❷ 近年来，随着我国现有生产力水平的快速提高，目前经济发展水平与其他发达国家的差距正在逐渐缩小。建立完善的会计准则并非易事，要结合我国的发展特点、特殊国情和会计基本原则，在我国会计准则在与国际会计准则尽量统一的情况下，保持我国市场经济特色。

---

❶ 赖衍禹. 优先股：债权？还是股权？[J]. 金融市场研究，2016（11）：43-51.
❷ 李艳琴. 优先股事件对股票收益影响的分析[J]. 商业经济，2016（1）：137-139.

信息披露、财务造假

信息技术，改变治理

信息披露

——基于龙薇传媒收购万家文化的案例分析

王雪琪*

【摘　要】 近些年来，随着我国经济水平的不断提升，我国的证券市场快速发展，这就为广大投资者提供了诸如股票、基金等各种各样的投资选择，因此他们十分需要了解公司的经营状况、财务信息等，也就使在证券市场中出现的各种信息的变化受到众多投资者的关注。但是我国证券市场自从成立以来，各类违规问题频出，信息披露违规等问题在一定程度上影响了我国证券市场的进一步发展。所以，上市公司的信息披露质量问题一直以来得到了很多人的关注。

【关键词】 龙薇传媒；万家文化；信息披露；杠杆收购

一、引言

企业的信息披露是公司股东、广大投资者等人获取企业相关信息的最直接的方式，是监管部门了解公司情况，把握经济市场趋向的基础，是监管部门维持市场秩序的保证，他们通过企业所披露的信息去了解公司的经营状况和公司的发展动态，以便做出合理的判断。但是，信息使用者做出的决策如果要合理首先要保证公司信息披露是有效的，是能够真实、充分地反映企业当前的经营状况的。如果企业真实、公允地反映公司的信息，不仅对于广大投资者来说可以做出正确的投资判断，增加自身的收益，而且对于证券市场

---

* 王雪琪，女，会计硕士，研究方向：内部控制与风险管理。

来说，资源也能得到合理的配置，不断推动市场经济健康运行。

我国目前的证券市场较之前已经建立起了一套较为规范且完整的制度体系，在各方面的发展也有了一定程度的上升，尤其是在 2019 年《中华人民共和国证券法》（以下简称《证券法》）修订之后。但是同时也呈现出一系列的问题，其中上市公司的信息披露违规是我国监管部门较为重视的问题之一，长期以来，上市公司涉嫌信息披露违规问题时常出现，这不仅影响了广大投资者的信心，也不利于市场的健康运行。

根据中国证券监督管理委员会（简称"证监会"）公布的数据显示，2019 年处理的信息披露违规案件共计 29 起。截至 2020 年 7 月 26 日，涉及信息披露的违规案件共计 38 起。尽管证监会对于信息披露违规问题不断加大处罚力度，但是违规现象依旧屡禁不止。因此，持续关注信息披露问题对于上市公司加强信息披露的监管和治理十分有必要。

本文以西藏龙薇文化传媒有限公司（简称"龙薇传媒"）杠杆并购浙江万好万家文化股份有限公司（简称"万家文化"）为例，对于收购中涉及的信息披露违规问题，以及相应的原因和对各方的影响进行分析，进而对于我国信息披露问题提出意见和建议，更好地提高我国证券市场的信息披露质量。

二、理论基础与文献综述

（一）信息披露的含义及分类

信息披露是上市公司按照有关制度规定，将相对较为重要的会计信息向会计信息使用者进行全面、准确、连续、公平和规范的披露的行为。

（二）信息披露的特点

第一，所披露的信息应当确保其有用性，企业所披露的会计信息要能够帮助信息使用者做出相关决策，从而实现利益最大化，减少损失；第二，会计信息披露应当具有相关性，即这些信息要与信息使用者的决策需要有关；第三，所披露的信息应当具有可靠性，不可以任何形式错误引导用户的判断；第四，会计信息披露应当具有中立性，中立性就是公允性，是指在会计信息体现中不可以带有个人的主观色彩，否则信息的真实就难以保证。

除以上特性之外，会计信息披露还应当具有及时性、可理解性、易得性等，这些特点也构成了信息披露的意义与作用。

(三) 信息披露的作用

当前正处于一个大数据的信息时代，证券市场的发展在很大程度上依赖于信息的流通，所以完善的信息披露制度能够在最大程度上发挥信息的正确导向作用，减弱了信息不对称产生的影响，进而促进了我国资本市场的有序发展，对于广大投资者们来说十分必要。

1. 维护了相关者的权益

对于企业所披露的信息质量进行严格的要求，首要的目的是维护利益相关者的权益。利益相关者们从信息中可以了解自己的相关权益是否能得到保障，是否有必要进行投资等。信息使用者与企业之间因为代理理论的存在而导致了一定程度上的信息不对称情况，如果企业的行为没有制度进行管控，那么就更加剧了使用者在信息获取中的劣势地位，一旦有人通过不正当的手段垄断信息渠道，投资者的风险就会随之增加，利益也没有保障，信息使用者就会不那么信任该企业，对其失去信心，从而破坏证券市场的生态平衡。

如果企业能够及时、全面地发布企业相关信息，并且保障信息的质量，信息不对称的现象将被大大削弱，信息使用者利用正确的信息作为决策的依据，切实保障自己的利益。

2. 有效净化资本市场生态

根据证监会官网公开数据显示，近年来，涉及信息披露违规案件占比一直不小，是第二大"重灾区"。信息披露质量有所保证是资本市场健康运行的重要基础，而我国2019年修订的《证券法》对于信息披露违规的处罚力度较以前大大提升，从源头上维护了资本市场的秩序。

3. 有效提高公司管理水平，建立优质的企业形象

上市公司通过其披露的会计信息，向大众反映公司的经营状况，一定程度上可以促使企业不断提高内部管理能力。这不仅可以减少企业与投资者之间信息不对称的问题，维护了广大投资者的切身利益，更使广大投资者们对企业更加有信心，以此来推动企业自身的进步，在市场中建立起优质的企业形象，进而提升企业的竞争力。

(四) 会计信息披露相关理论基础

1. 信息不对称理论

信息不对称是指在证券市场中，各类人群对于相关信息的掌握情况是不

一样的。相对于对信息了解比较全面的使用者，信息获取不全面、不便利的使用者通常比较封闭。这对于市场经济来说是十分不利的。此时，不断完善信息披露制度，进而削弱信息不对称产生的影响就显得十分必要。

2. 委托代理理论

委托代理理论是20世纪30年代，由美国经济学家伯利和米恩斯提出的。委托代理理论认为，在委托代理的关系当中，由于双方都在追求各自利益的最大化，不可避免地存在委托代理冲突，所以该理论倡导所有权和经营权分离。

大股东相比于数量庞大、分布广的中小股东来说，在企业管理上具有绝对的优势地位。但是他们之间的利益并不完全一致，当两者出现冲突时，大股东往往会尽力维护自身利益，做出损害小股东利益的行为。

3. 有效资本市场理论

研究上市公司的会计信息披露问题必须满足市场是有效的这样一个条件，即必须要符合有效市场假说。法玛提出，股票的市场价格反映的信息非常全面，包含需要的所有信息，成为股票交易的正确信号，这就是所谓的"有效资本市场假说"。有效资本市场假说更加印证了信息披露的重要性，信息披露得越及时、准确，投资者从中获得的投资信息就越全面，资本市场也就越有效。

（五）文献综述

我国学者对上市公司信息披露问题进行了分析和研究。在理论方面，张晴晴（2019）提到的主要理论为委托代理理论、信号传递理论、舞弊三角论、信息不对称理论。[1] 肖乐乐（2019）提到的理论更加全面，包括声誉理论、投资者情绪理论等及上述全部理论。[2] 而许玲琦（2019）[3] 和杨帅（2019）[4] 还提及了有效市场假说理论。

而对于信息披露违规成因的分析，张晴晴（2019）认为企业股权结构不合理，此外还有实控人对其认识不到位；肖乐乐（2019）还提到声誉理论和社会资本理论，并且在分析中将"名人效应"考虑在其中，与信息披露违规

---

[1] 张晴晴. 龙薇传媒并购万家文化案中信息披露违规探究 [D]. 南昌：江西财经大学, 2019.
[2] 肖乐乐. 龙薇传媒收购万家文化案例研究 [D]. 蚌埠：安徽财经大学, 2019.
[3] 许玲琦. 龙薇传媒收购万家文化信息披露违规案例研究 [D]. 长春：吉林大学, 2019.
[4] 杨帅. 我国上市公司信息披露制度研究 [D]. 石家庄：河北科技大学, 2019.

成因共同分析；许玲琦（2019）认为收购案违规的原因还包括公司内部治理结构不完善，导致信息披露违规现象有可乘之机。

此外，除了本文提到的杠杆并购信息披露违规以外，还有关于丹东欣泰电气股份有限公司、康美药业股份有限公司等上市公司信息披露违规案件作为参考，他们也都从理论、违规成因、违规带来的影响等各方面阐释了自己对于上市公司信息披露违规案件的看法。

综上所述，通过阅读诸多学者的文献了解到，我国很多学者对于龙薇传媒收购万家文化中的信息披露违规问题相当关注，对于成因和影响的分析也较为全面，而所形成的体系也对我国信息披露违规问题做出了一定的贡献。

三、龙薇传媒信息披露违规案例介绍

（一）涉案公司简介

1. 收购方——龙薇传媒简介

龙薇传媒设立于中国西藏拉萨市堆龙德庆县。2016 年 11 月 2 日正式注册成立，注册资本仅 200 万元。龙薇传媒股东构成情况见表1。

表 1　龙薇传媒股东构成情况

股东（发起人）	认缴出资/万元	持股比例/%	认缴出资时间
赵薇	190	95	2046 年 10 月 25 日
孙丹	10	5	2046 年 10 月 25 日

数据来源：天眼查。

2. 被收购方——万家文化简介

万家文化于 1992 年 9 月 24 日在浙江省工商行政管理局登记成立，法定代表人为孔德永。2017 年 8 月，孔德永和刘玉湘将万家集团 100% 的股权转让给祥源控股，之后万家文化宣布变更为祥源文化。万家文化股东构成见表2。

表 2　万家文化股东构成情况

名次	股东名称	期末持股数/股	占总股本持股比例/%
1	浙江祥源实业有限公司	193 822 297	29.58
2	西藏联尔创业投资有限责任公司	55 873 514	8.53

续表

名次	股东名称	期末持股数/股	占总股本持股比例/%
3	北京天厚地德投资管理中心（有限合伙）	53 217 148	8.12
4	杭州旗吉投资管理合伙企业（有限合伙）	38 614 043	5.89
5	北京翔运通达投资管理中心（有限合伙）	7 459 124	1.14
6	陈继红	2 800 000	0.43
7	林里佳	2 536 936	0.39
8	陈建有	1 600 000	0.24
9	通海资本投资管理有限公司	1 400 280	0.21
10	中国证券金融股份有限公司	1 279 300	0.20
	合计	358 602 642	54.73

数据来源：祥源文化2017年年度财务报告

（二）案例再现

龙薇传媒注册设立仅51天后，就计划收购万家文化，转让价款将近31亿元，数额相当巨大。如果成功完成此次转让，那么之后龙薇传媒将持有万家文化29.135%的股份，也就顺理成章地成为万家文化的最大股东。当时，关于龙薇传媒将如何支付这笔巨额收购款项一度成为当时市场关注的焦点。

2016年12月27日，万家文化对于控股权转让事项进行了公告，后来，上海证券交易所关注到此事件，向万家文化发出一份问询函。在同一天，龙薇传媒与中信银行杭州分行的融资方案也初步形成，然而因为资金数额较大，中信银行杭州分行需要上报至中信银行总行等待审批。

2017年的1月12日，龙薇传媒公告称，本次收购所需资金中龙薇传媒自有资金6 000万元，除此之外还向西藏银必信资产管理有限公司（简称"银必信"）以赵薇个人的信用担保借了15亿元。也就是说在本次收购中，龙薇传媒自己的资金只有6 000万元，剩余资金全部都是从外部进行融资。

2017年1月20日，龙薇传媒融资方案收到没有审批通过的通知，其他银行也因为数额巨大不愿意为其进行融资，因此最终因融资问题，在3月末，万家文化再次发公告，宣告本次股份转让事项停止，随后证监会则开始介入万家文化开展调查。

(三) 龙薇传媒信息披露主要违规操作

1. 贸然对收购事项进行公告，严重误导了广大投资者

如前所述，龙薇传媒在成立 51 天后就与万家文化敲定了转让事宜，注册资本为 200 万元，但是还没有实际到位，也没有开展任何的实际经营活动，也就是说，此时的龙薇传媒就是个空壳公司。

前文提到过，本次收购共计需要资金将近 31 亿元，其中龙薇传媒只出资了 6 000 万元，其余都是通过融资借入。此外在收购公告发出后，龙薇传媒才与金融机构就融资事项开展洽谈和协商，而结果究竟如何并不能确定，在资金还没有准备充分的情况下，就将收购事项贸然进行公告，再加上在赵薇的名人效应等各类因素的刺激下，引起了群众高度关注，还导致一系列诸如股价大幅度波动的不良后果，对市场造成严重的影响。❶

2. 信息披露存在虚假记载和重大遗漏

首先，据收购方的信息披露，其向金融机构借款的金额是 14.999 亿元，但根据证监会发布的调查结果发现，金额经双方协商一致同意下，中信银行上报的方案中融资款项是不超过 30 亿元，与龙薇传媒所公告的情况不一致。

其次，龙薇传媒没有将融资存在巨大不确定性风险这一问题进行披露。在融资计划中，中信银行第二轮和第三轮的融资额度是以万家文化的股票价格来决定的。所以，在万家文化的股价存在极大不确定的情况下，相应的融资款项发放额度也是不确定的，而龙薇传媒没有披露这一情况，是信息披露的重大遗漏行为。

最后，龙薇传媒在问询公告中还提到款项的支付方式是确定的，没有全面地说明款项支付方式是按照银行的资金审批情况进行随时变更的，对于真实情况没有如实进行披露。

3. 龙薇传媒对融资计划失败原因的披露存在重大遗漏

根据证监会的调查结果，银必信在第二笔股权转让款支付期间，没有筹到 12 亿元的款项。但是根据龙薇传媒通过万家文化在 2017 年 2 月 16 日发布的公告来看，龙薇传媒在接到融资方案最终没有通过审批的通知后，与其他金融机构进行过多次的协商和洽谈，但均未融资成功。因此，龙薇传媒与银必信取得联系，而对方答复能够按照之前签订的协议进行借款。

---

❶ 肖乐乐. 龙薇传媒收购万家文化案例研究 [D]. 合肥：安徽财经大学，2019.

龙薇传媒称无法按期完成融资计划是因为与金融机构之间的融资方案流产,却不是银必信没有筹足资金的原因,存在信息披露的重大遗漏。

4. 没有及时披露与金融机构融资失败的情况

我国现行的《上市公司信息披露管理办法》中对上市公司披露重大事件提出了要求,即上市公司在披露重大事项之后,一旦有能够对此产生重大影响的事件出现,务必要及时予以披露。而在本次收购案中,向金融机构融资失败的事实对于本次收购案有着重大影响,但是龙薇传媒方却没有及时披露相关信息。

(四)龙薇传媒和万家文化信息披露违规的影响

1. 损害了中小股东的利益

在我国,中小股东数量较多,他们在证券市场上占有相当重要的地位,所以维护中小投资者的利益对于市场的良好运转来说十分必要。由于大股东和中小股东之间存在代理关系,而这种关系在一定程度上演变成为信息不对称,导致中小投资者在信息获取方面不占任何优势,以至于他们做出决策的依据也不充分。而在本次收购案中,由于龙薇传媒在信息披露方面存在违规现象,根本没有将中小投资者的利益放在重要位置,导致中小股东获取信息更加不及时、不充分,最终使他们的利益受到损害。❶

2. 严重扰乱了证券市场的秩序

龙薇传媒成立不到两个月的时间,在没有任何实实在在的交易和业务活动的情况下,就痴心妄想以空壳公司去收购上市公司,对于相关信息还进行不规范的披露,再加上一定程度上的"名人效应"导致此事件产生了巨大的负面影响。此外,在公告收购协议后,股价大涨,但是最后双方却又轻易放弃收购,握手言和,完全没有考虑利益相关者的利益问题,这违反了《证券法》的相关要求,对于市场秩序影响非常恶劣。

3. 损害公司声誉和形象,不利于后续活动开展

首先,龙薇传媒在并购事件以前本就并未真正开展经营活动,被证监会处罚后,大大影响了企业形象,企业的声誉也严重受损,此外,并购案中的部分融资是以名人赵薇的信用为担保筹集的,也对她的信用值打了折扣,对

---

❶ 张晴晴. 龙薇传媒并购万家文化案中信息披露违规探究 [D]. 南昌:江西财经大学,2019.

于以后开展真正的经营活动来说,一方面,企业声誉不佳,投资者对于公司的信心被大幅度削减;另一方面,由于赵薇的信用也受到损害,对龙薇传媒接下来的筹资之路造成了阻碍,所以这次并购案给龙薇传媒的运营发展蒙上了极大的阴影。

其次,此次杠杆并购的失败对于万家文化来说也是声誉和形象的严重打击,严重影响了公司治理,这一点也可以从公司后续更名为祥源文化看出来。此外,本次收购事件还导致了万家文化的股价大幅度地变化(见图1),给市场带来了一定的坏处。

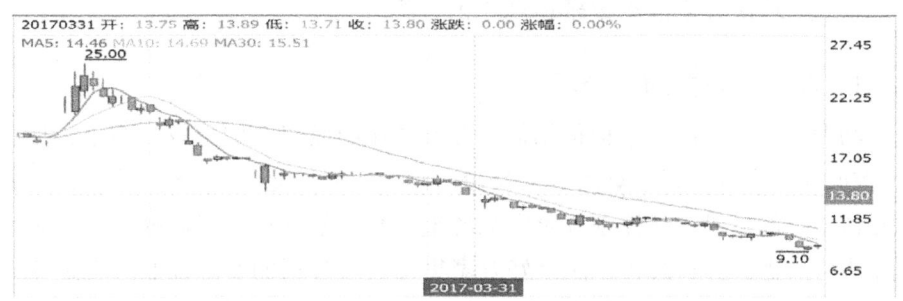

图1 2016年11月—2017年5月万家文化的股价走势图

数据来源:《杠杆收购下如何提高信息披露质量——以龙薇传媒并购万家文化为例》❶

四、龙薇传媒信息披露违规案例分析

(一)龙薇传媒信息披露违规原因分析

1. 龙薇传媒股权结构不合理

从龙薇传媒内部结构看,公司股权结构高度集中,赵薇夫妇就是公司的实际控制人,而孙丹虽然被任命为公司的监事,但他仅占公司5%的股份,在公司治理上并没有话语权,所以监事的职务也是形同虚设,根本起不到制约的作用,进而导致公司的治理成效得不到保证,直接影响了公司在本次收购案中信息披露的质量,而这也将直接影响企业自身的良好发展,损害利益相关者的切身利益。

---

❶ 刘蕾蕾,胡凯,杨忠智. 杠杆收购下如何提高信息披露质量——以龙薇传媒并购万家文化为例[J]. 时代金融,2019(30):113-115.

2. 龙薇传媒的实际控制人对信息披露不重视

在本次收购案中，龙薇传媒面对证监会的问询时，没有如实披露其融资没有成功的事实，而且还对自己的认识不足进行辩解，龙薇传媒的所作所为与我国信息披露管理制度所要求的"重大事项需要持续性披露"的内容是相违背的。显而易见，赵薇夫妇作为龙薇传媒的实际控制人，对自己应承担的信息披露责任和义务没有一个清晰的定位，对于信息披露工作也根本不重视，造成了信息披露违规。

（二）万家文化信息披露违规原因分析

1. 内部股权结构不太合理

与龙薇传媒的股权结构很相似，万家文化的股权结构也较为集中，见图2，控股股东为万好万家集团有限公司，持有万家文化30.52%的股份，它通过委派成员的方式可以控制万家文化的董事会和管理层，然后操纵公司制定战略方针和做出经营决策。而万好万家集团有限公司的实际控制人就是孔德永，占有万好万家88%的股份，而万好万家集团有限公司的第二大股东仅占12%的股份。控股股东对于公司的实际情况信息获取非常便利，而其他股东由于存在代理关系问题，对控股股东根本起不到监督和约束的作用。那么对于中小股东来说，信息获取更加不及时、不充分，更谈不上参与公司的经营管理。

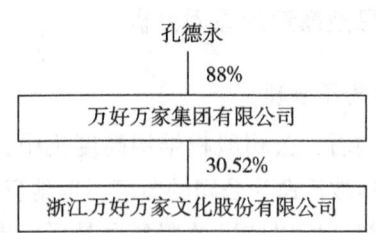

图2 公司与控股股东之间的控制关系

数据来源：万家文化2016年年度财务报告

此外，从证监会的判定结果来看，孔德永在收购案中一直参与组织股权转让和融资等相关事项，是本案的直接涉案人，应该对万家文化信息披露违规行为负直接责任。

所以，万家文化的股权结构高度集中，且缺乏合理的内部控制与监督机制，成了违规案件滋生的温床，导致控股股东有机会、有条件对关于收购的真实情况进行隐瞒。

2. 大股东为抬高股价进行减持套现

万家文化之前叫作万好万家，2015 年更改为万家文化，再之前是庆丰股份。据资料显示，公司上市十年时间重组了很多次，在此期间经历了多次重组失败，虽然业绩没有什么起色，却为大股东减持套现牟取暴利提供了便利。

万家文化善于利用重组并购来进行减持套现，而在本次收购中，万家文化依旧想走以前的老路进行套现，如此不正当的行为最终也是自食恶果。

五、遏制上市公司信息披露违规案件发生的对策建议

（一）完善上市公司治理结构和内部控制制度

从龙薇传媒收购万家文化案中，我们发现两个公司都存在股权过于集中的问题，大股东一股独大，导致很多经营决策由大股东直接掌控，而公司内部的独立董事和监事的功能得不到发挥，进而影响公司信息披露的质量。所以，优化公司治理结构非常必要，而合理的结构应该是在公司内部有所制衡。因此，上市公司应该不断完善股东大会的运行机制，使股东大会更加有效地行使职责，真正地成为监督公司管理者行为的最高权力机关，严防出现控股股东一手遮天的现象。此外，还应该增强董事会的独立性，使高级管理层各尽其责，不断增强责任意识，在内部形成良好的制约关系，这样一来将有利于减少上市公司信息披露违规问题，不断增强上市公司责任意识。❶

（二）增强企业自律性，加强诚信道德建设

企业要想持续健康发展，就要严格约束自身行为，不断加强诚信道德建设，重视广大投资者的权益，这不仅是对社会环境和投资者负责，更是对自身负责。

首先，上市公司要不断提高对信息披露制度的认识，构建诚信经营的企业文化。上市公司应该意识到真实、完整地进行信息披露是企业应尽的义务，也是对社会和投资者应尽的责任，做好信息披露工作对于企业本身和投资者来说是一种双赢的结果。其次，企业的管理者们需要不断加强自身职业道德水平建设，增强合规意识，并在企业内部员工间加强诚信建设，在外部建立起优质的企业形象，全面提升自身在市场中的竞争力。最后，证监会作为上

---

❶ 杨帅. 我国上市公司信息披露制度研究 [D]. 石家庄：河北科技大学，2019.

市公司的监督主体要加强对合规信息披露的宣传力度,从源头上营造大环境下的诚信经营氛围。❶

(三) 加大对信息披露的监管处罚力度

从证监会对本次收购案涉案双方的处罚结果来看,仅仅是警告整改,罚款也不多。这已经是《证券法》当时规定的最高处罚金额,但是与本次案件给股民造成的巨大影响和巨额利益损失相比,这样的处罚金额只是九牛一毛,如果仅需要承担低成本却有机会换来高收益,相信很多上市公司会抱着侥幸心理去尝试。所以,应当加大对信息披露违规案件的处罚力度,提高违法的成本和代价,让上市公司和管理者对于违规行为产生畏惧心理,从而保证自身信息披露的质量,营造和维护良好的市场秩序。

2019年修订的《证券法》已经对上市公司的违法违规责任做出更为严厉的规定,对于公司的罚款已经提高到50万元至500万元;对相关责任人的罚款金额可高达200万元。因此,监管机构若发现上市公司存在造假、虚假经营及舞弊牟利等行为,应当重拳出击,严格按照新修订的《证券法》相关规定执行惩罚程序,使信息披露违规问题的相关责任人付出惨痛的代价,不仅能够对资本市场上的企业起到震慑作用,也能够在一定程度上减少上市公司违法动机,从源头上对信息披露做出约束。

六、结论

总的来说,龙薇传媒与万家文化的此次收购案的影响在一定程度上由于赵薇本人的明星效应被放大,市场中的广大中小投资者由于对信息获得渠道不便利,对于信息分辨不清晰,还存在盲目从众、跟风明星的心态,片面地认为跟着明星做投资是稳赚不赔的买卖,却忽略了过程中的违规风险等诸多影响因素会给他们带来的损失。此外,这次收购案不仅给中小投资者带来了巨额的损失,还使众多的潜在投资者更加谨慎,产生了一定的抗拒心理,进而对我国的证券市场造成了一定的负面影响,行为十分恶劣。与此同时,我们也应该注意到这次事件也暴露出我国当时的法律制度对违法者的惩罚力度不够的问题,违规成本较低,高风险高收益,所以就刺激了一些上市公司的违法行为。但是2019年修订的《证券法》已经对违规惩处金额做了很大的调整,违法成本的显著提升必将在一定程度上减少违法事件的发生。

---

❶ 卢璐. 欣泰电气公司会计信息披露违规案例研究 [D]. 南京:南京信息工程大学, 2018.

本文基于信息披露的代理理论、信息不对称理论等对于龙薇传媒高杠杆收购万家文化过程中的信息披露违规问题进行了总括性的研究和分析。龙薇传媒方面的股权结构过于集中及实控人对于信息披露的认识不到位，为信息披露违规行为创造了条件。万家文化的股权结构不合理导致一股独大现象的出现，给了大股东一定的活动空间，进而导致了大股东减持套现的现象。二者导致了本案中的信息披露违规问题发生。

针对上市公司的信息披露违规问题，本文也提出几点个人的见解和建议，首先要不断加强上市公司治理结构和内部控制制度，形成良好的内部制约关系；其次要增强企业的自我约束能力，并重视诚信道德的建设工作，建立优质的企业形象，提升企业竞争力；最后要从监管力度上发力，不断加大违规成本，让上市公司不敢抱有侥幸心理，营造良好的市场秩序。总的来说，违规问题的成因是多方面的，随着市场的发展在不断更新，也就需要通过全部相关者的共同努力，才有可能真正遏制信息披露违规问题的发生。

直至今日，依旧有股民因为此收购案对龙薇传媒和万家文化提起诉讼，而两家公司也面临巨额的赔偿，切切实实影响了赵薇的信誉，这对于龙薇传媒和万家文化来说，终究是竹篮打水一场空，这次案例给我国诸多的上市公司和投资者提供了一次生动的经验和教训。

圣莱达财务造假问题研究

郭惟佳[*]

【摘　要】近年来，财务造假行为屡见不鲜，其中的一大成员便是圣莱达。纵观其发展态势，2015 年是其内部溃烂的开始。财务造假行为的产生，不仅未对企业起到推动作用，反而将其逼至困顿边沿，并迈出了深陷囹圄的第一步。本文通过对其财务造假行为始末进行梳理与分析，见微知著，试图探其根本、究其原因，望广大上市公司戒之慎之。

【关键词】财务造假；财务舞弊；内部控制

一、绪论

（一）研究背景

随着经济社会的繁荣发展，我国成为世界第二大经济体，我国经济对世界有着重要影响。而经济的扶摇而上，更多仰仗于国内各上市公司的发展壮大。公司上市，对于一个企业而言有非比寻常的意义。上市公司同非上市公司相比，融资通道丰富许多。而企业多轮融资、买卖股票与发行债券等，都不失为一个获得资金的佳法。同时，公司上市，也是为其扩大规模铺路。在拥有完整的董事会、监事会、董事会秘书与法人制度后，不仅对公司内控有所裨益，也是一个吸引投资者瞩目的闪光点。毕竟，人们往往愿意把钱投给治理严明、口碑甚佳的可持续发展企业。同样地，实际控股人的名声也不同

---

[*] 郭惟佳，女，会计硕士，研究方向：税务与财务管理。

其他，往往是一个人商业路途的开始。投资正确的企业家，可谓名利双收。

然而，光鲜亮丽下，也不乏金玉其外、败絮其内之事。正因为公司上市、发行股票有如此大的魅力，某些业绩不佳的企业才会为了保持风光无限，而选择穷途末路——财务造假。上至跨国著名集团，下至初上市小企业，都有在"财务造假"上频频中招的。中国证券监督管理委员会表示，到 2020 年 4 月，仅一年时间，就有 22 家上市公司因财务舞弊行为被立案调查；18 起财务造假的经典案例收到罚单，6 起涉嫌财务造假的犯罪案件转交至公安机关。欺诈发行的典型案例，极大损害了资本市场的公信力与信誉度，各类中小股东的合法权益均遭受严重打击。上市公司及相关主体频频进行财务违法行为的原因种类繁多，既有上市公司自身内部机制的缺失，也有外部约束力不够，存在漏洞。双向而行，才导致财务造假行为屡见不鲜。

2018 年，中国证券监督管理委员会披露了同年四大财务造假典型案例，其中便有本文此次分析的宁波圣莱达电器股份有限公司（简称"圣莱达"）财务造假案件。作为点名案例之一，圣莱达财务舞弊造假案具有研究的重要性与必要性，不仅提醒各上市企业不要试图触碰红线，也提醒市场对这类财务舞弊要严加看管、尽力压制，以防止此类性质的案件再次出现。

(二) 研究意义

1. 理论意义

近年来，上市公司财务舞弊事件屡见不鲜，有关部门积极出台了多项政策，试图控制财务舞弊案件的发生。2020 年 3 月 1 日，新修订的《中华人民共和国证券法》（以下简称《证券法》）得以实施。为了达到遏制上市公司相关主体违法行为的目的，新修订的《证券法》进一步提升了由于欺诈发行、违规信息披露方面而产生的违法成本与惩罚措施，从而使法律惩处力度与违法程度更加匹配，提升法律法规的震慑性与严谨性。

对于圣莱达财务舞弊进行案例分析，就是为了进一步整理上市公司财务舞弊行为的重要特点与手段，分析其进行财务舞弊行为的缘由。对于企业而言，本文是提升内控、防止内部蛀蚀产生的警示书。对于监管部门而言，本文是查缺补漏、完善市场规章制度的说明书。对于市场与投资者而言，本文是警醒规劝、学习总结经验教训的参考书。

2. 实际意义

俗语有言：百闻不如一见。对于涉"市"未深的公众而言，财务舞弊只是一种抽象概念，当面对"什么是财务舞弊行为""何以形成财务舞弊""对财务舞弊的惩罚"等指向性问题时，便支支吾吾、不明所以。不仅是当局者迷，旁观者怕也是一知半解。所以，本文将圣莱达财务舞弊行为推至大众面前，通过对其进行多维度、多方面的综合分析，剑指眉心，将各个角度都进行具体阐述及分析，使得公众对财务舞弊行为有更深层次的了解，不仅是为警醒世人，更是希望企业听之慎之、引以为戒。

(三) 研究内容

五大部分共同支撑起本文架构。第一是对财务造假行为进行相关的概念介绍；第二是对圣莱达本身进行介绍；第三是对其财务造假案件始末进行全面细致的梳理，分析其行为动因；第四是从圣莱达、审计与监管部门三方面进行案例分析，为的是多角度探寻其行为本身的问题和所能带来的启示；第五是对全文进行总结，并为遏制上市公司财务舞弊行为的产生提出合理化意见。

(四) 文献综述

1. 国外相关文献综述

关于财务舞弊动因，全美反舞弊性财务报告委员会（1987）通过研究发现，防止公司业绩下滑是上市企业选择财务造假的主要原因之一，往往业绩下滑趋势越明显，企业财务造假行为发生的概率越大。❶

关于财务舞弊形式的划分，艾伯伦奇特（Albrecht）等（2011）通过研究表明，财务舞弊行为在形式上可大致归为四类，分别是资产、费用或负债的性质互换、收入造假、存货造假和信息的不充分披露。❷

2. 国内相关文献综述

关于财务造假行为的产生原因，曹立（2006）总结出七条，分别是法律环境的缺陷、证券市场相关制度的不完善、行政监督管理体系不合理和监管不到位、会计准则与制度的空隙、公司治理结构的缺陷、"内部人控制"导致

---

❶ TREADWAY COMMITTEE. Fraud Commission Issues Final Report [J]. Journal of Accountancy, 1987 (4): 34-47.

❷ ALBRECHT W.S, ALBRECHT C.C, ALBRECHT C.O, et al. Fraud Examination [M]. Cengage Learning, 2011.

利益结构失衡及道德因素。❶

关于对财务造假行为的抑制方法，袁瑜、陈松（2013）表示，内部控制在一定程度上对财务舞弊行为会产生遏制作用。同时，内控人员的心态决定了内部控制的可靠性，企业管理者的心态决定了企业的整体走向。❷

关于财务造假行为的特征，任朝阳、李清（2015）将财务造假放在如今的信息化社会，概括出三种特点，分别是造假行为参与者泛化、可造假对象增多与造假手段科技化。❸

二、相关概念介绍

（一）财务造假的概念

财务造假是指在上市公司进行会计核算时，相关董事或会计人员为达到某种目的，有意违背国家法律法规与会计准则，对财务报表内数额进行违规修改、调整的行为。其行为存在主观故意，将财务造假和欺骗行为与财务报表进行点对点的修改及编辑。"造假"二字，侧重的是企业在财务上着意呈现虚假表现的行为含义。虽然在名称上，它与会计错误相差无几，但二者在本质上却大相径庭。

（二）财务造假的类型

财务造假按照行为类型，分为三种。

第一种，通过截留、挪用或掩藏收入的方法，将预算经费变成游资进行体制外循环，另立门户，存放至其他地方。

第二种，将未存在或未发生的项目，通过伪造相关假证明、假资料套现，或者伪造现金流出、流入账目。

第三种，故意扭曲、虚填或删减经纪业务的真实面目，混乱会计账目，使得原有经济业务记录难以辨识。

---

❶ 曹立. 论会计舞弊产生的原因及识别 [J]. 中南财经政法大学学报, 2006（2）：130-134.

❷ 袁瑜, 陈松. 试论内部控制环境与财务舞弊——基于绿大地案例的反思 [J]. 新会计, 2013（9）：28-29.

❸ 任朝阳, 李清. 信息化背景下会计舞弊行为演化与防控 [J]. 管理现代化, 2015, 35（1）：46-48.

(三) 财务造假的特点

财务造假有两个特点。

第一，财务造假的隐蔽性强，为相应的检查监管造成麻烦。由于企业内部的造假行为多半是由相关财务人员（会计）完成，所以其少报、多记、转移、藏匿、伪造等财务造假行为一般难以被人发现，单从财务报表上看不出来。再附以相关伪造证据，更使对财务报表的鉴别审查工作难上加难。

第二，财务造假的污染性强，对社会产生的不良影响扩散力大。因为财务造假行为的强隐蔽性，使得总有漏网之鱼能瞒天过海。久而久之，就有同样为绩效发愁的企业为达目的，群起效仿。近朱者赤，近墨者黑。长此以往，对市场秩序产生不良影响，且难以收拾。

综上，本文认为应结合财务造假行为的基本特点，对症下药，才能药到病除，从根源抑制其产生。

(四) 财务造假的鉴别方法

第一，关联方交易剔除法。在分析公司财务业绩中，摘取源自关联企业的相关营业收入和利润总额，作为判断上市公司的盈利能力与关联企业的关系、其盈利基础的坚硬度和利润来源稳定性的依据。

第二，虚拟资产剔除法。分析除企业资产负债表中虚拟资产外的其他项目的表现。虚拟资产一般存在于递延资产、递延税款、待摊费用、待处理流动资产净损失、待处理固定资产净损失、开办费、长期待摊费用、三年以上的应收账款、存货跌价和积压损失、投资损失等项目中。

第三，异常利润剔除法。将利润总额进行拆分，剔除其中的非正常利润后，整合余下利润额，用来分析和评价上市公司利润来源的稳定性。通常，异常利润存在于其他业务收入、投资收益、营业外收入等科目中。此法多用来检查上市公司重组时对利润表的粉饰与否。

第四，现金流量分析法。对比由经营活动产生的现金流量、投资活动产生的现金流量和现金净流量，将三者的差额作为判断上市公司的主营业务收入、投资收益和净利润质量的依据之一。若上市公司的现金净流量长期低于利润，那么这家公司财务报表中存在财务造假的可能性。

第五，特殊财务报表项目分析法。点对点地分析上市公司应收账款、其他应收款、投资收益、关联方交易等项目与所披露的会计政策及其变更等特殊项目，观察其数额能否匹配得宜。

三、案例梳理

(一) 企业简介

圣莱达是一家主要从事加热生活电器研发、生产、销售、售后的服务性企业。它不仅在全球温控器供应商领域有一席之地，其高端电热水壶出口量也在国内名列前茅。同时，圣莱达是行业内第一批国家高新技术企业、国家多项小家电产品的质检标准起草单位、国家多项小家电安全标准改标单位、商务部机电商务家电分会理事单位。

而宁波圣莱达文化投资有限公司作为圣莱达的全资子公司，成立于2015年，是一家从事文化产业投资与旅游项目投资等的文化传媒公司。其投资过如《特种部队之热血尖兵》《向前向前向前》等多部电视剧、电影、纪录片。

(二) 圣莱达财务状况

1. 资产状况

圣莱达2013—2016年主要资产情况见图1与表1。

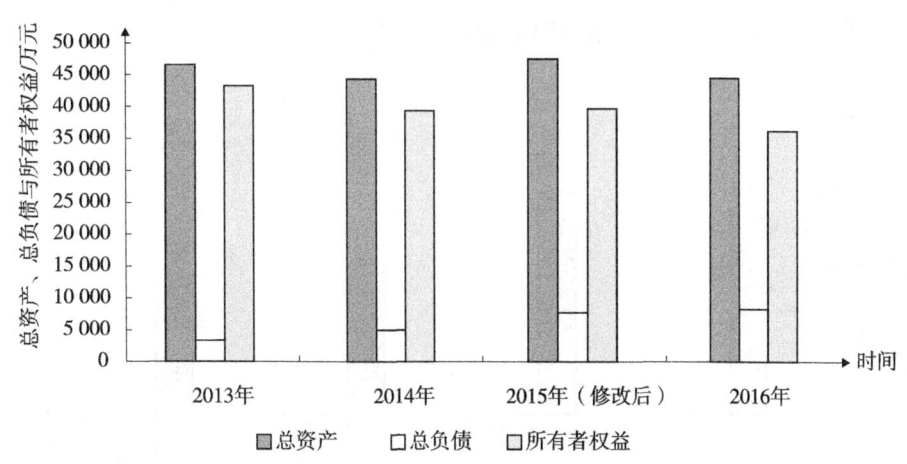

图1　圣莱达2013—2016年主要资产状况

数据来源：圣莱达历年年度财务报告

表 1 圣莱达 2013—2016 年资产负债率

项目	2013 年	2014 年	2015 年	2016 年
资产负债率/%	7.09	11.14	16.33	18.56

数据来源：圣莱达历年年度财务报告

资产负债率是企业总负债与总资产数额之比，是企业全部资产中债务的分配比率，多用以判断利用负债进行企业运营的公司的财务力量强弱，也是债权人对企业进行借贷的风险程度的判断依据之一。通常，企业的资产负债率越高，意味着企业的财务压力越大，投资风险越高。

通过以上数据可知，圣莱达的总负债数额一直处于上升趋势，其资产负债率也逐年上升，这些对于一个企业而言并不是好的变化。其中，其应付账款、预付款项、固定资产与递延所得税资产增幅较大，这也说明圣莱达近些年的现金流与资金运作有些吃紧。

综上，圣莱达在 2013—2016 年的资产状况不算上佳，这与其连年亏损和扩张资本有很大关系。

2. 财务状况

圣莱达 2013—2016 年主要财务情况见图 2。

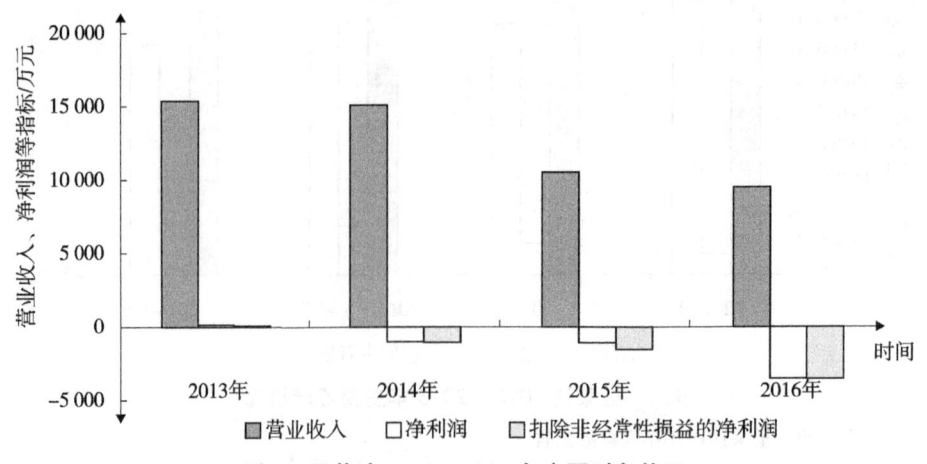

图 2 圣莱达 2013—2016 年主要财务状况

数据来源：圣莱达历年年度财务报告

仅通过圣莱达 2013—2016 年的营业收入与净利润即可知，其近些年来的营业状况不佳。不仅其营业收入连年下降,其净利润也是如此,还呈现负增长趋势。(其中 2015 年的数据几经修改,现利润表中的净利润额为 534.6 万元,但在扣除其虚增数额后,就是图 2 中呈现的 -1 068.6 万元。其中,圣莱达近些年扣除非经常性损益的净利润也呈现负增加态势。) 扣除非经常性损益的净利润是用净利润减去非正常性、非持续性收益后所得的盈利额,更能代表一个公司在主营业务方面的经营情况。

结合 2013—2015 年年度财务报告的相关数据可知,圣莱达多次呈现的净利润正值是因为其营业外收入的大幅植入,并非其本身营运能力的加持。伴随公司业绩未见起色,其各类费用又居高不下,可见其内部亏损的窟窿愈加难以填补。

(三) 财务造假的原因

根据对股票市场名称制定规则的解读,我们不难发现,其实圣莱达铤而走险地进行财务造假的主要原因是害怕其股票被"ST 化"。

上市公司股票被冠以 ST 有很多原因,其中之一便是连续两个会计期间内,审计结果所得净利润均为负值,需进行特别处理。如果公司连续三年亏损,其股票名前将会用"*ST"作以标识。公司不加以改正的话,将面临退市风险。如果股票名称前真被冠以"ST"标识,那就正面说明其公司经营状况出现一定问题,且连股票涨跌幅都需控制在 5% 内。同时,投资者在选择股票时也会慎重考虑,这对于企业董事和企业自身都存在不良影响,毕竟不是每个人都是风险偏爱者,而公司在难以脱身之时更需要股民们的资金相助。

相较于提高营业收入、增大净利润额、提高业绩,财务造假就显得"简单"很多了。在面对 2014 年的净利润负额、2015 年经营状态也无大起色时,圣莱达终于选择了投机取巧,进行财务造假。

(四) 财务造假的实施

本文首先将圣莱达 2015 年财务造假前后财务报表内容变动项目及数额列举出来,其合并资产负债表和利润表变化见表 2,而其母公司资产负债表和利润表见表 3。

表2 圣莱达2015年合并资产负债表和合并利润表变化   单位：元

报表项目	原值	实际值	调整额
资产负债表			
其他应收款	46 880 521.85	36 880 521.85	-10 000 000.00
资产合计	474 770 999.47	464 770 999.47	-10 000 000.00
其他应付款	1 221 833.68	11 221 833.68	10 000 000.00
负债合计	77 538 614.58	87 538 614.58	10 000 000.00
未分配利润	691 350.74	-19 308 649.26	-20 000 000.00
归属于公司所有者权益合计	393 897 275.16	373 897 275.16	-20 000 000.00
所有者权益合计	397 232 384.89	377 232 384.89	-20 000 000.00
利润表			
营业外收入	22 435 560.06	2 435 560.06	-20 000 000.00
利润总额	3 671 507.52	-16 328 492.48	-20 000 000.00
归属母公司所有者的净利润	4 314 341.38	-15 685 658.61	-20 000 000.00

上述会计差错使2015年公司基本每股收益减少0.1280元。

数据来源：关于2015年、2016年年度财务报表更新的提示性公告

表3 圣莱达2015年母公司资产负债表和合并利润表变化   单位：元

报表项目	原值	实际值	调整额
资产负债表			
应收股利	7 500 000.00	-7 500 000.00	—
资产合计	486 587 118.55	479 087 118.55	-7 500 000.00
其他应付款	15 065 367.57	25 065 367.57	10 000 000.00
负债合计	97 090 306.03	107 090 306.03	10 000 000.00
未分配利润	-2 185 520.65	-19 685 520.65	-17 500 000.00
归属于公司所有者权益合计	389 496 812.52	371 996 812.52	-17 500 000.00
所有者权益合计	389 496 812.52	371 996 812.52	-17 500 000.00
利润表			
营业外收入	12 390 676.82	2 390 676.82	-10 000 000.00
投资收益	7 500 000.00	-7 500 000.00	—
利润总额	2 906 056.78	-14 593 943.22	-17 500 000.00
归属于公司所有者的净利润	5 345 849.23	-12 154 150.77	-17 500 000.00

数据来源：关于2015年、2016年年度财务报表更新的提示性公告

1. 虚增营业收入

2015年11月10日，圣莱达与华视友邦影视传媒（北京）有限公司（简称"华视友邦"）达成约定，华视友邦以3 000万元的作价将电影《饕餮刑警》的全部版权转让至圣莱达，双方签订了相关的影片版权转让协议书。协议规定，若华视友邦在2015年12月10日前仍无法获得《饕餮刑警》的电影片公映许可证，则需赔偿圣莱达1 000万元作为违约金。

但该部电影的电影公映许可证，直至2015年12月18日，即圣莱达与华视友邦真正合约签订之日，仍未下发至华视友邦手中，于是在同年12月21日，圣莱达将华视友邦告上法庭，要求其按照约定赔偿损失。经调解，华视友邦分三笔转给圣莱达共4 000万元，其中包含了1 000万元违约金与3 000万元版权费用。而后，这笔赔偿款以营业外收入之名，计入圣莱达的当期利润表。同时，原本的3 000万元版权费被几经辗转，最终以各种理由流向多家关联方企业。

2. 虚构政府补助

2015年12月31日，《关于收到政府补助的公告》公布，圣莱达称其自主研发的极速咖啡机获得宁波市江北区慈城镇经济发展局和宁波市江北区慈城镇财政局联名表彰，并给予1 000万元财政综合补助作为嘉奖。此次政府补助款项被计入2015年本期收入。

但经过中国证券监督管理委员会调查，这笔款项的出处其实来源于圣莱达的控股企业与子公司——宁波金阳光会计服务有限公司（简称"宁波金阳光"）。时任圣莱达董事长胡宜东通过宁波市江北区慈城镇人民政府，假借"财政补助"之名，将宁波金阳光以税收保证金的名义转至慈城镇政府的1 000万元还给圣莱达。慈城镇政府无须亲自出资，只是将这1 000万元合理化的中转站之一。

（五）处理结果

2017年4月18日，中国证券监督管理委员会向圣莱达发出调查通知书，称由于其涉嫌信息披露违法违规，根据《证券法》的相关规定，决意对圣莱达立案调查。

2018年5月10日，中国证券监督管理委员会向圣莱达发出行政处罚决定书，决定书表明，圣莱达虚构营业收入与政府补助的行为违反了《证券法》第六十三条的规定，构成信息披露违法行为，责令圣莱达改正，给予警告，处以 60 万元罚款。同时，对涉及此案的相关人员进行罚款与刑事追责。

四、案例分析

（一）关于圣莱达

1. 圣莱达后续发展情况

最不想发生的事，往往是最容易发生的事。纵使圣莱达为了不被 ST 化而以身试险，但事与愿违，直至 2020 年 12 月，圣莱达已经两次被挂上 ST 标识。2016 年，由于众华会计师事务所为其出具了无法表示意见的审计报告，因而深圳证券交易所根据《深圳证券交易所股票上市规则》第 13.2.1 条的相关规定，对圣莱达处以"退市警告处理"。同时，因为其 2016—2017 年连续两年出现净利润亏损的情况，所以圣莱达被 ST 处理。2018 年圣莱达变卖固定资产，扭亏为盈，才得以摘帽。然而 2020 年 7 月 27 日，圣莱达又由于公司股东占用资金被处以"上市公司股票被实施其他风险警示"处理。据悉，约 7 319.77 万元从圣莱达公司自用账户被转至控股股东关联方的账户代付款项，占公司净资产的 43.28%，且归还之日遥遥无期。上述占用资金主要用于控股股东关联方代付款项、偿还债务等用途。

图 3 和图 4 是圣莱达自 2017 年至今的主要资产与财务状况。从资产状况来看，其总资产额逐年下降，在 2018—2019 年更是下降严重，其总负债额波动并不明显。正是由于圣莱达在 2018 年出售大量厂房，回笼资金，才使得其资产负债率先降后升，并维持在一个相对良好且稳定的数值。这并不是解决圣莱达燃眉之急的良策，治标不治本，其隐性的借贷压力与财务风险依旧存在。变卖固定资产之举只能帮助其脱掉 ST，救其于一时水火。

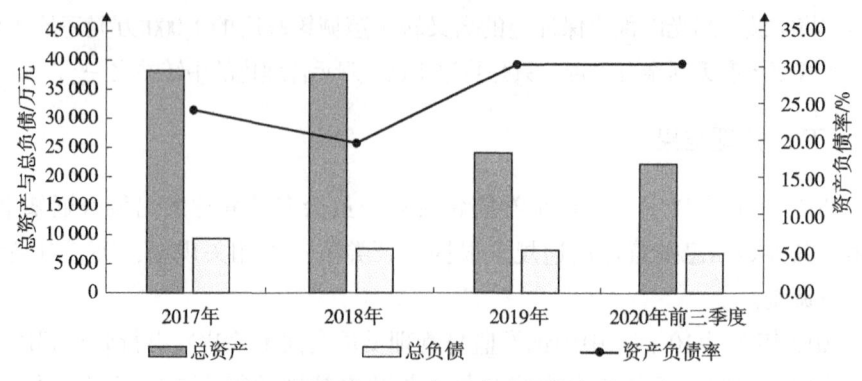

图 3 圣莱达 2017 年至今主要资产状况

数据来源：圣莱达历年年度财务报告

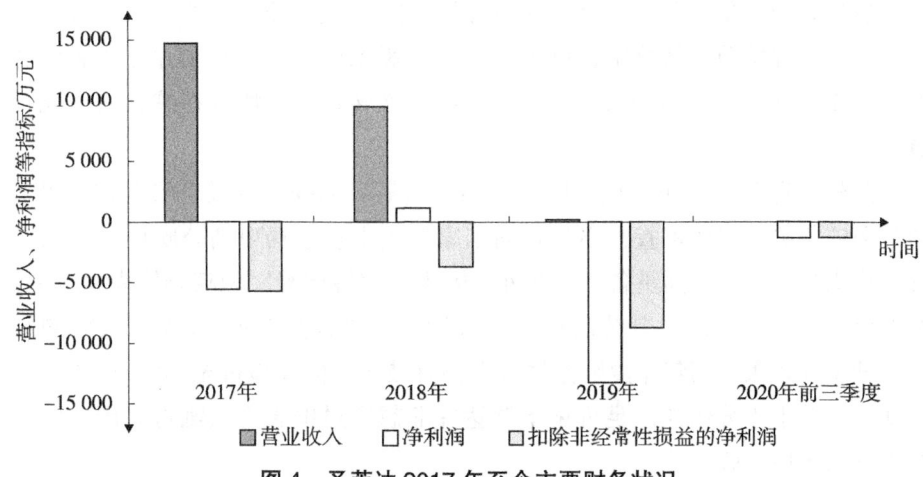

图 4　圣莱达 2017 年至今主要财务状况

数据来源：圣莱达历年年度财务报告

圣莱达近些年的财务状况也是十分堪忧的。其营业收入逐年下滑，而净利润亏损更是家常便饭。细分来看，除了影视文化与新材料方面的营业收入没有亏损，其余主营项目（包括电热水壶、温控器及配件、咖啡机等）无一不亮起红灯。根据其 2019 年年度财务报告，圣莱达将其滑坡严重的营业收入与净利润的原因归结于三点："外部经济环境恶化导致公司主营业务剥离和员工遣散赔偿费用的支付""计提部分应收账款与其他应收款的坏账准备"与"全额计提了投资者诉讼预计负债"。包括圣莱达近年的扣除非经常性损益的净利润也是年年负值，也从侧面说明了圣莱达的经营情况出现一定问题。

近些年圣莱达不仅遭受因财务造假导致的恶果，官司缠身，也逐步将主营业务剥离出公司。一波未平一波又起，公司内部股东又私自占用资金，整个公司运作完全处于一团乱麻的状况，无法可解。作为昔日的生活电器行业领军企业，圣莱达的遭遇令人唏嘘。但这一切的根源，就是其进行财务造假行为。古人云，成功易，守功难；守功易，忠功难。圣莱达如此行径，于其他上市企业，于整个经济市场，都是最深刻的教训，务必戒之慎之。

2. 财务造假目的分析

上文提到，影片《饕餮刑警》版权转让协议书的名义签订日期有 2015 年 10 月 10 日与 11 月 10 日两种版本，而其实际签订日期为 2015 年 12 月 18 日，晚于违约条款约定的 2015 年 12 月 10 日，即获得公映许可的最后日期。这其中的缘由，若圣莱达与华视友邦不作解释，那旁人更无从而知。

后经查明，华视友邦对影片《饕餮刑警》的版权控制比例并不是百分之百。在电影开拍前，部分版权就被分配至电影编剧、导演与制片方华影亿时代国际影业（北京）有限公司手中。所以此次转让版权协议在签订前本就存有疑云。

此外，直至 2015 年 11 月 10 日，由于《饕餮刑警》涉及公安题材，仍未通过公安相关部门的审查，不具备向国家广播电视总局申请公映许可证的条件，也尚未完成境外演员备案。此外，因为《饕餮刑警》版权归属尚呈疑云，存在诉讼问题，所以对其公映产生重大影响。这也是为何 2015 年拍摄的影片，即使在圣莱达当年年度财务报告中早有披露，但却拖沓至 2018 年才上市公映，口碑也十分惨淡。足可见圣莱达并非想通过电影上映赚得口碑，而只是单纯为了虚增收入。

还有其虚构政府补助行为。作为一家上市公司，圣莱达原董事长虽将其解释为"企业垫资的税收保证金"，但从中国证券监督管理委员会的行政处罚决定书中看，圣莱达利用政府作为自身虚构营业收入与政府补助、稳定局势的工具的事实，是不容分说的。

（二）关于审计

1. 内部审计形同虚设

作为一个上市公司，监事会是必然设立的机构。作为监事会成员，对公司内部经营管理与财务运作需起到监督管理的作用，以防止董事会或经理滥用职权、中饱私囊。但是本文认为，圣莱达监事会并未起到正向作用。

通过对圣莱达 2013—2016 年年度财务报告进行观察，不难发现一名叫张某泉的监事，一直"固若金汤"地身处监事会。虽然《中华人民共和国公司法》对监事的担任有 3 年之期的规定，但其仍可通过投票而连任。他曾在 2013—2014 年兼任圣莱达营销总监，在 2015—2016 年兼任圣莱达国际业务总监。作为监事，其身兼职位却仍与公司经营密不可分，这是十分欠妥的。包括另一位监事刘某源，他还是星美国际集团华北区财务经理。虽然星美国际集团与圣莱达无直接关系，但圣莱达的实际控制人覃某，同时是星美集团的实际控制人。作为圣莱达的关联性企业，而刘某源又是覃某的部下，他的双重身份无疑是需要深思的。身为监事具有双面任职，虽然对企业双方有促进合作之用，但是对其中任何一家公司的监督作用都会被打问号。再结合圣莱达财务舞弊行为的施行，本文有理由质疑其监事并未起到监督管理作用，而只是使得财务舞弊行为看起来合理合法化,并加速了企业内部蛀蚀的步伐。

包括上市公司的独立董事制度,虽然通过圣莱达历年企业年度财务报告可知,其拥有三名独立董事,但是在其财务舞弊行为被公之于众后,我们不难发现,圣莱达独立董事制度并未真正起到监督作用。

在圣莱达历年年度财务报告中,虽然都有相关披露,说明公司内控得力,但其实不然。因为圣莱达的监事会"不问世事",审计人员"不言他语",独立董事监管不力,导致其内部审计系统形同虚设,使得财务舞弊有机可乘。

2. 外部审计稽查不严

众华会计师事务所作为圣莱达长期的外部审计公司,即使是在圣莱达进行虚增营收、虚构补助的2015年,"标准无保留意见"仍赫然写在其审计报告中。而东窗事发后,众华会计师事务所才为圣莱达的2016年年度财务报告出具了无法表示意见,依据是圣莱达未能及时披露关联方及关联方交易和中国证券监督管理委员会对圣莱达进行立案调查一事。

由此可见,众华会计师事务所还是拥有分辨是非对错的能力的。但是为何他们在圣莱达犯下如此明显错误的2015年出具的是无保留意见呢?根据对2013—2016年圣莱达年度财务报告"第十一节 财务报告"的浏览,我们发现,2013—2015年持续为圣莱达审计的注册会计师孙某,在2016年的审计报告中销声匿迹了。而凑巧2016年的审计报告就查出了问题。这其中,或许也有审计人员自身的问题。

在圣莱达内部控制产生漏洞的同时,外部审计组织也存在配合公司进行财务造假行为的可能。如此里应外合,便给了圣莱达投机取巧的可能。

(三)关于监管部门

1. 前期监管未顾周全

圣莱达的财务造假行为之所以存在隐蔽性,就是因为它把每一步都走得看似"依法守法",并将"违法所得"交予关联方企业,将资金流拆散,在不同企业里兜兜转转,再以经营活动做成现金流入,看似藏匿得万无一失。但其实环环相扣,每一步都是活扣。圣莱达为求"自保",兵行"险招",恰逢相应的前期监管收效不佳,让它有可乘之机,加速了其泥足深陷的脚步。

2. 后期惩罚力度偏颇

本文此处的"偏颇",不仅是对圣莱达财务舞弊案例本身,而是针对整个市场与规章制度。根据对众多上市公司财务舞弊案例的审阅,本文发现,现今的证券法规对财务舞弊案件的惩罚力度仍未能震慑到所有企业。例如，为在 A 股上市的云南绿大地生物科技股份有限公司（简称"绿大地"），将营业收入虚增约 3 亿元，造成股民巨大损失，中国证券监督管理委员会判罚 400 万元，绿大地董事长被判在家服刑三年。同样，虚增利润高达 8000 万元的成都金亚科技股份有限公司，最后被处以警告处分，罚款 60 万元，对相关人员处以不同的罚款数额，实行市场禁入措施。圣莱达，虚添共 5000 万元，罚款 60 万元。

虽然罚款数额不是判断罚款严厉与否的唯一标准，但确实可以起到震慑作用。本文认为，对于违法违规的相关公司的处罚，要着眼于处罚的上限。相对造假数额，60 万元罚款并不能起到震慑作用，反而会使有些企业产生侥幸心理，毕竟最终面临的惩罚太轻。只有后期惩戒的鞭子重重地打下去，才能起到真正的监管作用。

五、总结与启示

（一）总结

如今，某些上市公司为了保住股票市值，保住业绩与颜面，不惜用财务舞弊试图瞒天过海。为了躲避中国证券监督管理委员会的法眼，企业财务造假的方法层出不穷，花样百出。本文通过对 18 年披露的典型事件——圣莱达财务舞弊案例进行介绍与分析，试图总结出圣莱达财务舞弊的行为细节与行为动机，再站在三个角度分析圣莱达行财务舞弊得手的原因，希望利用圣莱达财务舞弊案件警醒世人，警醒市场。毕竟，市场的井然有序，不仅对民众、对企业有所裨益，也是对中国经济发展的良性促进。

（二）启示

1. 强化企业内部控制体系

一个公司发展方向的正确与否，并不只在其掌舵人的手里。如果每家企业都能拥有才学过硬且忠于职责的内审员、监事与独立董事，相信企业的内部控制体系定能使其出淤泥而不染。内审制度、监事会与独立董事制度在制定之初，都是以科学管理的眼光，为追求严格的自我审查而建立的。保障企业内部管理体系的牢靠度，是企业发展的基础，是必然之举。

2. 严格外部审计制度流程

外部审计制度的严格与否,不仅要看企业的选择,还需会计师事务所的自身努力。于企业而言,对外部审计团队的筛选,也是对企业自身审计体系的完善和填补。于会计师事务所而言,为了保证口碑与声誉,不仅要对有心造假的企业说不,即使在金钱诱惑下仍坚持对被审计企业财务情况进行真实反馈,还需对旗下会计师进行严筛严选,在保证其专业度的情况下关注其审计行为、审计流程有无问题,有无主观故意的包庇。严格外部审计制度流程,对双方都是有利而无害的。

3. 提升财务舞弊惩罚机制

上文已分析过现有的财务舞弊惩罚机制存在的问题。其实中国证券监督管理委员会早已对 1998 年修订的《证券法》的漏洞有所察觉,也有心完善。2019 年修订的《证券法》在推行注册制、提高违法成本和完善信息披露三方面都有所提升,直指财务造假行为的源头与处理,足见遏制财务造假的决心与信心。这也证明,严加制定财务舞弊行为惩罚机制对于各监管部门尤为重要。

4. 提高投资者自身谨慎度

相信每位投资者,尤其是散户的资本,都是自己多年积蓄。所以,选择一家优质的上市企业进行股票投资,不仅是对市场优胜劣汰制度的肯定,也是对自己负责。投资者谨慎度的提升,不是谨小慎微,而是需要对经济投资市场的规律进行掌握,具有对企业各项举动解读的能力。具有对其财务报表的分析技能,复配基本证券市场的知识运用,便是避免投资失败的一剂良药。

大智慧公司财务舞弊引发的思考

陈思楠*

【摘　要】 随着企业经营体制改革不断推进，企业所有权和经营权逐渐分离，这就带来了新的委托代理、信息不对称等现代企业治理问题，财务舞弊逐渐成为上市公司监管的重要目标。上市公司财务舞弊影响十分恶劣，涉及范围广泛，对社会金融、经济秩序造成了较大的影响，也损害了市场公平竞争机制，扰乱了金融市场稳定性，如何有效预防和抑制这类财务舞弊现象发生，是当前国内学者广泛关注的焦点。本文通过实证研究方法，选取大智慧公司财务舞弊案作为分析对象，对大智慧公司财务舞弊案件背景、成因和过程进行了深入介绍，以进一步了解财务舞弊问题背后的原因。本文以舞弊三角理论为分析工具，采用实例分析方法，对上市公司的财务欺诈问题进行深入研究，探讨有效预防和治理财务舞弊的对策和建议，这不仅可以填补当前我国财务舞弊理论研究空白，同时也能够为加强上市公司财务监督提供有益参考，为推动资本市场健康有序发展奠定良好基础。预防和应对上市公司财务舞弊，必须要深入分析财务舞弊背后的动机和原因，有效消除财务舞弊存在的外部条件，减少财务舞弊发生风险。

【关键词】 财务舞弊；财务造假；舞弊三角理论

---

* 陈思楠，女，会计硕士，研究方向：财务风险与管理。

一、引言

(一) 研究背景

近年来，国内上市公司会计舞弊问题引起了社会广泛关注。财务报告是企业经营情况的具体体现，是管理层开展经营决策的重要参考依据，直接关系到企业经营效益和投资者切身利益。近年来，国内上市公司会计舞弊案件时常发生，这对企业自身管理、投资者权益保护及实体经济健康发展都造成了严重的负面影响。目前，国内上市公司会计舞弊已成为一个严重的企业治理问题，如国光电器股份有限公司、中国长城科技集团股份有限公司、康佳集团股份有限公司等上市公司都涉及会计舞弊案件；中水集团远洋股份有限公司、贵州东方世纪科技有限公司等也先后出现财务造假问题。采取虚增营销收入、摊薄会计成本及管理费用、利用会计政策调整、利用关联交易侵占公司利润、虚增信誉等方式粉饰经营业绩，欺骗投资者和利益相关者。上市公司会计舞弊危害性较大，不仅违反了社会道德诚信，也损害了投资者的利益，扰乱了市场环境。保护广大投资者合法权益，提高企业财务管理水平，这是当前上市公司及政府监管部门都需要认真思考的问题。随着上市公司财务舞弊，资本市场内部深层次问题逐渐暴露。企业为了保持投资者信心，倾向于通过财务造假来粉饰经营业绩，达到最大化自身利益的目的。

因此，深入分析当前上市公司财务舞弊背后深层次的原因和动机，可以弥补当前关于财务舞弊研究的空白与不足。同时，也可以为上市公司监管提供理论指导和借鉴，更好维护投资者的合法权益。综上所述，本文采用案例分析方法，选取上海大智慧股份有限公司（简称"大智慧公司"）财务舞弊案作为研究对象，从上市公司财务舞弊动机分析出发，为加强上市公司财务监管提供有益指导，有效杜绝这类现象发生。

(二) 研究意义

财务报表是投资者了解上市公司经营情况的有效手段，财务会计信息质量对投资者行为具有决定性的影响。因此，基于舞弊三角理论探讨上市公司财务舞弊背后深层次的原因，具有十分重要的理论意义和现实意义。

1. 理论意义

在财务舞弊研究领域，国外学者起步较早，相关研究文献比较丰富，如从舞弊冰山理论、舞弊三角理论到舞弊 GONE 理论，再到舞弊风险因子理论等。国外的研究成果为我们提供了丰富的参考和借鉴。在财务舞弊案实证研究方面，目前国内学者主要侧重于上市公司违法后的研究，对上市公司财务舞弊欺诈发现的研究存在较大空白。因此，本文从舞弊三角理论出发，探讨大智慧公司财务舞弊案背后深层次的动机，具有十分重要的现实和理论意义。

2. 现实意义

（1）保护投资者权益。通过深入分析上市公司背后的舞弊动机和原因，可以为投资者提供准确的财务报表分析依据，对上市公司经营情况、财务状况进行客观了解，避免造成严重损失。在资本市场上，中小投资者往往处于信息劣势，对上市公司财务舞弊情况知之甚少。本文采取理论与实践相结合的方式，为中小投资者提供准确参考。

（2）促进资本市场健康有序发展。深入分析财务舞弊背后的动机，引起公众对上市公司财务管理的关注，从而起到加强监督的作用，并引导上市公司编制规范的财务报表，真实体现上市公司经营情况，为外部投资者投资提供正确的参考依据。

（3）提高上市公司内部治理水平。当前，许多上市公司都暴露出内部治理问题，内部控制没有发挥应有的作用，监事会、独立董事形同虚设。这个问题的存在，为财务舞弊提供了巨大的漏洞。本文通过案例分析，深入探讨大智慧公司财务舞弊背后的动机和原因，为分析上市公司内部治理问题提供参考依据，及时发现并制订有效措施，强化内部控制机制。同时，也促进资本市场健康有序发展。

二、理论基础与文献综述

（一）理论基础

1. 舞弊冰山理论

舞弊冰山理论是从心理学、行为学角度对舞弊行为进行的科学分析。一座冰山漂流在海面上，露出海平面的只占整个冰山体积的 10%，这可以比作财务舞弊已经呈现的结构，而海平面下的巨大体积则是进行舞弊操作的行为，是需要进行大量的思维意识、交流沟通等具体的动作来执行的，见图 1。按照冰山理论的阐述，公司发生舞弊行为部分是公司管理等客观原因导致的，如内部控制不合理、治理结构不完善、经营情况和目标存在偏差、财务状况让其内部人员有发生利用财务舞弊获取利益的资源和机会等，但这种很容易察觉，就像露在海面上的冰山一样。而产生舞弊因素中主观的、个性化、有预谋、有针对性的潜意识和行为才是最需要关注的，因为这是人性中贪婪、欲望的表现，它经常被行为主体故意隐瞒不让别人发现，就像海面下的冰山。因此，会计监管单位在对企业进行财务审计的时候，不仅要从企业的结构出发，从内部控制、内部管理的角度来发掘有无财务舞弊的空间，更要从企业与财务管理相关的个体高层的思想、行为出发，通过对其综合素质、道德修养、职业水平等角度，以及平时活动轨迹和生活方式进行准确的分析与判断，这才是监管的重点。

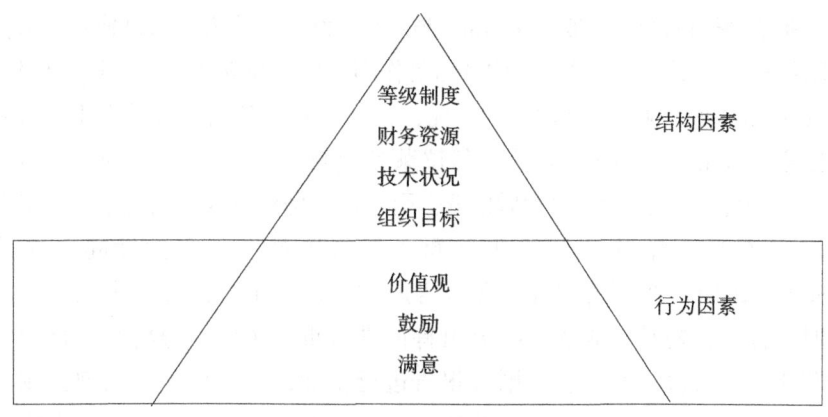

图 1　冰山理论示意

资料来源：百度百科

2. 舞弊三角理论

舞弊三角理论建立在舞弊冰山理论的基础之上，对企业财务舞弊行为产生的原因进行了更深层次的科学分析。美国学者阿伯雷齐特认为，会计舞弊主要动机有三个：机会、压力和借口，三者相互影响、相互联系，这是造成上市公司财务报表偏离实际情况的主要原因。该理论来源于舞弊发生的三个必备因素，即急不可待的需要、十分难得的机会和合情合理的借口。而阿伯雷齐特以此为出发点，指出压力、机会和借口是形成舞弊的三要素，其中任意一个要素缺失，都不能促成舞弊行为的产生。该理论成为分析舞弊行为主体的重要依据。

(二) 文献综述

1. 国外研究现状

财务舞弊治理研究最早成果是四层次反舞弊防范理论,该理论是1987年美国反欺诈财务报告委员会提出的,其是从企业内部、外部监管、中介机构、道德教育四个维度出发,建立财务舞弊预防机制。另外,该理论认为企业通过健全和完善内部审计机制,可以有效降低财务舞弊风险,为企业营造良好的发展环境。西尔维娅·科斯托娃(Silviya Kostova)(2012)指出,审计人员需要借助完善的程序来识别内外部欺诈行为,并通过提高会计信息质量来完善财务报表。❶ 布鲁诺·弗雷(Bruno Frey)(2013)认为,如果独立董事占董事会席位较高,则可以充分发挥内部监督作用。如果独立董事独立性地位较低,那么其就无法履行内部监督职能。因此,为了有效预防财务舞弊发生,必须要保证独立董事的数量和独立性。莫拉莱斯(Morales)和根德隆(Gendron)(2014)认为,企业高管道德素质偏低会引发财务舞弊行为,因此十分有必要对高管进行道德教育。❷ 美国反欺诈财务报告委员会下属的发起人委员会(COSO)(2010)在《舞弊性财务报告》中指出,审计人员在审核企业财务报表时,首先,要对企业的一些突出特征进行重点关注,分析企业行业地位和经营能力;其次,要对企业财务报告进行全面跟踪,对企业内部控制、治理结构进行延伸调查;最后,与前任审计机构保持密切联系,获取有价值的信息。❸

2. 国内研究现状

郝倩(2013)从舞弊三角理论的三个动机——压力、机会和借口出发,分析国内上市公司财务舞弊动机。❹ 其中,压力主要因为外部融资需求及经营业绩保持需要;机会基于外部监管不力、内部控制机制不完善等;借口是舞弊者道德素质低下,借助一些看似合理其实不合法的借口来掩盖违法行为。赵丽芳、武婷(2014)采用舞弊三角理论分析了压力、机会和借口因素的影

---

❶ KOSTOVA S. Audit Procedures for Disclosure of Errors and Fraud in Financial Statements of Bulgarian Companies [J]. Annals of the Alexandru Ioan Cuza University-Economics, 2012, 59 (1): 28-35.

❷ MORALES J, GENDRON Y, GUENIN-PARACINI H. The construction of the risky individual and vigilant organization: A genealogy of the fraud triangle [J]. Accounting, Organizations and Society, 2014, 39 (3): 170-194.

❸ COSO. Fraudulent Financial Reprting 1987-1997: An Analysis of US Public Companies [R]. 2010.

❹ 郝倩. 我国上市公司财务舞弊的动因探析田 [J]. 商场现代化, 2013 (23): 145-146.

响,这为财务报表使用者识别违法行为提供了理论指导和借鉴。研究证明,从压力角度来看,上市公司负债越大,其出现违规操作的风险越高;从机会角度来看,上市公司流通股比例和国有股比例相对较高的情况下,财务舞弊出现概率较高;董事会开会次数越多,财务舞弊概率越小;从借口因素来看,上市公司被审计监控水平越低,其出现财务舞弊的问题越多。❶ 张国强(2003)指出,有效应对和化解财务舞弊问题,首先要建立完善的外部监管机制。建立完善的资本市场机制,提高上市公司违法成本、加强社会道德体系建设、强化外部审计监督等。❷ 郑素芬(2015)等从舞弊当事人和利益相关者行为出发,指出对管理层进行有效激励、加强会计人员职业道德教育可以有效预防上市公司财务舞弊问题。❸ 鲍舒静(2016)认为,预付账款造假是上市公司常见的财务舞弊方式,并提出有针对性的解决对策和建议。❹ 李克亮(2016)分析了上市公司财务造假动机和原因,并提出了治理财务舞弊的对策。❺ 章琳(2016)从审计角度出发,对审计事务所业务流程进行审视,提出了相对应的解决对策。❻

三、大智慧公司概况及财务舞弊事件回顾

(一)大智慧公司概况

1. 大智慧公司简介

大智慧公司是基于多年来在网络、交易市场上积累的资源和技术,数据管理、平台服务的优势,打造的集新闻、服务、交易为一体的一站式、智能化互联网金融信息服务平台,向广大投资者提供各类基于互联网平台应用的金融信息产品和服务。

2. 大智慧公司的治理结构及组织架构图

2011年大智慧公司上市后在《中华人民共和国公司法》《中华人民共和

---

❶ 赵丽芳,武婷. 基于舞弊三角理论识别的上市公司违规行为研究[J]. 财会通讯,2014(27):67-70.
❷ 张国强. 会计舞弊治理之我见[J]. 商业会计,2003(7):51.
❸ 郑素芬. 上市公司财务舞弊的识别与治理研究[J]. 经济研究导刊,2015(9):131-132.
❹ 鲍舒静. 浅谈金亚科技预付账款造假与防范[J]. 财会学习,2016(3):157.
❺ 李克亮. 金亚科技财务造假事件的反思[J]. 财会月刊,2016(13):86-88.
❻ 章琳. 谈创业板上市公司审计风险管理——以金亚科技财务造假事件为例[J]. 财会月刊,2016(16):65-67.

国证券法》的规定下,成立了股东大会、董事会、监事会。其中,董事会下设专业委员会,包括薪酬与考核委员会、战略委员会、提名委员会、审计委员会四个专业委员会,组织框架比较清晰明确,这些机构对大智慧公司的经营发展起着重要的促进和监督作用。但是同时大智慧公司的董事会成员大部分都担任管理层职务,存在部分权力的重叠。组织架构见图2。

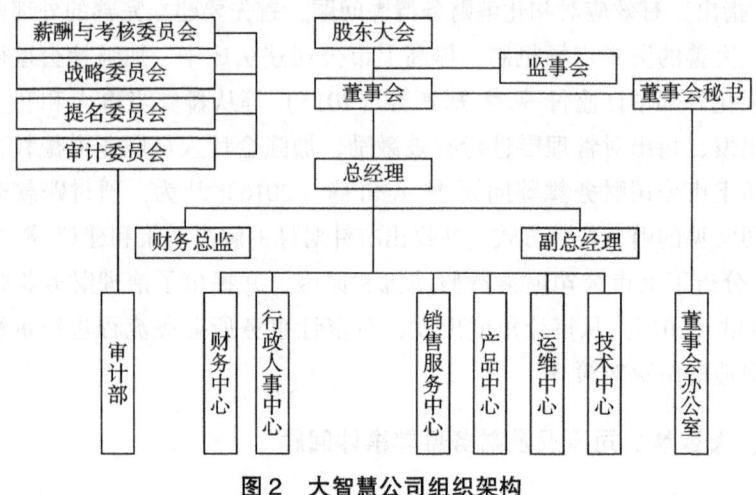

图2　大智慧公司组织架构

资料来源:大智慧公司年度财务报告

(二)大智慧公司财务舞弊事件回顾

2014年2月,对于大智慧公司而言,其在2013年期间的年度财务报告经董事会协商已通过。经过对该公司向外公布的相关数据的了解可知,该公司在2013年期间的总收入为89 426.23万元,其中包括总利润4 292.12万元。但是中国证券监督管理委员会经考察发现,该公司在业绩方面有财务造假的行为,虚增利润来源于对财务报表的粉饰,即通过少计成本、虚增收入等方式造假,相关统计显示,虚增利润高达12 066.61万元,这一数值是该公司公布的总利润的2.81倍。2016年,中国证券监督管理委员会经过协商,针对该公司造假做了相应的行政处罚。除了行政处罚外,大智慧公司还面临中小股东提起的证券虚假陈述的民事诉讼,上海市第一中级人民法院及上海金融法院已受理的案件涉讼请求金额合计为51 507.62万元,截至2019年1月31日,公司已支付赔偿金额合计为2 693.86万元,终审判决认定立信事务所对民事赔偿承担连带责任。

在股民诉大智慧公司虚假陈述索赔案方面,根据大智慧公司财务舞弊事件的始末,本文对一些重要时间线索进行了整理,具体见图3。

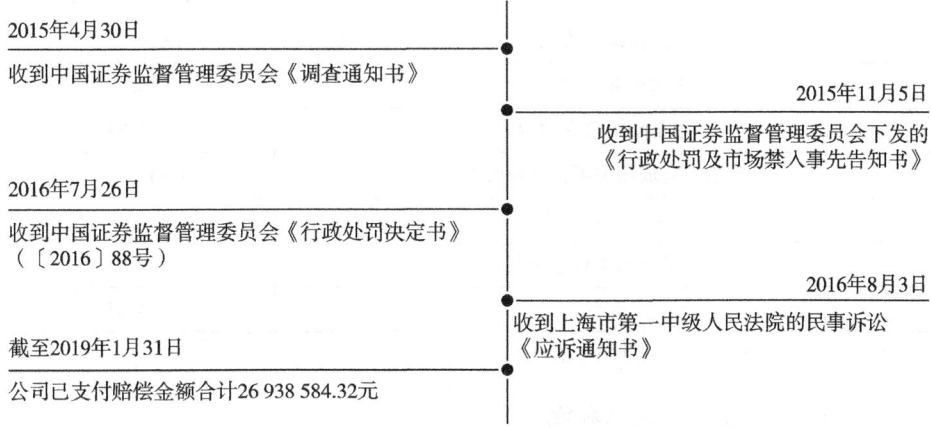

图3 大智慧公司财务舞弊事件时间线

资料来源:中国证券监督管理委员会官网和大智慧公司公告

自2016年8月3日以来,陆续有投资者对大智慧公司提起诉讼并要求赔偿,2019年3月30日,大智慧公司发布《关于收到〈应诉通知书〉的公告(八十)》显示,截至该公告日,大智慧公司共收到民事诉讼通知及相关法律文书2 786份,诉讼涉及的索赔总数为52 394.95万元;该公司从上海市高级人民法院收到1项"关于民事再审案件的通知书"及相关法律文件,诉讼请求金额为13.59万元。2019年4月26日,大智慧发布公告称大智慧控股股东及实控人张长虹因涉嫌违规披露、不披露重要信息罪被公安机关拘留,接受调查。

四、大智慧公司财务舞弊手段分析

2014年2月26日,经过审议,大智慧公司2013年期间的年度财务报告经过第二届董事会协商已通过。经过对该公司于2014年2月28日向外披露的相关数据的了解可知,该公司在2013年期间的总收入为89 426.23万元,其中包括4 292.12万元的总利润。据调查,这家公司主要以"全额退款"的承诺进行销售,并且以此来事先确认收入。除此之外,该公司还借"打新股"的名义进行营销,使年终奖的确认时间延后,并且在计入当期成本时有所虚报,据统计,2013年的虚增利润高达12 066.61万元,这一数值是该公司公布的总利润的281%,详细内容见表1。

表 1　大智慧公司舞弊情况汇总

手段	虚增利润/万元
提前确认收入	6 826.983
虚构业务虚增收入	278.25
利用框架协议虚增收入	94.34
利用未完成相关项目虚增收入	1 546.82
少计成本费用	2 495.43
提前确认购买日虚增利润	825.01
合计	12 066.83

数据来源：大智慧公司 2013 年年度财务报告。

(一) 虚增收入，虚增利润

由于企业以追求最大利益为中心，因此在财务报表方面，财务舞弊通常表现为利益舞弊。但是对于企业而言，由于其收入是获取利润的最主要的来源，一旦出现收入舞弊，将会对企业的运营带来难以预测的灾难。对于大智慧公司而言，虚假利润主要来自虚假收入，并且这一手段也是其进行财务舞弊的主要方式，见图 4。

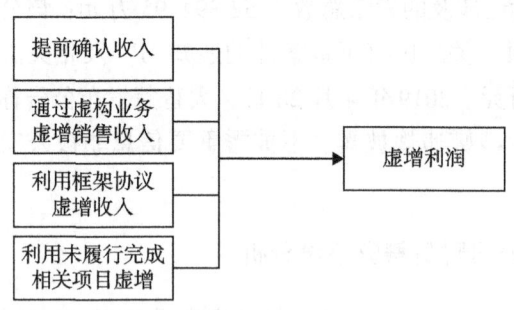

图 4　大智慧公司舞弊手段分析

资料来源：大智慧公司 2013 年年度财务报告。

1. 允诺使用全额退款销售方式提前确认收入

2013 年 12 月，针对一些软件产品的售价大于 3.8 万元的商品（如策略投资终端的售价为 3.8 万元、机构版的投资家的售价为 9.8 万元、VIP 版的投资家的售价为 19.8 万元、至尊投顾版的投资家的售价为 58 万元），大智慧公司针对这些产品制定了一系列的营销政策，于 2013 年 12 月 3 日至 11 日在大智慧公司官网公布,包括"如果您对 2014 年 3 月 31 日之前购买的产品不满意,将全额退款",虽然这一条营销政策后来被删除,但是该公司的营销人员承诺,这一政策在 2013 年 12 月均有效。

大智慧公司在没有获得确切的客户退款的数据的前提下,有人将所有的销售视为符合与收入确认相关的条件,并且在确认该时期的销售收入时仍然以收入确认这一方法为主要的方式。所以,导致该公司在 2013 年 12 月时,提前确认收入的数额高达 8 744.69 万元,其中,与合同相关的金额高达 13 844.38 万元。

2. 以"打新股"等为名虚增销售收入

根据现场访谈❶,大智慧公司的 30 位客户表明,其在 2013 年 12 月时,大智慧公司的营销商承诺,他们可以从中获得高额利润,因此其参与了该公司集中"打新股"或者购买了该企业推销的理财产品。经过调查❷,该公司于 2013 年在软件产品方面的虚增销售额高达 287.25 万元,并没有将以上的业务情况如实地反映。除此之外,大智慧公司的 12 名客户表明:其没有使用过该公司的软件产品,并且其之前所支付的款项也并不是购买软件款。

大智慧公司在 2013 年期间的收款备注也与软件商品不符,如其中包括的"投资理财"及"保证金"等。与此同时,在 2013 年期间,大智慧公司的确认收入总额为 287.25 万元,应客户提出的要求,现已全部退款。

3. 未履行完成相关项目的情况下虚增收入

2013 年 11 月,上海大智慧信息科技有限公司(大智慧公司的现有子公司)与渤海商品交易所签订了相关的合同并且成为该公司的会员之一,缴纳的与软件管理相关的使用费为 2 000 万元;除此之外,大智慧公司在同月也与渤海商品交易所签订了相关的合同,以提供产品及其服务为由收取费用 2 000 万元。这些费用在次月 9 日结清,并且大智慧公司将扣税后的收入作为主营业务计入。

渤海商品交易所与大智慧公司签订相关协议后,其协议内容及实际的执行情况为:一是由大智慧公司负责培训视频及设计宣传片等工作,实际上,培训视频的制作并未成功,在 2014 年 4 月,宣传片的工作才正式完成;二是由大智慧公司负责"渤海商品交易所现货投资"这一栏目,而实际情况是在

---

❶ 访谈来源:中国证监会行政处罚决定书(上海大智慧股份有限公司、张长虹、王玫等 15 名责任人员)〔2016〕88 号,http://www.csrc.gov.cn/zjhpublic/G00306212/201607/t20160722_301085.htm.

❷ 调查来源:上海大智慧股份有限公司 2013 年年度财务报告。

2013年该公司并没有完成事先协定的时长为五天的试播；三是由大智慧公司负责提供不少于三条指数的相关工作，这些工作包括研究工作、编制工作、发布工作及维护工作等，事实上，在2013年，该公司也没有履行合同的内容；四是由大智慧公司负责提供与DTS大智慧这一策略交易平台相关的产品3套及与金融终端相关的产品225套，而实际情况是渤海商品交易所在2014年3月12日才收到相关的账户及密码。

2014年2月，大智慧公司在没有完成合同协商的相关任务的前提下，提出希望渤海商品交易所能够完成与项目合作相关的验收确认书，除此之外，还将2013年12月31日作为验收的时间。由于两家公司之前签订的合作合同并没有完全履行，导致2013年期间虚增收入高达1 567.74万元。

(二) 提前确认购买日，虚增利润及商誉

在2013年9月，大智慧公司以7 000万元的价格收购了民泰（天津）贵金属经营有限公司占比为70%的股权事宜，并且大智慧公司、民泰（天津）贵金属经营有限公司的所有股东、张某永及杨某萍于9月29日协商并签订了相关的买卖协议，之后这项协议被大智慧公司宣布；10月15日，大智慧公司支付了第一笔收购资金，该款项高达4 000万元，在转让总价中的占比为57.14%，并且该公司于10月31日完成了3 000万元尾款的缴纳；民泰（天津）贵金属经营有限公司的所有股东于11月4日完成了股权的转让，并且办理了相关的手续，该公司在经过协商后，认命新股东为公司的管理层；民泰（天津）贵金属经营有限公司于11月4日完成了与股权变更有关的程序；11月15日，民泰（天津）贵金属经营有限公司获得新企业法人营业执照。除此之外，大智慧公司把民泰（天津）贵金属经营有限公司所提供的财务报表作为其合并的内容之一，并且将2013年10月1日确定为购买日。

由相关规定可知，截至2013年11月4日，大智慧公司并没有对民泰（天津）贵金属经营有限公司实行控制。并且据了解，购买日已经被重新确立为当年的11月1日。经过这一调整，对于合并财务报表而言，其利润降低值为825.01万元，并且商誉的减少值为433.13万元。

五、基于三角理论分析大智慧公司财务舞弊的动因

本文选取舞弊三角理论为研究框架,从压力、机会和合理化三个要素着手,剖析大智慧公司财务造假发生的深层原因。

(一) 舞弊的压力因素分析

1. 退市的压力

经过对我国相关要求的了解可知,若上市公司审核后,连续两年的净利润为负数,证券交易所则对该公司发出相关的风险警示。假如上市公司经审计后的净利润连续三年均为负值,证券交易所则对该公司实施相应的停牌处理。

经过了解可知,虽然大智慧公司在上市的第一年,其利润值有一定的降低,但其净利润仍高达1亿多元,但是在2012年期间,该公司的亏损值高达2.6亿多元。据统计,该公司在2013年1月至11月,总利润小于零,但是在12月,该公司的销售收入呈现明显的增长趋势,因此该公司在当年的最后一个季度所获得的利润在全年利润中的占比为540.26%。我们知道一家上市公司连续两年的净利润小于零,那么证券交易所将提供特别的处理,并且该公司的股票名称有"ST"这一符号。对于大智慧公司而言,由于其在2012年损失值高达2.67亿元,因此,若其在2013年仍未有所逆转,那么对于该公司的股东而言,其所获得的财富将会受到严重的影响,这也是该公司进行财务舞弊的主要原因。

2. 业绩的压力

大智慧公司自上市以来,其所涉及的业务也越来越广,由刚上市的移动终端及PC服务逐渐扩展至贵金属及彩票等领域。但是由实际情况来看,该公司的财务状况并未出现明显的好转。根据图5中的相关数据可知,对于该公司而言其营业收入虽大于4亿元,但是在2010—2012年,营业收入和营业利润双双呈现显著下降趋势。除此之外,该公司在2013—2015年这三年所获得的营业收入与2012年相比虽有所提升,但是营业利润并没有像营业收入一般有明显的增幅。

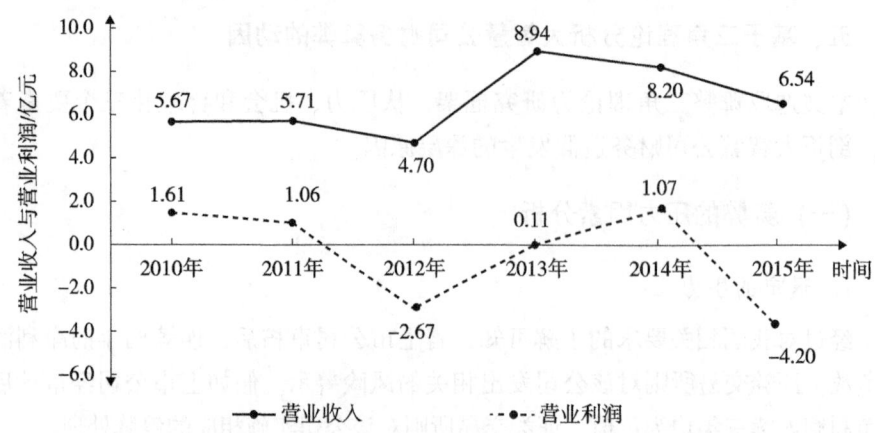

图 5　大智慧公司 2010—2015 年营业收入和营业利润趋势

数据来源：大智慧公司年度财务报告

对于大智慧公司而言，出现这一现象的主要原因为该公司自上市以来，其资金投入及战略决策并没有获得相应的回报。根据图 6 可知，该公司的管理费用、销售费用及营业成本都呈现增加的趋势。但是自 2012 年起，该公司的营业收入却没有管理费用、销售费用及营业成本这三者增长的资金多。

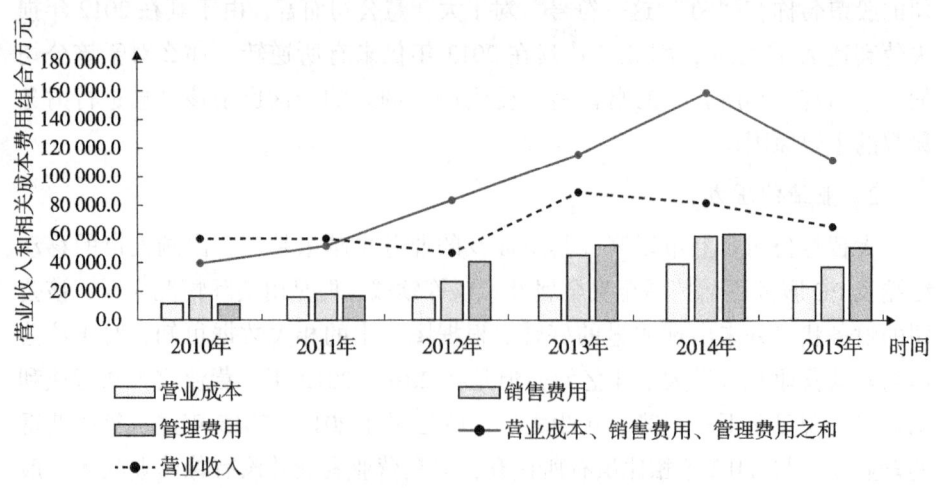

图 6　大智慧公司 2010—2015 年营业收入和相关成本费用组合

数据来源：大智慧公司年度财务报告

自 2010 年起，大智慧公司为吸引人才，不断地加大对广告宣传投入的力度，并且不断地增加公司技术人员的工资等。该公司自 2011 年上市以来，其规模不断地扩大，其上海总部新增占地面积为 4 万平方米，除此之外，该公司在北京总部、深圳、广州等地的研究及服务中心也在不断地更新建设，因此该公司的管理费用呈现明显的增长趋势。该公司在 2012 年的技术开发费及物业管理费等与上一年相比，均增加了 8 000 万元以上。但是该公司在 2012 年所获得的营业收入却呈现下降的趋势。除此之外，该公司在 2013 年也新增了一批销售人员，销售费用与 2012 年相比增加了 69.48%。到了 2014 年，该公司为维持管理费用及销售费用，其在 2013 年期间收购了杭州大彩网络科技有限公司及无锡君泰贵金属合约交易中心有限公司等，并且在 2014 年收购了上海狮王黄金有限责任公司，因此其在 2014 年的营销成本与 2013 年相比增加了 124.89%，但是企业收入仍然呈现下降的趋势。2015 年时，该公司将收购的无锡君泰贵金属合约交易中心有限公司及杭州大彩网络科技有限公司的一部分股权进行了转让，在一定程度上使相关的费用得到控制，但与此同时，其所获得的营业收入也有所减少。

(二) 舞弊的机会因素分析

1. 家族式的公司治理模式

从大智慧公司 2013 年的股权数量可以发现，该公司的股权结构有一股独大的问题。具体而言，该公司的大股东张长虹持有的股份在全部股份中的占比超过 55%，因此，是大智慧公司的实际控制者，此外，张长虹还任职公司董事长兼总经理。董事长是董事会的重要成员，负责公司各项重大事务的有关决策，因为董事长是董事会的代表，因此也是公司经营策略及未来发展方向的重要代表。总经理是公司的经营管理者，其工作职责为在董事会的领导下落实和执行董事会的一系列决策。根据董事长及总经理的职责分工可以看到二者的职责是相辅相成并且相互监督、制衡的，但是大智慧公司的张长虹同时担任公司的董事长和总经理，导致其权力过于集中，尽管这样可以使董事会决策得到高效率的落实和执行，但是也存在权力过于集中而无法实现监督和制衡的风险，造成其他小股东合法权益被损害。事实上，我国并没有禁止此类行为，即允许企业董事长兼任总经理。由于大智慧公司的实际控制人张长虹权力集中，导致企业股东之间无法形成相互制衡的结构，企业的中小股东和其他投资者不能限制和监督实际控制人的经营管理活动，若公司实际控制人不能对公司的发展做出正确的判断，很可能造成公司陷入困境，此外公司大股东还有可能为了最大化自己的利益而损害其他股东及投资者的利益，如违规担保行为、挪用公司资金及抬高部分工作人员的报酬等。2013年，大智慧公司董事长张长虹、董事张志宏和张婷所持股份总数占63.95%，他们之间又是兄妹关系，实现了对该公司的绝对控股，他们受利益驱使做出披露虚假信息的行为，通过披露虚假信息增加利润而扭亏为盈，从而避免公司被ST，维护公司股票价格稳定，避免三人财富缩水，但是却对中小股东及投资者的合法权益造成了损害。

2. 公司内部控制存在缺陷

（1）董事会和管理层权责交叉严重。对一家公司而言，董事会是其治理结构的核心，在公司经营及发展过程中扮演着多元化角色，其职能不仅包括根据公司的经营情况做出战略决策，还包括保持公司独立及对管理层进行监督等，公司的管理层则主要负责执行和落实公司董事会的决策。2013年该公司的董事会董事成员共有9人，其中有4人兼任公司管理职位，执行董事所占比例较高，这就造成企业管理层与经营层的权力重叠，董事会已经不能发挥其保证公司独立性及对管理层工作进行监督的职能，导致公司披露信息的有效性与真实性得不到保障。

（2）独立董事缺乏有效的独立性。我国证券监督管理委员会发布的独立董事制度的指导意见中明确指出，上市公司应当设立独立董事，并且独立董事在公司董事会成员中的占比不少于1/3。现在国内上市公司大多都是通过股东大会审议来聘请独立董事，要求独立董事必须独立于公司股东，并且不能在公司内部任职，应当根据自己的专业能力及经验对公司的事务做出独立的判断，并且可以为一些重大决策的制订提供有益的建议，特别是要保护中小股东和投资者的合法权益。

在上述案例中，该公司的3个独立董事的任命提案都通过了股东审议大会，但是该公司的股权过于集中，导致公司的独立董事名存实亡，不能确保自身的独立性，甚至会成为公司实际控制人的附庸。事实上，该公司在2013年召开的股东大会及董事会中，这些独立董事对大股东提出的决策并没有异议，为财务舞弊行为的发生创造了条件。

（三）舞弊的借口因素分析

1. 舞弊成本低

目前国内对财务舞弊的处罚力度并不大，因此一直存在争议，我国并没有以法律法规的形式对企业财务舞弊行为进行严厉的处罚，因此很多企业愿意铤而走险，舞弊低成本是企业财务舞弊行为的重要原因。中国证券监督管理委员会对大智慧公司的行政处罚决定为警告并限期改正，并且给予 60 万元人民币的罚款，对公司法定代表人张长虹处以 30 万元人民币的罚款，对公司财务总监及董事会分别处以 20 万元人民币的罚款，对公司财务经理的处罚只有 10 万元人民币，对相关当事人的罚款均为 5 万元或者 3 万元人民币。综上中国证券监督管理委员会对该公司和所有当事人的罚款总额只有 189 万元人民币，但是该公司的年营业额高达数亿元人民币，罚款对该公司的影响微乎其微，并不能起到防微杜渐的作用。

2. **舞弊被识别的概率小**

分析事务所的审计状况能够发现，审计人员在实际工作中对项目组组长比较依赖，没有建立科学的监督制度，在缺少监督的情况下，部分审计人员在工作中很可能出现问题，导致审计不到位，审计结果不可靠。此外，事务所派出的审计人员复核不认真及缺少复核也是造成工作质量低下的重要原因之一，质量复核有利于保证项目质量，事务所派出的审计人员在对大智慧公司进行审计时缺少必要的审计程序，导致复核的作用得不到充分发挥，并且后续没有对缺少的步骤进行补充。除此以外，该公司还通过其子公司与客户串通进行舞弊，这种舞弊行为很难通过外部审计工作发现，因为外部审计没有政府审计的执法权，因此不能对上下游企业的情况进行审查，这些因素都会影响审计质量。

六、大智慧公司财务舞弊的治理建议

（一）应对财务舞弊压力因素的治理建议

分析大智慧公司的经营状况能够发现，该公司在上市之后募集到的资金并没有得到合理的使用，没有取得预期的回报，尽管拥有充足的现金流，但是经营状况不佳，而竞争对手东方财富和同花顺等却保持着强劲的发展势头。东方财富发挥自身拥有的庞大信息量的优势抢占了相当一部分市场份额，而同花顺在开发手机端软件时对用户体验非常重视，页面设置简洁直观，便于使用者接受。随着大智慧公司的规模不断扩大，费用支出所占的比重越来越高，但是产品研发设计过程中并没有实现与用户需求的接轨，导致市场份额逐渐缩小，因此该公司的财务舞弊行为无法扭转其经营的困境，要实现公司持续健康发展必须明确自身战略定位，如尝试请专业的咨询机构为公司未来

的发展制定相应的战略规划。

(二) 应对财务舞弊机会因素的治理建议

内部控制是规范企业财务管理的重要途径,公司内部控制的规范程度及有效性直接影响企业财务管理的规范化水平,因此企业有必要建立健全科学完善的内部控制体系,这就要求企业实现监控、信息交流、控制活动及风险评估和控制环境的"五位一体",多管齐下。建设内部控制既需要建立相应的内部控制制度,也需要落实和贯彻内部控制制度,因此企业需要培养工作人员的内部控制意识,帮助工作人员意识到内部控制的重要意义,促进内部审计作用的发挥,从而加强对企业各种业务的开展情况的监督。除此之外,内部控制还可以促进企业各个部门的沟通联系,督促各个部门履行自己的信息披露业务,有利于确保企业披露的信息真实可靠,使内部控制的作用得到充分发挥,促进企业持续健康发展。

(三) 应对财务舞弊借口因素的治理建议

与财务舞弊行为的高额收益相比,监管部门给予的惩罚微不足道,因此有必要加大处罚力度,只有这样才可以产生威慑力,真正遏制上市企业的财务造假行为。

加大处罚力度不仅可以惩罚财务舞弊的公司,还可以警示其他企业,避免此类行为的出现。近年来国内财务造假事件频频发生,但是给予的处罚都比较轻微,舞弊低成本使很多企业为了牟取高额利益铤而走险,因此我国可以参考其他国家的成功经验加大处罚力度。由于公司在财务造假后需要面对投资者的巨额索赔,因此上市公司可以采用股票质押付现及股票偿付等多种形式进行赔付,使得公司既可以完成对投资者的赔偿,又可以减轻现金流压力。

七、结语

大智慧公司的财务舞弊的原因主要包括外部及内部两个方面,其中外部原因主要是资本市场的利益使得管理层产生贪欲、会计师事务所工作懈怠失职、处罚轻微及法律法规对业绩的要求使企业存在退市风险;内部原因主要是企业内部控制薄弱、股权过于集中并且管理层缺乏诚信。上市公司的财务舞弊治理与政府监管部门、中介服务机构及公司自身都有密切的关系。第一,政府监管部门应当对法律法规进行优化，完善关于上市公司的信息披露及业绩等相关规定并且加大惩罚力度，提高财务舞弊成本；第二，中介服务机构应当强化自身业务能力，提高审计报告的质量，确保审计结果准确可靠；第三，公司自身应当健全治理结构，确保中小股东的参与，健全内部控制制度，加强对企业管理层行为的监督，董事会与监事会应当各司其职。除此之外，公司还应该建立诚信道德的企业文化，帮助管理层树立企业家精神，追求企业的长远发展。